DIE SPIRA

STEFANIE PANZENBÖCK

Die Spira

Eine Biografie

FALTER *VERLAG*

ISBN 978-3-85439-704-5

1011 Wien, Marc-Aurel-Straße 9
Tel. +43/1/536 60-0, Fax +43/1/536 60-935
E-Mail/Verlag: bv@falter.at
E-Mail/Bestellungen: service@falter.at
Web: faltershop.at
2. Auflage Juli 2022

Autorin: Stefanie Panzenböck
Lektorat: Helmut Gutbrunner
Fotos: Bildnachweis Seite 223
Coverfoto: Milenko Badzic / First Look / picturedesk.com
Grafik: Raphael Moser
Layout: Andrea Malek-Rappitsch, Graz
Produktion: Falter Verlag
Druck: Florjančič tisk d.o.o., SL 2000 Maribor

FSC www.fsc.org
MIX
Aus verantwortungsvollen Quellen
FSC® C106954

Wir haben bei diesem Buch im Sinne der Umwelt auf
die Verpackung mit Plastikfolie verzichtet.

Meinen Eltern

Inhalt

„Elizabeth T. Spira, der weibliche Deix des Fernsehens in Österreich."

Helmut Schödel

„Die Toni ist ein boshaftes Luder, das das Herz am rechten Platz hat."

Barbara Coudenhove-Kalergi

„I hob Sie mir größer vorg'stellt."

Eine Passantin auf der Reichsbrücke

Die Journalistin und Filmemacherin Elizabeth Toni Spira: Zwei Vornamen, zwei Lebensprogramme

Elizabeth Toni Spira in Zitaten – ein Vorwort[1]

„Es gibt so viele eitle Menschen im Fernsehen, die dauernd ins Bild drängen", sagte Elizabeth Toni Spira. „Ich bin noch eitler, mein Gesicht ist nicht notwendig."[2] Spira, „das ist diese Stimme aus dem Off, so torfig wie Islay-Whiskys, die seit Generationen in allen Wohnzimmern des Landes zu Hause ist, in denen TV-Geräte flimmern"[3], formulierte es die Hamburger *Zeit*.

Seit Mitte der 1980er-Jahre prägte die Journalistin und Filmemacherin mit ihrer Reportagereihe „Alltagsgeschichte" sowie später mit der Partnervermittlungssendung „Liebesg'schichten und Heiratssachen" das österreichische TV-Geschehen. Sie selbst war so gut wie nie auf dem Bildschirm zu sehen.

Doch die meisten Menschen hierzulande wussten, wie die Spira aussah. „Gö, Sie san's! Sie san's scho!", rief ihr des Öfteren ein Passant oder eine Passantin hinterher. „Sie schauen irgendwem ähnlich", bemerkte eine Frau eines Tages stirnrunzelnd beim Anblick Spiras. Diese antwortete: „Ich schau nicht nur ähnlich, ich bin's."

„Die Reporterin ist eine kleine, kompakte, meist schwarz gekleidete Frau Anfang 60: Elizabeth T. Spira, der weibliche Deix des Fernsehens in Österreich"[4], beschrieb sie der deutsche Dramaturg Helmut Schödel in der *Süddeutschen Zeitung* im Jahr 2004. Zu ihrem Erscheinungsbild gehörte auch immer ihre Haarpracht, „der große Helm aus schwarzen Locken um ihr Gesicht"[5].

In den Medien nannte man sie „Elizabeth T. Spira". Nicht selten wurde das „z" fälschlicherweise durch ein „s" ersetzt. Doch sowohl das „z" als auch das „T" sind von großer Bedeutung. Mit ihren beiden Vornamen wurden der Filmemacherin „zwei diametral entgegengesetzte Lebensprogramme" mitgegeben, schrieb Spira in Notizen, die sie mit „Selbstbiografie" betitelte.

Das „T." war den Eltern ein Anliegen: es bedeutet „Toni". „Dieser alpenländische Männername, den vor allem ein Skifahrer prominent gemacht hat, ist eine Anlehnung an den illegalen Namen meines Vaters."[6] Er war Kommunist und in den 1930er-Jahren im Untergrund. Die jüdische Familie flüchtete später nach Großbritannien, wo Spira auf die Welt kam. „Die Briten, unser Gastvolk, meinten kühl und nüchtern, dass Toni kein ordentlicher Name wäre." Also erhielt sie zusätzlich den Namen „Elizabeth", nach der heutigen Queen, die damals noch Prinzessin war. „Weder bin ich Königin geworden noch kommunistischer Widerstandskämpfer. Ein Problem, das mir immer wieder zu schaffen macht."

Als Spira zwei Jahre und vier Monate alt war, starb Adolf Hitler. „Sein Tod hat mich kein bisschen beeindruckt", schrieb sie. Vielmehr hatte sie zu dieser Zeit Angst vor Bananen, die sie für Schlangen hielt. „Meine Mutter, die diese Furcht ignorierte, hat keine Ahnung, was sie damit angerichtet hat." Bis heute wisse sie nicht, wovor sie sich mehr fürchten solle: „Mein Verstand sagt, vor Hitler. Mein Gefühl sagt, vor Bananen."

Auch vor den Nazis, den alten wie den neuen, hatte Spira keine Angst. Sie holte sie später als Journalistin vor die Kamera und brachte sie mit einfachen Fragen dazu, sich um Kopf und Kragen zu reden. „Ich war eigentlich immer Jägerin der Naziseele. Ich grabe ständig, finde daher auch

Elizabeth Toni Spira ging mit Familie und Freunden gern auf Reisen. Im Jahr 2006 besuchte sie mit ihrem Mann Hermann Schmid Kuba

„Ich brauche meine Antisemiten, ich brauche den Kampf", sagte Spira

Im herbstlichen Prater in den 1980er-Jahren

Urlaub in Ägypten im Jahr 2008: Spira und die Große Sphinx von Gizeh

ständig"[7], sagte sie. Und: „Ich brauche meine Antisemiten, ich brauche den Kampf."[8] Diese Grundsätze galten vor allem für die „Alltagsgeschichte". In „Liebesg'schichten und Heiratssachen" waren es eitle, aufgeblasene Männer, die sie gern bloßstellte. „Wenn Männer blöde Sachen über Frauen sagen, dann werde ich zur Tarantel. Das ist kein Vorführen, sondern Spiras Seelenreinigung."[9]

Dass Spira es immer wieder schaffte, Menschen dazu zu bringen, sich zu öffnen, führt Spiras Freund, der Journalist Franz Kössler, auf die „persönliche Liebenswürdigkeit und Ruhe"[10] zurück, die Spira ausstrahlte. Das habe „bei manchen das beruhigende Gefühl" erweckt, „einer harmlosen, gutmütigen älteren Dame gegenüberzusitzen". Das sei Spira nie gewesen. „Im Gegenteil, sie ist und bleibt mit ihrem wachen und kritischen Blick beharrlich unbequem und in gewissem Maße aufsässig." Ein Programmdirektor habe über sie einmal gesagt, „halb bewundernd, halb verunsichert: ‚Die Spira ist eine veritable Hexe.‘ Ganz falsch liegt er wahrscheinlich nicht dabei."

Die Journalistin Barbara Coudenhove-Kalergi, eine enge Freundin Spiras, meinte kurz und bündig: „Die Toni ist ein boshaftes Luder, das das Herz am rechten Platz hat."

Spira selbst kokettierte gern mit ihrer Boshaftigkeit. Bei ihren Gesprächen sei immer wieder das „Bosheitsgen" oder das „Wadlbeißergen", wie sie es auch nannte, stark herausgekommen.[11] „Ich beiße von unten, also fast unmerklich." Dann warte sie ab, in welche Richtung sie die Situation lenken könne.

Die Filmemacherin liebte die Ironie, war humorvoll, schlagfertig und eben auch boshaft. Gern war sie in Gesellschaft und im Mittelpunkt. Aber bei Spira lohnt ein zweiter Blick. Wer war sie, und was trieb sie an, ihre Filme zu machen? Diesen zweiten Blick will diese Biografie bieten.

Kurztrip nach Paris im Jahr 2007: Spira und Mickey Mouse im Dream Castle Hotel

Oft wurde Spira „Königin der einsamen Herzen“ genannt. Eine Bezeichnung, die ihr nicht gefiel

Warum eine Biografie über Elizabeth Toni Spira?

Für einen kurzen Moment saß sie ganz allein da. Elizabeth Toni Spira hatte am unteren Ende eines langen Tisches Platz genommen. Vor ihr war eine riesige Leinwand aufgebaut. Leicht vornübergebeugt, ganz in Schwarz gekleidet, ein kaum merkliches Lächeln auf den Lippen, war sie für wenige Sekunden ganz in sich versunken.

Es war im Sommer 2018. Die Präsentation der 22. Staffel der „Liebesg'schichten und Heiratssachen" im Wiener Schutzhaus zur Zukunft war vorbei, die Gäste hatten gratuliert, die Mitarbeiterinnen kümmerten sich darum, dass ihre Chefin alles hatte, was sie brauchte. Es war nur ein Augenblick des Alleinseins in einem geschäftigen Gewusel.

Zehn Monate später starb die Journalistin und Filmemacherin an COPD, einer chronischen Lungenerkrankung. Die 23. Staffel musste ohne sie fertiggestellt werden.

Spira war in ihrem Leben selten allein. Doch bis zum Schluss blieb sie eine Einzelkämpferin. Von Anfang an polarisierte sie mit ihren Filmen und ging über Grenzen. Sie gab nie klein bei, wenn ihr Steine in den Weg gelegt wurden, setzte nicht nur einmal ihren Job aufs Spiel. „Ich habe vor Krachs keine Angst gehabt", bekannte Spira. „Wer davor Angst hat, darf nicht Journalist werden."[12]

Bis zu ihrem Tod war sie beruflich aktiv, ständig mit ihrem Team in ganz Österreich unterwegs. Wenn sie abends nachhause kam, war ihr Mann, der Schauspieler Hermann Schmid, da. Sie gaben Feste und liebten es, Menschen um sich zu haben. Gemeinsam hatten sie eine Tochter, Hannah, und drei Enkel. Auf den engen Freundeskreis konnte sich Spira immer verlassen. Sie führte ein sprühendes, schnelles und herausforderndes Leben.

Als „Königin der einsamen Herzen" ist sie vielen Menschen in Österreich in Erinnerung geblieben. Knapp 23 Jahre lang besuchte sie für ihre Sendung „Liebesg'schichten und Heiratssachen" Kandidatinnen und Kandidaten, die auf der Suche nach einer neuen Partnerschaft waren.

Doch ihr Vermächtnis ist nicht das einer allseits beliebten Heiratsvermittlerin, einer „Kupplerin der Nation", wie sie in den Medien oft genannt wurde. Sie hinterlässt ein filmisches Werk, das mehr über Österreich erzählt, als der hiesigen Bevölkerung lieb sein konnte.

Als ORF-Redakteurin für das politische Magazin „teleobjektiv“ war Elizabeth Toni Spira im Jahr 1974 mit dem damaligen Kunstminister Fred Sinowatz in Österreich unterwegs. Auch auf dem Fahrrad

Spira selbst war in ihren Filmen sehr selten zu sehen. Ihre unverwechselbare tiefe, rauchige Stimme machte sie zu einer Ikone der österreichischen Fernsehgeschichte.

Von 1974 bis 1984 gestaltete Spira im Rahmen der ORF-Sendung „teleobjektiv“ Sozialreportagen, die, wie jene über die Fristenlösung, regelmäßig für Aufruhr sorgten. Danach übernahm sie die Reihe „Alltagsgeschichte“. Sie stellte Passanten, Kaffeehaus- oder Beislbesucherinnen scheinbar belanglose Fragen. Meistens reichte „Wie geht es Ihnen heute?“, um ihr Gegenüber aus der Reserve zu locken. Spira brauchte nicht viel, um Menschen dazu zu bringen, ihr Leben zu offenbaren. Diskretion gehörte nicht zu ihren hervorstechenden Eigenschaften. Die Fähigkeit, das Menschliche, Unangenehme und Hässliche hervorzuholen, dagegen schon. Sie zeigte, wie stark Rassis-

Ein Bild aus den 1960ern: Die Zigarette war für Spira über Jahrzehnte eine ständige Begleiterin

Als Journalistin brauchte Spira nicht viel, um Menschen dazu zu bringen, sich ihr zu offenbaren

mus und Antisemitismus in der Gesellschaft immer noch verankert waren und dass man nicht lange graben musste, um in Österreich auf nationalsozialistisches Gedankengut – das Nazi-Gen, wie sie es nannte – zu stoßen. Gleichzeitig schuf sie in ihren Filmen Raum für Minderheiten und für die Biografien armer und verzweifelter Menschen, die sonst in der Welt des Fernsehens kaum Platz fanden.

In den „Liebesg'schichten und Heiratssachen" war es ihr von Beginn an wichtig, auch homosexuellen Menschen und Transgender-Personen eine Stimme zu geben. Und sie tat es auf massentaugliche Weise. Nahezu alle Sendungen, die Spira gestaltete, liefen im Hauptabendprogramm. Für die Nische war sie nicht zu haben.

Spiras Familiengeschichte

Was Spira in ihrem Schaffen antrieb, war ihre eigene Geschichte. Sie stammte aus einer jüdischen Familie, deren Mitglieder zudem überzeugte Kommunisten waren. Um zu überleben, flüchteten sie nach der Machtübernahme der Nationalsozialisten nach Großbritannien. 1946 kehrten sie zurück. Doch das offizielle Österreich stellte schnell klar, dass Menschen wie die Spiras nicht erwünscht waren.

Elizabeth Toni Spira wurde 1942 im Exil, in Schottland, geboren. „Ich bin ein Flüchtlingskind", erklärte die Journalistin immer wieder. Ihre Filme entstanden aus dem Bewusstsein, eine Vertriebene zu sein. Und: „Es gibt viele fade Juden, aber es gibt keine einzige fade jüdische Familiengeschichte. Allen ist etwas Furchtbares passiert."[13]

„Die gelungene Flucht nach Großbritannien war unser Glück", sagte sie 2015 in einer Rede in Wels zum Gedenken an die Novemberpogrome des Jahres 1938. „Nicht jeder konnte ein Visum in ein sicheres Land bekommen. Nur einem Teil meiner Familie gelang die Flucht. Keiner der Zuhausegebliebenen hat die Naziherrschaft überlebt. Keiner von ihnen hat ein Grab. Keiner einen Grabstein." Gleichzeitig kam Spira auf die Millionen Menschen zu sprechen, die im Jahr 2015 gerade auf der Flucht waren, und rief zur Wachsamkeit gegenüber jenen auf, die diese Situation für ihre ausländerfeindliche Politik zu nutzen suchten. Denn neben den vielen, die helfen, gebe es „den ‚Führer' einer Partei, der überlaut sagt: ‚Liebe deinen Nächsten – für mich sind das unsere Österreicher'", sagte Spira und fügte hinzu: „Wenn das ein Politiker sagt, dann Achtung! Dann führt er etwas im Schilde."

Unermüdlich arbeitete sich Spira an Österreich ab. Sie wollte das Land einerseits verstehen, ihm andererseits den Spiegel vorhalten und damit auch Rache nehmen für die Ermordeten und Vertriebenen ihrer Familie. „Auf der Flucht sein heißt, niemals wieder der Heimatidylle vertrauen", sagte sie in Wels. „Der einstige Heimatort ist ein Misstrauensort geworden." Dieses Misstrauen gegenüber Österreich begleitete Spira ein Leben lang.

Als Jugendliche konnte sie nicht nachvollziehen, warum ihre Eltern in dieses Land zurückgekehrt waren. Als Erwachsene sah sie das anders. „Ich kann mir nirgendwo anders vorstellen zu leben als in Wien", notierte sie.[14] „Hier kenne ich mich aus. Ich weiß, wer ein Schwein ist, ich weiß, wer kein Schwein sein will, ich weiß, wer ein potenzielles Schwein ist, und ich weiß, wer sein Schwein-Sein verleugnet. Das ist schon viel. In San Francisco – z. B. – könnte ich nie in die Schweine-Philosophie eindringen."

„Auf der Flucht sein heißt, nie mehr wieder der Heimatidylle vertrauen", sagte Spira. Dieses Misstrauen gegenüber Österreich begleitete sie ein Leben lang

Gleichzeitig hätte sich Spira mit Österreich nie derart intensiv beschäftigen können, wäre sie nicht Journalistin geworden. Als sie in der Waldheim-Krise[15] an einer Mahnwache teilnahm – die Gruppe stand vor dem „O5"-Zeichen[16], das als Symbol des österreichischen Widerstands gegen den Nationalsozialismus rechts neben dem Riesentor des Stephansdoms in die Mauer eingeritzt ist –, wurde sie von einer Frau antisemitisch beschimpft. Sie fühlte sich hilflos, erzählte sie in einem Interview.[17] „Ich kann in diesem Land nur als Journalistin arbeiten", war ihr Fazit. Da könne sie Distanz wahren. Mit einer Kamera seien Antisemitismus und Rassismus leichter zu ertragen. Denn dann habe man all die Schrecklichkeiten auf Band und könne sie zeigen. Die Machtlosigkeit hätte ein Ende.

Begegnungen

Ohne Spiras Familien- und Lebensgeschichte ist ihr Werk nicht zu verstehen.

Diese Biografie will die Journalistin als Kind ihrer Zeit und ihres spezifischen Milieus, in das sie hineingeboren wurde, porträtieren. Wer waren die Menschen, die sie bewunderte, die sie begleiteten und unterstützten? Wer jene, die sie ablehnte? Welche Ereignisse prägten die Filmemacherin?

Ich selbst habe Elizabeth Toni Spira kaum gekannt. Im Vorfeld einer Preisverleihung haben wir uns Anfang des Jahres 2018 persönlich kennengelernt. Ich durfte zwei Stunden bei ihr zuhause privat mit ihr plaudern, in einer wunderschönen, gemütlichen Altbauwohnung voller Bücher, mit vielen Fotos und zeitgenössischer Kunst, etwa von Hans Staudacher, Arnulf Rainer, Hermann Nitsch und Günter Brus, an den Wänden. Über dem Schreibtisch ihres Ehemanns Hermann Schmid hängt ein riesiges Porträt Spiras, gemalt von Adolf Frohner. Eine weitere Wand zieren fünf eingerahmte Bilder, die eine Magd aus Niederösterreich, Malli Aloisia, im Jahr 1987 gemalt hat. Spira hatte sie für einen Film interviewt.

Als ich Spira besuchte, war sie schon sehr krank und zog ein Sauerstoffgerät hinter sich her. Die Atmosphäre war ruhig und freundlich. Und ich erinnere mich, dass ich das Bedürfnis hatte, von mir zu erzählen. Sie schaute mich mit ihrem vertrauenerweckenden und gleichzeitig durchdringenden Blick an. Man will sich ihr öffnen und weiß nicht, warum.

Im Sommer 2018 war ich bei der Präsentation der „Liebesg'schichten und Heiratssachen". Danach trafen mein Kollege Matthias Dusini und ich sie zu einem Interview für den *Falter*. Wenige Monate nach Spiras Tod am 9. März

Zu Spiras fünfzigstem Geburtstag malte der Künstler Adolf Frohner (1934–2007) ein Porträt von ihr

2019 kontaktierte mich ihr Mann, der Schauspieler Hermann Schmid, und schlug mir vor, doch ein Buch über sie zu schreiben. Das Angebot war verlockend. Das Wenige, was ich über seine Frau wusste, genügte mir, um sofort Ja zu sagen.

Meinen Weg zu Elizabeth Toni Spira suchte ich über Menschen, die sie in ihrem Leben begleitet hatten. Dieses Buch beruht auf einer Vielzahl an Interviews, die ich mit Familienmitgliedern, Freundinnen und Freunden, Kolleginnen und Kollegen, Mitarbeiterinnen und Mitarbeitern geführt habe.[18]

Hermann Schmid und Elizabeth Toni Spiras Schwester Margaret Liesl Nitsch öffneten mir zudem ihre Archive und gewährten mir Einblick in viele offizielle Dokumenten, aber auch in Briefe, Tagebücher, alte Schulhefte und Notizen. Zu meinem Glück hatte Elizabeth Toni Spira gern und viel geschrieben und nur wenig weggeworfen.

Viele O-Töne von Spira selbst verdanke ich dem Regisseur und Kameramann Robert Neumüller, der für seinen Film „Elizabeth Toni Spira – ‚Ich bin nicht wichtig'" viele Interviews mit der Protagonistin führte. Die Transkripte mit einigen unveröffentlichten Passagen stellte er mir für dieses Buch zur Verfügung.[19]

Der ORF ermöglichte mir, alle Filme von Elizabeth Toni Spira zu sichten, von der „teleobjektiv"-Sendung „Heißes Eisen – Unruhe in den Betrieben" aus dem Jahr 1974 bis zur 23. Staffel der „Liebesg'schichten und Heiratssachen" im Jahr 2019.

In einem Interview beklagte sich Spira einmal: „Wenn mich Journalisten interviewen, werde ich dämlich nach Doppelbelastung etc. befragt. Doch fast kein Journalist bringt meine Fernsehgeschichten mit meiner Biografie in Verbindung."[20] Dabei hat Spira einige Fährten gelegt. Ich habe versucht, diesen zu folgen, und ich habe tief gegraben. Und so beginnt dieses Buch lange vor der Geburt der Protagonistin, nämlich am Ende des 19. Jahrhunderts, mit einer beeindruckenden Frau, Spiras Ururgroßmutter, Caezilie Ellinger.

Unter Helden: Aus Böhmen und Mähren in den Spanischen Bürgerkrieg

Wenn Caezilie Ellinger lesen wollte, ruckelte sie mit dem Sessel. Das war das Zeichen. Ihre Kinder und Enkel kamen angelaufen und hievten sie samt ihrer Sitzgelegenheit auf den Esstisch. Ende des 19. Jahrhunderts leuchteten schon Glühbirnen in den Häusern. Ihr Licht war aber noch recht schwach. Auf dem Tisch thronend war die ältere Dame dem Lämpchen näher.

Caezilie Ellinger war Elizabeth Toni Spiras Ururgroßmutter mütterlicherseits und lebte in Brünn.* Sie steht für viele bemerkenswerte Persönlichkeiten in dieser weitverzweigten Verwandtschaft, die Bildung immer hochhielt. Und das nicht nur für die männlichen Nachkommen. Frauen studierten und ergriffen Berufe, als von Gleichberechtigung der Geschlechter noch kaum die Rede war.

Als ihre Tochter bei der Geburt ihres achten Kindes starb, kümmerte sich Caezilie Ellinger fortan auch um ihre Enkelinnen und Enkel. Sie achtete darauf, dass alle, vor allem auch die jungen Frauen, eine Ausbildung erhielten, um in der Zukunft nicht von etwaigen Ehemännern abhängig zu sein. Als Gegenleistung verlangte sie nicht viel. Aber wenn ihr nach Lektüre war, machte sie sich bemerkbar. War ihr Lesedurst gestillt, ruckelte sie wieder mit dem Sessel und die Kinder hoben sie vom Tisch herunter.

„Bildung war, wie in jüdischen Familien üblich, allen Generationen sehr wichtig. Denn alles, was ich im Kopf habe, kann ich mitnehmen", beschreibt es Margaret Liesl Nitsch, Elizabeth Toni Spiras Schwester. Wenn Vertreibung, Pogrome und Kriege drohen, muss das Eigentum zurückbleiben. Das Wissen kann aber überallhin mit.

Spiras Vorfahren zogen Ende des 19., Anfang des 20. Jahrhunderts aus Böhmen und Mähren nach Wien. Sie waren zunächst Sozialdemokraten und spätestens im Zweiten Weltkrieg Kommunisten. Ihr Dreh- und Angelpunkt war der Kampf gegen den Faschismus, für den sie ihr Leben aufs Spiel setzten. Die Verbrechen, die in der Sowjetunion begangen wurden, nahmen sie lange unwidersprochen zur Kenntnis.

---

* Siehe Stammbaum auf S. 208.

Wer Elizabeth Toni Spiras Werk verstehen will, muss ihre Lebensgeschichte verstehen. Die Filme, die die Journalistin ab Mitte der 1970er-Jahre drehte, sind thematisch eng mit ihrer Familie und ihrem Aufwachsen verbunden. „Wenn du in so einer Situation wie ich auf die Welt kommst und um dich herum sind lauter unglaubliche Leute, die in der Illegalität gekämpft haben, dann bist du dazu auserkoren, diese Geschichten zu erzählen“[21], definierte Spira ihren Platz. „Du weißt, dass du selbst nie ein Held sein wirst. Du kannst nur berichten. Und das ist meine Aufgabe.“

Die Familie der Mutter: die Zerners und die Frischauers

Ernestine Frischauer, die Großmutter Elizabeth Toni Spiras mütterlicherseits, war die jüngste von Caezilie Ellingers Enkelinnen. Sie wuchs in Brünn auf und war eine der wenigen Frauen, die kurz nach der Jahrhundertwende schon studierten. Ab dem Wintersemester 1908 war sie an der Universität Wien in den Fächern Englisch und Französisch inskribiert. 1911 meldete sie sich zur Lehramtsprüfung für Mädchenlyzeen mit Unterrichtssprache Deutsch an, erschien jedoch nicht zur Prüfung. Auf einer Karteikarte im Archiv der Universität ist vermerkt, dass der Akt wegen Terminversäumnisses abgelegt worden sei. Sie hatte aber offenbar noch eine andere Ausbildung vorzuweisen: In ihren Unterlagen findet sich ein Zeugnis für das Fach Pädagogik der Londoner Grove School Highgate.

1912 heiratete Ernestine Frischauer den Chemiker und Eisenbahnergewerkschafter Theodor Zerner aus Eibenschitz in Mähren. Er war bürgerlicher Herkunft. Seine Mutter fuhr auch nach dem Krieg noch gern zur Kur nach Karlsbad. Ihren Besitz, unter anderem ein Haus, verlor die Familie in der Wirtschaftskrise der 1930er-Jahre.

Ernestine und Theodor Zerner hatten vier Kinder. Ihre Tochter Eva, Elizabeth Toni Spiras Mutter, wurde 1921 geboren. Da Theodor Zerner lange Zeit arbeitslos war, musste seine Frau die Familie erhalten.

Gemeinsam mit ihrem Bruder Max Frischauer betrieb sie ein Kindererholungsheim in Italien, in Rimini am Strand von Miramare. Etwa hundert Mädchen und Buben im Alter von drei bis 18 Jahren konnten hier den Sommer verbringen, wurden pädagogisch betreut, bekamen fünf Mahlzeiten am Tag und betrieben rhythmische Gymnastik. Aber „nicht nur gute Erholung und oft erstaunliche Gewichtszunahmen im Herbst“ seien das Ergebnis eines solchen Aufenthalts, wie es Ernestine Zerner in einem Infor-

Caezilie Ellinger war Elizabeth Toni Spiras Ururgroßmutter mütterlicherseits. Sie achtete darauf, dass auch ihre Töchter und Enkelinnen eine gute Ausbildung bekamen

Ernestine und Theodor Zerner, Spiras Großeltern mütterlicherseits, heirateten im Jahr 1912 oder 1913

mationsblatt beschrieb, „sondern auch erhöhte Selbstständigkeit, Frohsinn und bessere Einfügung in die Umgebung". Zerner, Sozialdemokratin wie ihr Mann, legte Wert auf Gleichheit zwischen den Kindern. Verlangten Eltern die Bevorzugung ihrer Söhne und Töchter durch bessere Wäsche oder schöneres Geschirr, lehnte die Leiterin dieses Ansinnen ab. Ihre Tochter Eva schloss sich bald einer sozialdemokratischen Jugendbewegung an.

Die Familie des Vaters: die Spiras und die Langbeins

Jener Familienzweig, der Elizabeth Toni Spira ihren Nachnamen geben sollte, stammte aus Trebitsch in Mähren. Dank der Familienchronik „Das Jahrhundert der Widersprüche"[22], die der Vater der Filmemacherin, Leopold Spira, kurz vor seinem Tod abschloss, und den vielen politischen Schriften, die er im Laufe seines Lebens verfasste, ist einiges über ihn und die Verwandtschaft väterlicherseits bekannt.

In Trebitsch bestand seit dem 14. Jahrhundert bis zum Zweiten Weltkrieg eine große jüdische Gemeinde. Einer ihrer ehemaligen Vorsteher, der Schneidermeister Leopold Spira, liegt am örtlichen Friedhof mit seiner Frau Rosalie begraben. Elizabeth Toni Spiras Großvater Emil war eines ihrer 18 Kinder. Wenige Monate nachdem die Nationalsozialisten im Jahr 1938 in Österreich die Macht übernommen hatten, starb er an einem Herzinfarkt.

Auch die Bekanntschaft mit ihrer Großmutter väterlicherseits blieb der Enkelin verwehrt. 1941 gelang Doris Spira, geborene Langbein, die Flucht vor den Nationalsozialisten in die USA, wo sie bis zu ihrem Tod im Jahr 1954 lebte.

Die Familie Langbein kam aus Böhmen, genauer aus dem Bezirk Teplitz, wo sie ebenfalls Teil einer großen jüdischen Gemeinde war. Da Doris' Vater sich als Wundarzt in Karlsbad bessere berufliche Chancen versprach, übersiedelte die Familie in den Kurort. Doris kam dort 1877 zur Welt. Nur sieben Jahre später starb der Vater. Mit acht Kindern zog die Mutter nach Wien und gründete eine Maschinstrickerei in der Neubaugasse im siebten Bezirk.

In Wien lernten sich Doris Langbein und Emil Spira „von Amts wegen" kennen.[23] Beide arbeiteten bei der Post, er als Beamter, sie als sogenanntes Telefonfräulein. Die beiden heirateten 1905 in der Synagoge in der Seitenstettengasse. Im selben Jahr kam Emma Karoline, genannt Nuschi, auf die Welt, 1913 folgte Elizabeth Toni Spiras Vater Leopold. Emma Spira, später verheiratete Plank, floh nach dem „Anschluss" mit ihrem Mann zunächst

Emil und Doris Spira, Elizabeth Toni Spiras Großeltern väterlicherseits. Ihr Hochzeitsfoto aus dem Jahr 1905

nach London und im selben Jahr in die USA, wo sie als Kinderpädagogin Berühmtheit erlangte.

Doris Spira übernahm 1923 die Maschinstrickerei. Etwa fünfzig Jahre später führte ihre Enkelin Elizabeth Toni Spira ein Interview mit dem damaligen Präsidenten der Wiener Ärztekammer, Friedrich Daume. Bei dieser Gelegenheit fragte Daume die Journalistin, ob ihr denn eine Doris Spira bekannt sei? Ihr habe er es nämlich zu verdanken, dass er sein Studium hatte abschließen können. Seine Mutter sei in den 1930er-Jahren bei der Firma Langbein & Co angestellt gewesen, „und selbst in den härtesten Krisenjahren“[24] sei ihr nicht gekündigt worden.

Doris und Emil Spira lebten mit ihren Kindern Emma und Leopold in Wien. Sie waren zwar Mitglieder der Kultusgemeinde, pflegten aber kaum jüdische Bräuche, dafür feierten sie Weihnachten. Die Kinder wuchsen in einer Wohnung voller Bücher auf. „Im untersten Fach des elterlichen Bücherschranks standen in einer langen Reihe tschechische Ausgaben der russischen Klassiker; mein Vater vertrat die Meinung, man könne die russische Literatur auf Deutsch einfach nicht lesen"[25], schrieb Leopold Spira. Seine Mutter war angetan vom plattdeutschen Dichter Fritz Reuter und zitierte auswendig aus Goethes „Faust". Sie bildete sich ständig weiter, etwa an der Volkshochschule Ottakring. Doris Spira war zudem begeisterte Bergsteigerin – schon um 1900 erklomm sie den Großglockner und als erste Frau die Hochtor-Nordwand im Gesäuse – und Vorturnerin im Ersten Wiener Frauen-Turnverein, den ihr Bruder Arthur mitbegründet hatte.

Als der Erste Weltkrieg ausbrach, blieb Leopold Spiras Vater Emil der Dienst an der Waffe erspart, er galt bei der Post als unabkömmlich.

Leopold war fünf Jahre alt, als Europa in Trümmern lag, die Habsburgermonarchie endgültig zerfiel und Österreich eine Republik wurde. Seine Kindheit erlebte er im Roten Wien. Im Rahmen dieses sozialpolitischen Experiments der Stadt sollten sich die Arbeiterinnen und Arbeiter emanzipieren. Es wurden neue Steuern, unter anderem auf Luxusgüter, eingeführt. Mit den Gemeindebauten begann die Stadt Wien ein umfassendes Wohnbauprogramm, zugleich setzte eine große Reform des Bildungswesens ein. Es gab nun Büchereien für die Arbeiterschaft, Schwimmbäder und Theater. Die Kindersterblichkeit sollte reduziert, die Fürsorge verbessert werden. Die gleichberechtigte Partnerschaft zwischen Männern und Frauen wurde propagiert, die ideale Frau war sportlich, selbstbewusst und berufstätig.

Wenige Monate nachdem die Sozialdemokratische Arbeiterpartei (SDAP) bei den Gemeinderatswahlen in Wien 1919 die absolute Mehrheit der Stimmen erhalten hatte, erlebte Leopold seinen ersten Schultag in einer Josefstädter Volksschule. Er und seine Schwester hatten eine wohlbehütete Kindheit in einem Beamtenhaushalt, allerdings mit sozialkritischer Literatur. „Ich las nie Karl May, wohl aber Jack London, B. Traven und Upton Sinclair"[26], schrieb Spira in seiner Familienchronik. Außerdem studierte er gern die *Arbeiter-Zeitung*, bevorzugt die langen Texte des sozialdemokratischen Theoretikers und Austromarxisten Otto Bauer. Die Lebensumstände der Familie waren weit entfernt vom Elend der Arbeiterschaft, doch Emil Spira stand der Sozialdemokratie nahe. „Er fühlte sich als Tscheche, was ihn, kombiniert mit jüdisch und Postbeamter, zum Sozialdemokraten prädestinierte"[27], schrieb Leopold Spira über seinen Vater. Als Jude und Tscheche entsprach Emil Spira den Feindbildern der Deutschnationalen und Christlichsozialen.

Leopold Spira, Elizabeth Toni Spiras Vater, im Alter von sieben oder acht Jahren mit seiner Mutter Doris und seiner Schwester Nuschi

Leopold, als er etwa fünf war. Seine Kindheit erlebte er im Roten Wien

Die Politisierung des Leopold Spira

Leopold Spira entschloss sich schon als Schüler, politisch aktiv zu werden. Vorerst innerhalb der Sozialdemokratie. Während das Rote Wien seine Errungenschaften verteidigen konnte, verhärteten sich die ideologischen Lager im Land.

Die Sozialdemokratie stand in Österreich bereits stark unter Druck. Ihrer paramilitärischen Einheit Schutzbund stand die Heimwehr der Christlichsozialen gegenüber. Aber nicht nur diese. 1927 trafen im burgenländischen Schattendorf Schutzbündler und deutschnational ausgerichtete Frontkämpfer aufeinander. Letztere erschossen einen Kriegsinvaliden und ein Kind. Die Mörder wurden freigesprochen. Arbeiter, aber auch Beamte, gingen in Massen auf die Straße. Bis zu 200.000 Menschen sollen am 15. Juli 1927 zu Mittag, einen Tag nach dem Urteil, im Parlamentsviertel gewesen sein.[28] Von der Polizei immer wieder abgedrängt, zogen sie schließlich Richtung Justizpalast und stürmten das Gebäude. Es wurde Feuer gelegt. Kurz darauf stand das Gebäude in Flammen. Polizeipräsident Johann Schober ließ in die Menge schießen. 89 Demonstranten, vier Sicherheitsbeamte und ein Polizist starben, an die 500 Menschen wurden verletzt. Die Sozialdemokraten erwarteten sich von ihrer Führung ein Zeichen der Stärke. Doch das blieb aus. Zwar wurde zum Generalstreik aufgerufen, doch der kam nicht zustande. Die ersten Unzufriedenen wechselten von der SDAP zu den Kommunisten. Dort erwarteten sie sich mehr Entschlossenheit.

Leopold Spira schrak vor diesen Spannungen nicht zurück, er wollte mitmischen. Daran änderte auch die Ohrfeige seiner Mutter nichts, als er zu spät vom Sonntagsausflug mit der Sozialistischen Arbeiterjugend nachhause gekommen war. 1929 trat er dieser Organisation sowie der Vereinigung Sozialistischer Mittelschüler bei, 1930 dem Jungwanderbund.

Im Jahr 1932, als die SDAP mit dem Wahlspruch „Kein Wiener Kind darf auf Zeitungspapier geboren werden“ warb, der spätere Diktator Engelbert Dollfuß Bundeskanzler wurde und die Nationalsozialisten ihren „Gau-Parteitag“ auf dem Wiener Heldenplatz abhielten, verließ Leopold als Maturant das Piaristengymnasium. In der als konservativ geltenden Schule, wo schon damals der Deutschnationalismus vorherrschte, war er der einzige „,organisierte ‚Rote‘“[29].

Er inskribierte an der Universität Wien Geografie und Englisch. Zur gleichen Zeit wurde er Mitglied der Sozialistischen Studenten und der Akademischen Legion, die dem Schutzbund angeschlossen war. Leopold Spira wollte eigentlich Mittelschullehrer werden. Doch daraus wurde nichts.

Die Zäsur für viele aktive Sozialdemokraten, wie Leopold Spira einer war, kam mit dem Februar 1934. Bundeskanzler Dollfuß hatte im März 1933 das Parlament ausgeschaltet. Als Abgeordnete die Geschäfte wieder aufnehmen wollten, verhinderte er das mit Polizeigewalt. Der Republikanische Schutzbund wurde verboten. Der nunmehrige Diktator setzte alle Wahlen aus und gründete die Vaterländische Front als Einheitspartei. Die Kommunistische Partei Österreichs (KPÖ) und der österreichische Ableger der Nationalsozialistischen Deutschen Arbeiterpartei (NSDAP) wurden aufgelöst. Als Dollfuß am 12. Februar 1934 Wohnungen von Sozialdemokraten und sozialdemokratische Parteilokale nach Waffen durchsuchen ließ, kam es in Oberösterreich, Tirol und der Steiermark zu Kämpfen zwischen Angehörigen des Schutzbundes einerseits, der Polizei und dem Bundesheer andererseits. Die SDAP rief wieder zum Generalstreik auf. Doch „die ehemals so mächtige Partei – die nach den Ergebnissen der letzten Wahlen neunzig Prozent der Arbeiterschaft, sechzig Prozent der Bevölkerung Wiens, die überwiegende Mehrheit der städtischen und industriellen Bevölkerung Österreichs überhaupt repräsentierte [...] – konnte eine einigermaßen ausreichende Verbreitung des Generalstreikaufrufes jedoch nicht mehr bewerkstelligen“, schreibt der Historiker Wolfgang Maderthaner.[30]

Auch in Wien wurde in einigen Gemeindebauten gekämpft, doch der Schutzbund agierte nahezu führerlos und war in kleinen Einheiten im Kampf gegen den Dollfuß'schen Staatsapparat auf sich allein gestellt. Leopold Spira und seine Einheit trafen sich am 12. Februar 1934 vollzählig im Keller eines Gemeindebaus auf der Rossauer Lände. „Wir hatten weder Waffen noch Verbindungen oder Instruktionen“, erinnerte er sich. „Wir diskutierten einen Tag lang, die einen hitzig, die anderen resigniert. Dann gingen wir nach Hause. Im ‚Roten Wien‘ waren wir aufgewachsen – aber damit war es nun vorbei. Meine Mitgliedschaft in der sozialistischen Jugendbewegung und in der Sozialdemokratischen Partei hatte ein dramatisches Ende gefunden.“[31]

Die Sozialdemokratie wurde verboten. Ihre Anhänger und auch andere politische Gegner der Vaterländischen Front wie Kommunisten oder Nationalsozialisten wurden in Anhaltelager deportiert. Das austrofaschistische Regime – Vorbild war Benito Mussolini in Italien – dauerte bis zum 11. März 1938.

Im Jänner 1935 trat der 21-jährige Leopold Spira der KPÖ bei. In seinem Leben hatte ein neues Zeitalter begonnen. Die Sozialdemokratie hatte versagt, er vertraute nun auf die Schlagkraft der Kommunisten, deren Rücken von der mächtigen Sowjetunion gestärkt wurde. Als Spira 1937 an einer Konferenz des Kommunistischen Jugendverbands in Prag teilnahm, hatte er „nichts einzuwenden [...], als Johann Koplenig, Vorsitzender der KPÖ, die Todesurteile bei den Moskauer Prozessen gegen führende Parteifunktionäre als Sieg im Kampf gegen den Faschismus pries“[32]. Es war die Zeit des Großen Terrors und der Schauprozesse in der Sowjetunion. Der Politik Stalins fielen in diesen Jahren Millionen Menschen zum Opfer.

Am 8. Mai 1937 wurde Leopold Spira – sein Kampfname in der Illegalität war Toni Kren – im Haus seiner Eltern verhaftet. Eine Schreibmaschine diente als Beweismaterial gegen ihn. Auf dieser hatte Spira einen Rundbrief der Roten Falken geschrieben. Den Reisepass, so erzählte es Spira in seiner Familienchronik, nahm ein wohlwollender Polizist nicht mit, sondern ließ ihn offenbar absichtlich liegen.[33]

Spira wurde ins Polizeigefangenenhaus an der Rossauer Lände, genannt „Liesl“, eingeliefert. Er teilte sich die Zelle mit einem Revolutionären Sozialisten und einem Nationalsozialisten. Sie spielten Schach, die Figuren formten sie, „wie im Gefängnis üblich, aus vorgekautem Brot“[34]. Diese Figuren rettete seine Schwester später als Talisman in die Emigration.

Kurz vor Weihnachten des Jahres 1937 wurde der mittlerweile 24-jährige Leopold Spira zu einem Jahr Gefängnis wegen Verletzung des Pressegesetzes verurteilt. Mitte Februar war die Haftzeit vorbei. Der Chef der autoritären Regierung, Kurt Schuschnigg, erließ eine Amnestie für alle politischen Gefangenen. Wenige Wochen später marschierte Adolf Hitler in Österreich ein. „Ich war doppelt gefährdet“, schrieb Leopold Spira, „als polizeilich registrierter Kommunist und als Jude.“[35] Er setzte sich in den Zug und fuhr, mit Skiausrüstung im Gepäck als Tourist getarnt, zuerst in die Schweiz, um bei Freunden unterzukommen. Dann ging es weiter nach Paris.

Die Zerners, „eine Ausnahmefamilie"

Die Zerners waren wie die Spiras Sozialdemokraten. Sie lebten in Wien, wenn sie nicht in den Erholungsheimen arbeiteten – neben Miramare befand sich noch ein weiteres in der Steiermark, in Murau. Als die Lebensumstände für Jüdinnen und Juden immer gefährlicher wurden, erwies ihnen ihre Hausangestellte Maltschi Haruksteiner wertvolle Dienste. „Die Zerners waren eine Ausnahmefamilie", erzählt Haruksteiners Tochter Amalia Pölzl. Viele Dienstmädchen seien in diesen Zeiten schikaniert worden. Nicht aber ihre Mutter. „Die Zerners haben immer auf ihre freien Tage geachtet und sie unterstützt, Kontakte in Wien zu knüpfen."

Elizabeth Toni Spiras Mutter Eva Zerner war 16 Jahre alt, als die Nationalsozialisten in Österreich einmarschierten. Als Juden und politisch Andersdenkende waren die Familienmitglieder vom neuen Regime bedroht. Maltschi Haruksteiner half ihnen, wo sie konnte. Als wieder einmal die Gestapo vor der Tür stand, packte die Hausangestellte einschlägige Bücher und Schriften in einen Korb mit Schmutzwäsche, weiß Liesl Nitsch aus Erzählungen ihrer Großmutter. Ob sie denn über verdächtige Literatur im Haus Auskunft geben könne, wurde Haruksteiner gefragt. Sie wisse gar nichts, sagte sie. Für Politik interessiere sie sich nicht. Dann verbrannte sie die Bücher.

Die Familie plante die Flucht. Sie beantragte zuerst bei der chinesischen Gesandtschaft in Wien ein Visum für Schanghai, doch trotz Bewilligung traten die Zerners die Reise nie an. Als sie schließlich nach Großbritannien flohen, ließ es sich Haruksteiner nicht nehmen, die einzelnen Familienmitglieder zum Bahnhof zu begleiten. Das erzählte sie knapp vierzig Jahre später Elizabeth Toni Spira in einem Interview für die „Alltagsgeschichte"-Folge „Ein Leben für die Herrschaft" (1986). Zuerst kam der Jüngste, Karli, auf einen Kindertransport. Er erreichte Großbritannien am 12. Dezember 1938.[36] Eva – sie konnte die Schule nicht mehr abschließen – folgte am 21. Februar 1939[37], danach ihre Schwester Zilly. Eine weitere Schwester, Ruth, hatte schon früher das Land verlassen. Am Schluss packten die Eltern ihre Koffer und flohen aus Wien. „Wir haben uns am Bahnhof nicht auffällig benehmen dürfen", berichtete Haruksteiner. „Was glauben Sie denn, Juden zum Bahnhof zu begleiten und sie verabschieden! Es hat ruhig gehen müssen. So als ob man überhaupt nicht zusammengehört."

Maltschi Haruksteiner blieb in Wien. Die Gestapo holte sie immer wieder zu Verhören ab. „Von mir haben sie nichts rausgekriegt." Während des

Eva Zerner, Elizabeth Toni Spiras Mutter, im Alter von 17 Jahren. Sie kam mit einem Kindertransport am 21. Februar 1939 nach Großbritannien

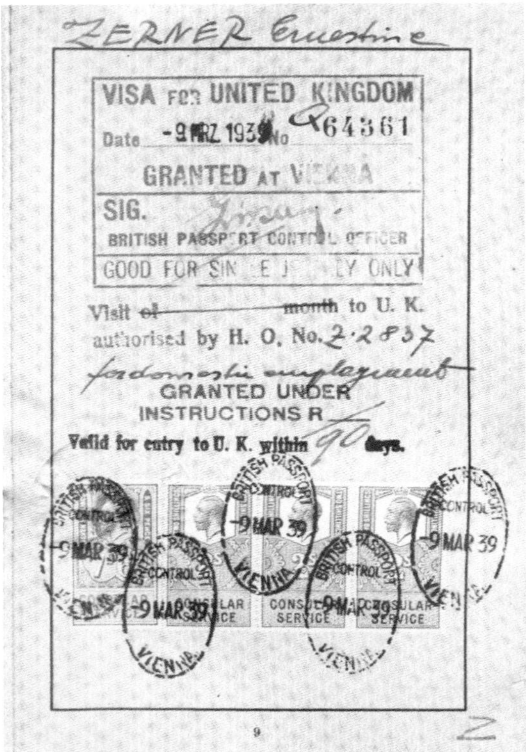

Ernestine Zerners Visum für Großbritannien, ausgestellt am 9. März 1939

Krieges versteckte sie Briefe, Fotos und alles, was ihr von der Familie geblieben war, in einer Proviantdose, die sie in einem Acker vergrub. „Heute kann ich sie mir noch anschauen", erzählte sie später.

Der Spanische Bürgerkrieg

Als Leopold Spira nach seiner Flucht aus Wien in Paris ankam, war er sich zunächst nicht sicher, wie es nun weitergehen sollte. „Die Erbitterung, in Österreich kampflos geschlagen worden zu sein, war groß", erklärte er seinen Gemütszustand viele Jahrzehnte später in einem Interview.[38] Und dass er gegen den Faschismus, der in Europa erstarkte, kämpfen wollte, war für ihn klar. In Paris knüpfte er Kontakte zu Gleichgesinnten. Das war nicht schwierig, denn die französische Hauptstadt „war damals das antifaschistische Zentrum Europas", so beschrieb es Spira.[39] Dort sammelten sich auch Menschen aus ganz Europa, um in den Spanischen Bürgerkrieg zu ziehen. Leopold Spira schloss sich ihnen an. Am 13. April 1938 überschritt er gemeinsam mit seinem Cousin Hermann Langbein, den er im Rekrutierungsbüro in Paris getroffen hatte, die Grenze nach Spanien.

Spanien war seit 1931 eine Republik. Nach dem Volksaufstand vom 14. April verließ der König das Land. In der Folge wurde eine republikanische Verfassung ausgearbeitet und im Dezember beschlossen. Der Einfluss des Klerus, des Adels, des Militärs und der Großgrundbesitzer sollte verringert, tiefgreifende soziale Reformen durchgeführt werden. Bei den Wahlen im Jahr 1933 kamen wiederum rechte und rechtsradikale Parteien an die Macht und versuchten, viele der Reformen wieder rückgängig zu machen. Im Februar 1936 fanden Neuwahlen statt. Während zu diesem Zeitpunkt in Italien schon längst Benito Mussolini und in Deutschland Adolf Hitler herrschten, war in Spanien nun eine Volksfront aus Liberalen, Sozialdemokraten und Kommunisten an der Regierung. Doch am 17. Juli 1936 putschte das Militär, bald darauf stellte sich General Francisco Franco an die Spitze der Aufständischen. Mussolini schickte ihm Truppen und Waffen, Hitler zudem die Legion Condor, die unter anderem die Stadt Guernica bombardierte. An die tausend Menschen wurden dabei am 26. April 1937 getötet. Pablo Picasso bildete das Massaker in einem großen Gemälde ab, das auf der Pariser Weltausstellung desselben Jahres zum ersten Mal gezeigt wurde.

Die Spanische Republik hatte neben der Sowjetunion und Mexiko die Internationalen Brigaden auf ihrer Seite. Die europäischen Demokratien Frankreich und Großbritannien weigerten sich ebenso wie die USA, die demokratisch gewählte Regierung Spaniens zu unterstützen.

Hermann Langbein und Leopold Spira, bei ihrer Flucht 25 und 24 Jahre alt, schlossen sich den Internationalen Brigaden an. Wie viele ausländische Kämpferinnen und Kämpfer nach Spanien kamen, ist nicht gesichert. Es dürften rund 35.000 gewesen sein. In Relation zur Bevölkerung war das österreichische Kontingent mit knapp 1400 Personen das stärkste. Unter ihnen gab es Linke aller Schattierungen, vor allem Kommunisten und Sozialdemokraten; viele Freiwillige waren jüdischer Herkunft. „Wenn es uns gelingt, in Spanien den Faschismus zu schlagen, dann gelingt es vielleicht auch, den großen Krieg zu verhindern und Österreich unabhängig zu erhalten", formulierte es einer der Kämpfer, Ferdinand Berger.[40] „Ich bin nicht für

Spanien nach Spanien gegangen“, sagte Leopold Spira. „Sondern für Europa, für den Antifaschismus.“[41]

Die Sowjetunion als mächtigster Verbündeter der Republik schickte von Anfang an Spezialisten, lieferte Panzer und andere Waffen. Doch die Unterstützung erwies sich bald als verheerend für das linke Lager. Denn Stalin trug seinen innersowjetischen Feldzug gegen vermeintliche Feinde der Partei, die er unter dem Kampfbegriff „Trotzkisten“ subsummierte, ins südeuropäische Ausland. Während in der UdSSR der Große Terror auf dem Höhepunkt war, spaltete Stalin die Republikaner in Spanien. Jene, die nicht absolut moskautreu waren, sollten ausgeschaltet werden. Davon war vor allem die anarchistische POUM, auf Deutsch Arbeiterpartei der marxistischen Einheit, betroffen, der sich der englische Schriftsteller George Orwell angeschlossen hatte. Seine Erfahrungen veröffentlichte er in „Mein Katalonien“[42]. Sein bahnbrechender Roman gegen den Totalitarismus, „1984“, war eine Folge seiner Erlebnisse in Spanien.

Als Leopold Spira und Hermann Langbein im April 1938 in Katalonien ankamen, waren die faschistischen Truppen schon auf dem Vormarsch. Franco war es gelungen, das Gebiet der Republik in zwei Teile zu spalten. Die beiden Österreicher wurden der 11. Brigade zugeordnet. Die ersten Monate bestanden in Ausbildung, bisweilen mit Schießübungen, vor allem aber aus Warten. „Die militärische Ausbildung geht leider nicht so schnell vonstatten, wie wir es wünschten. [...] Hab noch kein einziges Mal scharf geschossen“, schrieb Hermann Langbein am 29. April 1938 an seine Freundin Gretl und seinen Bruder Otto in Paris.[43] „Die Gegend hier ist recht fein, schaut fast österreichisch aus. Berge mit Felsen und Wasserfällen und nicht einmal so viel Steine.“ Langbein lobte den kollektiven Geist im Ausbildungslager, mit den Offizieren sei man per Du, und „Kasernenhofton“ gebe es auch keinen. Die Freiwilligen kümmerten sich um Flüchtlinge, exerzierten, hielten Wache, organisierten Kulturveranstaltungen und wurden in marxistischer Ideologie geschult.

Leopold Spira kam als einziger Österreicher seiner Einheit in eine Caboschule, was bedeutete, dass er zum Gefreiten und damit Führer einer Sechsergruppe befördert wurde. „Jedenfalls werde ich mit jedem Tag, der vergeht, mehr davon überzeugt, dass ich richtig gehandelt habe und auch am richtigen Platz bin“, schrieb er in seinem ersten Brief aus Spanien am 19. Juli 1938 an seine Schwester Nuschi. „Unser Leben hat alle Vorteile des Soldatenlebens, ohne seine Nachteile zu haben – Abstumpfung und Verrohung.

Es ist so ein Mittelding zwischen Rote-Falken-Lager, Kaserne, politischer Schule und Redaktion." In seiner „Ideologischen Biografie" relativierte er das später: „Ganz so idyllisch war es freilich nicht."[44]

Langbein und Spira nahmen beide an der Ebro-Offensive teil, die am 25. Juli 1938 begann. Es war der letzte Versuch der Republikaner, Franco doch noch zu besiegen. Spira musste im August ins Krankenhaus, seine Füße waren vereitert. Langbein berichtete in einem Brief von einer der Schlachten, vom Gestank, dem Blut und Dreck, Menschen- und Pferdeleichen. Die Sanitäter rannten mit Bahren hin und her, schleppten Verletzte aus dem Gefecht, kippten die Toten gleich wieder auf den Boden und eilten zurück, auf der Suche nach weiteren Verletzten.[45]

Am 21. September 1938 wurden die Internationalen Brigaden von der Front abgezogen. In Barcelona erhielt Spira einen Brief mit der Nachricht, dass sein Vater an einem Herzinfarkt gestorben war.

Während die Mitglieder der Internationalen Brigaden aus demokratischen Ländern in ihre Heimat zurückkehren konnten, wo ihnen oft lange Haftstrafen drohten, war den Freiwilligen aus Staaten mit rechtsgerichteten Diktaturen dieser Weg versperrt. Sie wurden in Katalonien stationiert.

Am 24. Jänner des folgenden Jahres formierte sich die 11. Brigade erneut. Barcelona war kurz davor, von Franco eingenommen zu werden. Spira schrieb: „Wir konnten nur noch den Rückzug zur französischen Grenze decken [...] Unsere zynische Einschätzung der Lage: Links ein Loch, rechts ein Loch, vor uns die Faschisten und hinter uns das Weltproletariat."[46]

General Franco ging im Frühjahr 1939 aus dem Krieg als Sieger hervor. Die Herrschaft des Diktators sollte bis zu seinem Tod im Jahr 1975 dauern.

200.000 Menschen hatten an der Front ihr Leben verloren, im Hinterland wurden zudem 130.000 Personen von den Franquisten, 49.000 von den Republikanern getötet. Unter seiner Herrschaft ließ Franco bis weit in die 1940er-Jahre Bürgerinnen und Bürger ohne Gerichtsurteil hinrichten, zeitweise befanden sich mehr als ein Prozent der Bevölkerung, 363.000 Menschen, in Gefängnissen und Konzentrationslagern.[47]

Anfang Februar 1939 erreichten Spira und Langbein mit anderen ehemaligen Kämpfern die französische Grenze. Unter Aufsicht von französischen Soldaten marschierten sie in ein Internierungslager, Saint-Cyprien. Im April ging es weiter nach Gurs, wo etwa 450 Österreicher gefangen gehalten wurden. Das Lager verlassen durften sie nur einmal, als die Tour de France vorbeifuhr. „Die Lebensbedingungen waren schlecht, aber wir konnten in den ersten Monaten im Lager mehr oder weniger machen, was wir wollten", schrieb Spira in seiner Familienchronik[48]. Er gründete eine Volkshochschule, die sein Cousin Hermann leitete. Jeder, der wollte, konnte an Seminaren in Deutsch und Geschichte teilnehmen. Außerdem wurde das Stalin-Lehrbuch „Geschichte der Kommunistischen Partei der Sowjetunion" durchgearbeitet. „Die Spanienkämpfer fühlten sich als politische Elite. Die westlichen Demokratien hatten uns im Stich gelassen, sie hatten zur Kenntnis genommen, dass wir unserer nationalen Identität beraubt wurden. Unser Rückhalt, unsere Hoffnung war die Sowjetunion"[49], so beschrieb Spira seine Situation.

Es war nun vier Jahre her, dass er der KPÖ beigetreten war. „Der Übergang vom Jungsozialisten zum Kommunisten war mir leichtgefallen. Als

Sommer 1939 im Lager Gurs in Frankreich: Leopold Spira wurde hier mit etwa 450 anderen Österreichern gefangen gehalten

Leopold Spira (Mitte) mit seinem Cousin Hermann Langbein (rechts) im Lager Gurs

logische Konsequenz folgten illegale Tätigkeit, Gefängnis, Emigration und Spanischer Bürgerkrieg. Nach all dem fühle ich mich gefestigt und bestätigt. Die ideologischen Voraussetzungen für das, was man später Stalinismus nannte, waren voll entwickelt."[50]

Doch was nun? Wohin sollten all die Österreicherinnen und Österreicher gehen, die in Spanien gekämpft hatten?

Leopold Spira hatte Glück. Am 26. August kam eine Mitarbeiterin eines britischen Spanien-Hilfskomitees in das Lager Gurs. Sie hatte eine Liste von Personen dabei, denen Großbritannien die Einreise erlaubte. Auch Spiras Name fand sich darauf. Seine Schwester, der die Flucht in die USA gelungen war, hatte sich für ihn eingesetzt. Zwei Tage später erreichte er Großbritannien.

Mit Hitlers Angriff auf Polen am 1. September 1939 begann der Zweite Weltkrieg. Frankreich und das Vereinigte Königreich erklärten Deutschland den Krieg. Hätte sich Spiras Flucht nur um wenige Tage verzögert, hätte er als „feindlicher Ausländer" gegolten und keine Möglichkeit mehr gehabt, einen Fuß auf britischen Boden zu setzen.

Im Lager gründete Leopold Spira eine Volkshochschule, die Hermann Langbein leitete. Auf dem Stundenplan standen Deutsch, Geschichte und die Lehren Stalins

Sein Cousin Hermann Langbein blieb vorerst in Frankreich. Im August 1940 kam den Lagerinsassen immer öfter zu Ohren, dass die Parteileitung der KPÖ ihnen rate, sich repatriieren zu lassen, also nach Österreich, das nun Ostmark hieß, zurückzukehren. Von „Umschulungslagern" war zwar die Rede, aber danach könne man ja politisch aktiv sein, hieß es. Hitler und Stalin hatten einen Nichtangriffspakt geschlossen. Die Kommunisten sollten auf keinen Fall Nationalsozialisten provozieren. Langbein meldete sich im Vertrauen auf die Parteilinie für die Rückkehr in das „Dritte Reich". Am 1. Mai 1941 stand er mit 144 anderen Österreichern vor den Toren des Konzentrationslagers Dachau.

„Woanders wäre ich gar nicht auf der Welt"

Elizabeth Toni Spiras Geburt fiel auf einen ungünstigen Tag. „Meine Mutter war böse auf mich", erzählte die Filmemacherin Jahrzehnte später.[51] „Das einzige ordentliche Essen in den Kriegsjahren gab es zu Weihnachten, und da kam ich zur Welt."

Es war der 24. Dezember 1942. Eva und Leopold Spira, die sich in London kennengelernt und bald geheiratet hatten, lebten mittlerweile in Glasgow in Schottland. Der Krieg hatte eine entscheidende Wendung genommen. Deutsche Soldaten erfroren in Massen vor Stalingrad. Die NS-Propaganda reagierte mit einer Weihnachtsringsendung, in der sie sich mit Weihnachtskitsch und Durchhalteparolen am Heiligen Abend an die Bevölkerung wandte. Eine ganz andere Welt eröffnete die BBC. Der German Service des britischen Senders berichtete am 24. Dezember 1942: „Der letzte Akt der Judentragödie beginnt." Dann nannte der Moderator Zahlen: dass in Deutschland „von den etwa 200.000 Juden, die es 1939 dort gab, 160.000 verschleppt oder zugrunde gegangen" waren. Und dass die 2.332.000 Jüdinnen und Juden, die 1940 noch in Polen gelebt hatten, „von SS-Vernichtungskommandos liquidiert werden" sollen. „In diesen nüchternen Zahlen enthüllt sich die grauenhafteste Tragödie. Millionen Menschen werden ausgerottet."[52]

Elizabeth Toni Spira blieb ihrem Geburtsort immer in Dankbarkeit verbunden. „Woanders wäre ich wahrscheinlich gar nicht auf der Welt, und wenn, dann relativ schnell tot gewesen."

Ihre Familie war in der österreichischen Exilorganisation Austrian Centre und deren Jugendorganisation Young Austria mit Zentrum in London aktiv. An die 30.000 Österreicherinnen und Österreicher lebten während des Zweiten Weltkriegs im Vereinigten Königreich, neunzig Prozent von ihnen waren Jüdinnen und Juden. Etwa 7500 Personen waren zwischen 1938 und 1946 Mitglied des Austrian Centre.[53] Aus der Wohltätigkeitsorganisation, die sich um die Flüchtlinge sorgte und ihnen Informationen über ihren neuen Wohnort und Arbeitsmöglichkeiten zur Verfügung stellte, wurde bald eine politische Bewegung. Die treibenden Kräfte dahinter waren in erster Linie Kommunisten. Ihre Erfahrungen aus der Parteiarbeit und der Illegalität machten sie zu Organisationstalenten. Das Austrian Centre bzw. die spätere Dachorganisation Free Austrian Movement (FAM) war die größte Exilorganisation in Großbritannien. Für sie war Österreich ein besetztes

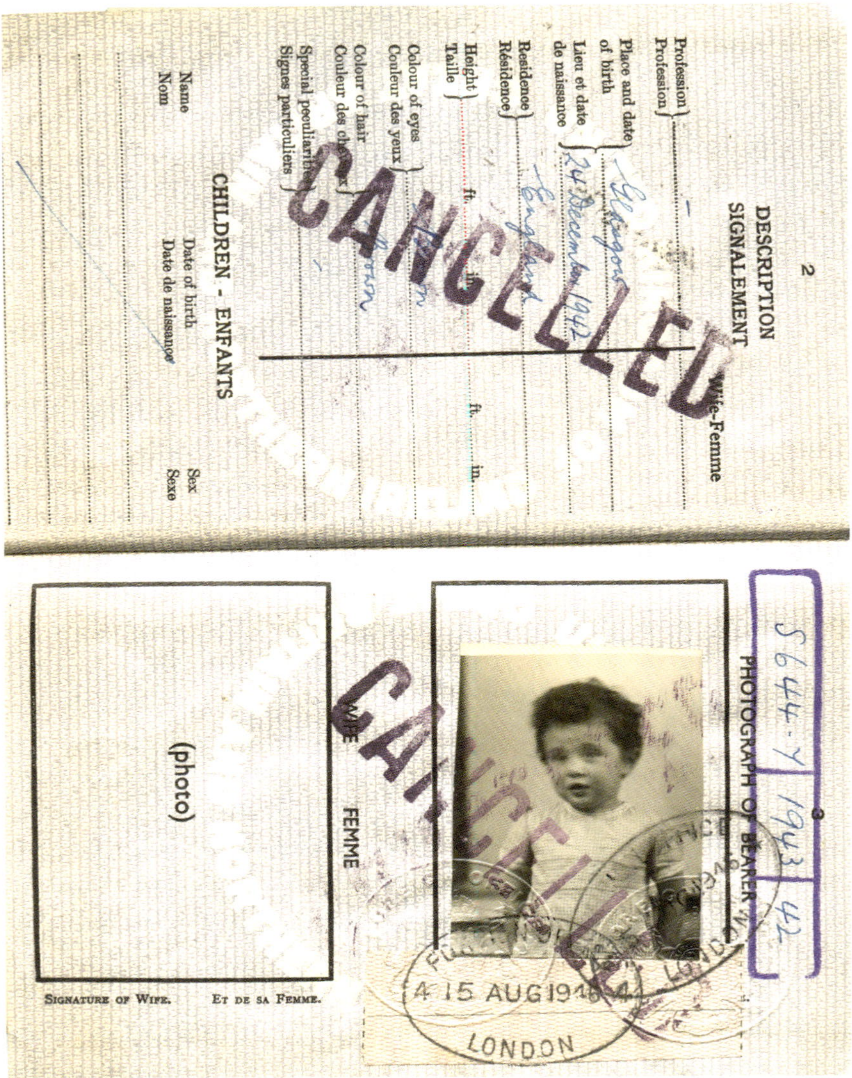

Am Nachmittag des 24. Dezember 1942 wurde Elizabeth Toni Spira als britische Staatsbürgerin in Glasgow geboren

Land, das befreit werden musste. Dafür wollten sie kämpfen und danach wieder nachhause zurückkehren.

Das große politische Ziel half, die Verluste zu verkraften, die man erlitten hatte. Rechtsanwälte, Ärztinnen, Bankbeamte, Kaufleute – sie alle hatten ihre Existenz in Österreich verloren oder mussten, so wie Eva Zerner, die Schule abbrechen. In Großbritannien durften die meisten zunächst nicht einmal arbeiten. Man überschätzte die Bedeutung, die man in der Heimat hatte, und man überschätzte auch die Heimat selbst, ihre Vorzüge und liebenswürdigen Besonderheiten, bevor man gezwungen war, vor einem mörderischen Regime zu fliehen.

London – „Zwischen Tellern und Tassen"

Mithilfe der anglikanischen Kirche konnten die Exil-Österreicher die Londoner Stadtverwaltung überzeugen, ihnen ein Abbruchhaus im Stadtteil Paddington zu überlassen. Am 15. März 1939 wurde das Austrian Centre eröffnet. In den kommenden Monaten kamen noch zwei weitere Gebäude dazu. Es gab Aufenthaltsräume, ein Gasthaus mit Wiener Küche, eine Bibliothek, einen Lesesaal, später ein Hostel und Werkstätten. Im Juni 1939 eröffnete die Kleinkunstbühne Das Laterndl. Young Austria gründete einen Chor, Volkstanzabende wurden veranstaltet und Sommerlager. Vor allem die Kinder, die ohne Eltern angekommen waren, fanden hier ein neues Zuhause und Schutz.

Eva Zerner, die mit ihrer Familie London erreichte, machte eine Ausbildung zur Hilfskrankenschwester. Leopold Spira, der bei seiner Ankunft noch keine Arbeitsbewilligung hatte, half in der Küche des Austrian Centre, wo er sich um den Abwasch kümmerte. Dort schrieb er auch ein Gedicht für seine Angebetete, die er im Mai 1940 heiratete: „Zwischen Tellern und Tassen / sehnt sich mein Herz nach Dir. / Möchte Deine Hände fassen / und faß doch nur Geschirr." In seiner Familienchronik kommentierte er diese Zeilen: „Der zweite Reim ist mehr als schwach, aber die Ehe hat die goldene Hochzeit überdauert."[54]

Leopold Spira war 27, seine Frau 18. Seine Schwiegermutter, Ernestine Zerner, warf ihm bis zu ihrem Lebensende vor, ein „Kinderverzahrer" zu sein. Sie kam deshalb auch nicht zur Hochzeit. Anders als ihr Mann, der sogar Trauzeuge war.

Es war nicht die Verliebtheit allein, die Leopold und Eva Spira zur schnellen Heirat trieb. Österreicher und Deutsche galten in Großbritannien, selbst

Eva Zerner und Leopold Spira, hier im Londoner Hyde Park, lernten sich im Austrian Centre kennen und heirateten im Mai 1940

Eva, mittlerweile verheiratete Spira, im Alter von 19 Jahren

wenn sie Flüchtlinge waren, als „enemy aliens". Dass viele von ihnen Kommunisten waren, also einem Verbündeten Hitlers anhingen, verschärfte die Lage nur noch. Plante Großbritannien härter gegen „feindliche Ausländer" vorzugehen und die Männer in Lager zu deportieren, sollte jemand da sein, der verständigt werden musste: die Ehefrauen. Dementsprechend verlief die Trauung. Wohl ein Dutzend Paare wurde gleichzeitig am Standesamt vermählt. Zwei schmale Goldringe – es waren jene von Ernestine und Theodor Zerner – wanderten von einem Paar zum nächsten. Viele dieser hastig geschlossenen Ehen sollten bald in die Brüche gehen.

Doch die Eile erwies sich zunächst als berechtigt, denn wenige Wochen nach der Hochzeit wurde Leopold Spira verhaftet. Mit einigen anderen Flüchtlingen wartete er am Londoner Stadtrand auf den Abtransport. „Die meisten liefen verstört herum, zwei Gruppen aber hatten sich bald gefunden"[55], erinnerte sich Spira. Die eine bestand aus gläubigen Juden, die gemeinsam beteten. Die andere waren junge Kommunisten, denen Spira Stalins Buch „Grundlagen des Leninismus" näherbrachte. „Die Komik dieser parallelen kollektiven Tröstung ist mir schon damals aufgegangen."

Die Männer wurden auf die Isle of Man gebracht, eine Insel zwischen Großbritannien und Irland. Nicht einmal ein Jahr nach seiner Befreiung aus dem französischen Lager Gurs war Leopold Spira wieder hinter Stacheldraht eingesperrt. Doch die Lebensbedingungen seien diesmal erträglich gewesen, beschrieb er seine Erfahrungen. Hier blieben die Insassen von Luftangriffen verschont. Untertags arbeiteten sie in landwirtschaftlichen Betrieben. So wie Spira in Gurs die Volkshochschule gegründet hatte, um seine Mitgefangenen zu beschäftigen, so dramatisierte er im Mooragh Internment Camp die Romane „Der brave Soldat Schwejk" und „Don Quixote".[56] Das erste Stück wurde im Jänner 1941 im Lager aufgeführt, das andere nicht, denn mehr und mehr Insassen wurden entlassen und es fehlte an Schauspielern. Leopold Spira musste bleiben. In seinem Akt stand mittlerweile ein Vermerk, dass er bis zum Ende des Krieges festgehalten werden sollte.

Ganz entgegen seiner sonstigen Vorsicht hatte sich Spira aushorchen lassen und sich im Lager als Kommunist zu erkennen gegeben. Hoffnung gab es für ihn erst, als im Juni 1941 Deutschland die Sowjetunion überfiel, der Nichtangriffspakt damit gebrochen und Stalin von nun an ein Alliierter war. Im Dezember, nach 18 Monaten Internierung, kam Spira frei. Aber der Staat, der ihn aufgenommen hatte, blieb misstrauisch. Als sich Leopold Spira, wie viele andere Exilanten, zum Dienst in der britischen Armee melden wollte, hätte man ihm nur den Eintritt in das Pioneer-Corps erlaubt. Spira lehnte ab, weil ihm bekannt war, dass in diesen Truppen vor allem „Rekruten niederer Intelligenzstufe und aus Disziplinarfällen" zusammengefasst waren.[57] Die Teilnahme am Krieg gegen Hitler in einer anderen Einheit blieb ihm verwehrt. Im Gegensatz zu seinem Schwager Karl Zerner. Dieser rückte 1943 als 17-Jähriger in die Kaserne ein. Im Gepäck hatte der jüngste Soldat, zur Erheiterung der anderen Rekruten, eine Gehschule. Die sollte er Eva und Leopold Spira für ihre Tochter Toni aus London nach Glasgow mitbringen.

Glasgow – und retour nach London

Nach Leopold Spiras Rückkehr von der Isle of Man nach London wurden er und seine Frau Eva nach Glasgow geschickt. Für das Austrian Centre sollten sie in Schottland eine eigene österreichische Gruppe aufbauen. In Glasgow bekam Leopold Spira endlich eine Arbeitserlaubnis und machte eine Ausbildung zum Eisendreher.

Als aus den feindlichen wieder gute Ausländer geworden waren und die UdSSR mit Großbritannien Seite an Seite gegen Hitler-Deutschland kämpfte, intensivierten sich die politischen Aktivitäten der Exil-Organisationen. Sie riefen ihre Mitglieder dazu auf, in der Rüstungsindustrie, etwa in Munitionsfabriken, zu arbeiten und sich um den Eintritt in die britische Armee zu bemühen.

Das Austrian Centre erreichte viel. Humanitär, kulturell und politisch. Ausgespart wurde in den Debatten jedoch, wie man sich jenes demokratische und unabhängige Österreich vorzustellen hatte, das lautstark gefordert wurde. Zwar waren die Kommunisten in vielen Organisationen dominant, vertreten waren allerdings auch Anhänger anderer politischer Strömungen, von Monarchisten über Christlichsoziale bis zu Sozialdemokraten. Dass sich jeder von ihnen eigene Gedanken zum Begriff Demokratie machte, liegt auf der Hand.

Als ein Meilenstein für die österreichischen Exil-Organisationen erwies sich die Moskauer Deklaration. Am 30. Oktober 1943 bekannten sich darin die drei führenden alliierten Mächte – Großbritannien, die USA und die UdSSR – zur Wiederherstellung Österreichs nach dem Krieg. Der „Anschluss" vom März 1938 war damit ungültig. Wichtig war für die Exilanten neben der Anerkennung Österreichs als erstes Opfer der Nationalsozialisten auch der zweite Teil der Erklärung. Nämlich dass Österreich, das mit Hitler gekämpft hatte, nicht aus seiner Verantwortung entlassen würde.

Geboren im Exil: Elizabeth Toni Spira (links) und ihre Schwester Liesl, die im Februar 1944 in Glasgow auf die Welt kam, mit ihrer Mutter Eva

So berechtigt die Euphorie über die Moskauer Deklaration auch war, so lag ihr doch eine Illusion zugrunde. Das Austrian Centre rief selbst über BBC-Sendungen zum Widerstand in Österreich auf und wurde nicht müde, in Großbritannien zu betonen, wie stark die Gegner des Nazi-Regimes in der alten Heimat seien. Wie tief das nationalsozialistische Gedankengut dort verwurzelt war und wie schwer es die wenigen hatten, die aktiv im Widerstand waren, wurde den Exil-Österreichern erst bei Kriegsende schmerzlich bewusst.

Nach Toni wurde im Februar 1944 ihre Schwester Liesl geboren. Als Leopold Spira dem Standesbeamten bekanntgab, wie seine Kinder heißen sollten, schüttelte dieser den Kopf. Die Mädchen sollten „richtige“ Namen bekommen. Er stellte Toni „Elizabeth“ und Liesl „Margaret“ voran, die Namen der damaligen englischen Prinzessinnen. Leopold Spira wollte mit den Namen seiner Töchter seiner politischen Vergangenheit Ausdruck verleihen. Toni war sein Kampfname in der Illegalität, Liesl der Name des Wiener Gefängnisses an der Rossauer Lände, in dem er 1937 inhaftiert war.

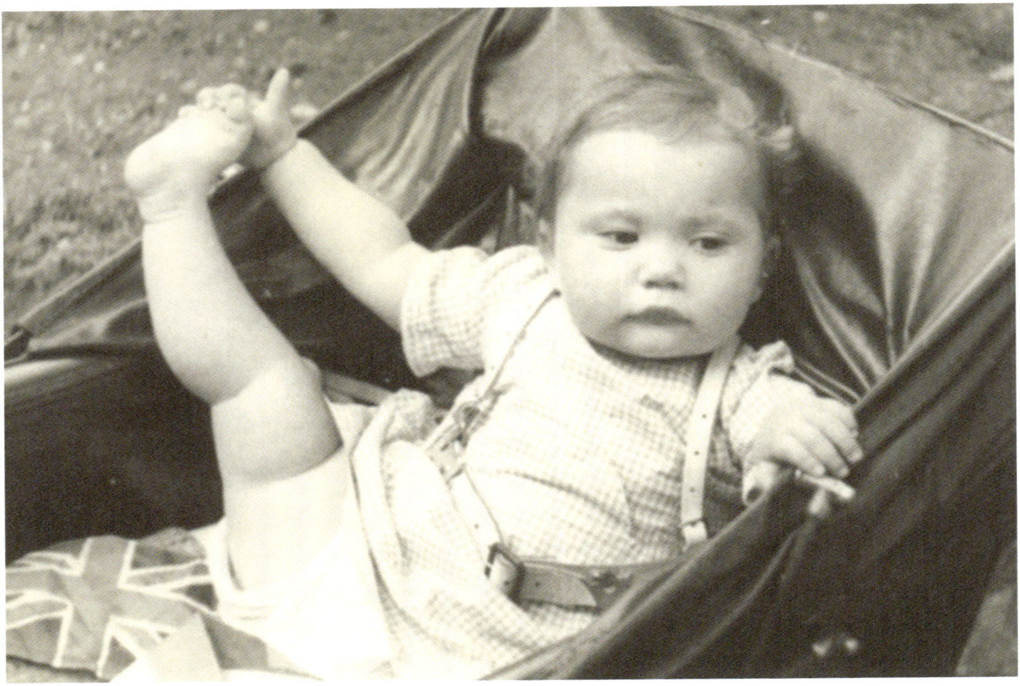

Der Krieg ist vorbei: Liesl am 8. Mai 1945 im Kinderwagen mit britischer Flagge

Im Mai 1944 zog die Familie von Glasgow wieder nach London. Leopold Spira arbeitete weiter als Dreher, seine Frau als Kellnerin im Austrian Centre. Sie wohnten in der Moscow Road in einer Kellerwohnung. Engländer, die vor den Bomben aufs Land geflüchtet waren, hatten sie ihnen vermietet.

Für konkrete Erinnerungen an ihre erste Heimat waren beide Mädchen viel zu klein. Doch bestimmte Erlebnisse hatten sich ins Unterbewusstsein eingeschlichen. „Der erste Eindruck einer Erinnerung, den ich von meiner Kindheit habe, war eine schmale Straße in London mit diesen typischen englischen Vorgärten", erzählt Liesl Nitsch, Elizabeth Toni Spiras Schwester. „Und die Sirenen." Lange habe sie immer denselben Albtraum gehabt: „Ich liege im Bett, es brennt, und ich kann nicht raus." Offenbar hatte der Traum damit zu tun, dass ein Haus in der Nähe der Londoner Wohnung von einer Bombe getroffen worden war. „Das sind Erinnerungen, die ich nie festma-

Die Schwestern Toni (links) und Liesl Spira im Jahr 1945 im Londoner Hyde Park

chen konnte. Erst viel später. Psychoanalyse habe ich nie gemacht. Wozu auch? Man muss lernen, damit zu leben.“

Emotionen und persönliche Probleme hatten kaum Platz in der Familie. Die Erfahrungen der Illegalität, des Krieges, des Exils und am Ende die Rückkehr in ein Land, Österreich, das sie nicht haben wollte, prägten ihr Verhalten. Man trug nichts nach außen und war nicht wehleidig. Diskutiert wurde über Politik, nicht über das eigene Befinden.

In London waren Toni und Liesl im Kinderheim des Austrian Centre untergebracht, das Hannah Fischer, eine Schülerin Anna Freuds, leitete. Umgangssprache war Englisch. Die Eltern hatten Angst, die Kinder könnten angefeindet werden, wenn sie in der Öffentlichkeit deutsch sprachen. Auch Toni und Liesl hörten in ihren ersten Lebensjahren nur Englisch. Sie sollten sich an die Umgebung, in der sie aufwuchsen, anpassen.

Bluemel's Cycle Pumps

WEATHER
Bright intervals and showers in most districts, but more general cloud and thundery rain. Local thunderstorms.

ONE PENNY

Daily Worker

No. 4295 — THURSDAY, JUNE 21 1945

LATE LONDON EDITION

CATARRH
Clear your stuffy head with Nostroline Nasal Remedy. Perfect breathing. Sleep like a healthy child. Freedom from Catarrh, Head Colds and all Nose Trouble. In tubes 1/5 inc. tax. All Chemists.
NOSTROLINE

'VIOLENCE' SCARE: LABOUR HITS BACK

Barefaced Tory Stunt

THE LABOUR PARTY HIT BACK HARD LAST NIGHT AT THE LATEST TORY ELECTION SCARE—THAT LABOUR WOULD " USE VIOLENCE " TO OBTAIN POWER.

A statement from Labour Party H.Q. said the charge was " a barefaced misrepresentation, employed, as was the ' Red Letter ' of 1924 and the ' Post Office Savings ' lie of 1931, to create fear of the Labour Party among the electors at a time when they are being asked to form a new Government.

" This is but another attempt on the part of the Tories to see to it that the electors do not vote about the real issues of the election. As such it is an attack upon British democratic processes.

" There is nothing in any declaration made by the party since its origin which excuses any assertion from any quarter that the Labour Party believes in the use of violence.

" On the contrary, the Labour Party is a social democratic party—seeking to achieve its aims by democratic means. The first of its " national objects," as set out in the party constitution, is " to organise and maintain in Parliament and in the country a political Labour Party.

" The Labour Party has, throughout its existence, accepted and advocated a free Parliamentary institution as the instrument for the achievement of its aims by consent.

" Its record as a democratic party, believing in the due processes of political and Parliamentary democracy, is beyond question, and any imputation to the contrary is in direct conflict with the truth."

Mr. Laski, chairman of the Labour Party, who was stated in a letter to the Nottingham Guardian on Monday to have made a speech advocating the use of violence, yesterday issued writs for libel against the author of the letter, Councillor H. C. C. Carlton, the Nottingham Guardian and the Daily Express.

The Daily Express yesterday featured Councillor Carlton's letter under the large-type headline: " Socialism—' Even if it Means Violence.' "

Referring to the libel action in a speech at Dudley last night, Mr. Laski said he had no fears of any kind about the issue.

" The accusations levelled against me," he added, " show a singular inability to understand the conditions upon which any man or woman in this country is permitted to be a member of the Labour Party."

Mr. Laski has retained Mr. G. O. Slade, K.C., and Mr. Valentine Holmes as his counsel.

'Ripper' Laski and the Pink Herring

Mr. J. B. Priestley, Independent Progressive candidate for Cambridge University, said in London last night that the Tory Party were now trying to save the country from " Jack the Ripper, otherwise poor little Harold Laski."

Mr. Morrison told a large audience at Lee that, after all, we must have a little sympathy with the poor Tories. " The poor little things have to find some red herring, even a pink herring, to see if they can divert the minds of the people from the real issues."

And Now 'Secret Protocols'

From JACK OWEN

" LASKI is head of the Socialist caucus," bellowed Lord Beaverbrook at a Conservative meeting at Streatham Baths last night.

" This caucus has secret protocols and a secret policy," he went on. " Laski won't tell us what it is likely to be the caucus " —and he read out the names of the Labour Party executive.

Asked about the foreign policy of the Labour Party and a statement on alleged violence, Beaverbrook said: " This question is at present sub judice and that must be left until in due time the question is decided."

The hall had been packed by Conservatives holding a selection meeting before the big meeting, but an angry overflow forced a perceptible bulge at the right hand side of the platform.

The running comment from it, at times overwhelming, encouraged " resistance workers " in the audience.

" Now the noise has come on my left," said the Noble Lord, pointing confusedly to his right as he wiped away the beads of sweat.

" What about potatoes ? " came a cry from a woman in the overflow.

" Potatoes will be short only for a little while," Beaverbrook began, but the woman continued her interruption and would not let him go on.

" Be quiet, woman," said the chairman.

" We've been quiet for five years," she retorted. " Now it's our turn."

New Potato Prices

Revised retail price for new potatoes, announced yesterday, are: between June 26 and July 16, 2½d. a lb.; July 17 to July 23, 2d.; July 24 to July 30, 1½d.; July 31 to August 6, 1½d.

General Okulicki Admits His Error

Prosecution Won't Demand Death Sentence on Poles

From JOHN GIBBONS Daily Worker Special Correspondent

MOSCOW, Wednesday.

" PRESIDENT Rackiewicz and Premier Arciszewski and their London clique are doing everything they can to try to create discord between the Allies.

" But no Polish underground can shake the will to friendship of the Polish and Soviet peoples."

So said General Afanasiev, the prosecutor, in his closing speech at the Moscow trial today. He described the accused as " conspiratorial Ministers," and " puppets," who " played at politics, trying to plunge a dagger into the back of our Red Army."

But, " although the defendants' crimes call for the death penalty, we are living in days of victory and these men are no longer dangerous to the Soviet Union, which is now mightier than ever."

He demanded prison sentences for the four chief accused—Okulicki, Jankowski, Ben and Jasukowicz—who are charged with being the leaders of the subversive activity.

With regard to Mihalowski, Kobiljanski and Stemler-Dombski—three of the lesser accused—the prosecution did not insist on a verdict of Guilty, owing to lack of available evidence.

With regard to eight others, it was suggested that the sentences might be limited to a short period of " deprivation of liberty."

Mistrust of Russia

Given the privilege of the last word, General Okulicki spoke for 80 minutes, repeating his plea of guilty to not surrendering arms, munitions and radio transmitters, to maintaining illegal cadres and contact with the emigre London Government, and to active anti-Soviet propaganda.

His speech contained various contradictions.

He went out of his way to stress his " belief in Yalta," as a basis for the future independence of Poland, while explain-

(CONT'D. ON P. 4, COL. 2.)

The heat-wave lasted long enough for these two toddlers to have a good splash at the Lido in Hyde Park, London, yesterday.

FROM OVERSEAS

BRITONS whom the tides of war have swept across the Seven Seas are sending in their contributions to the Communist Election Fund, in appreciation of the statesmanlike lead for the nation represented by our 21 candidates' election policy.

With the slogan " Into Battle against the Tories " comes a collection of £6 0s. 3d. from 22 of our boys in Germany.

Within the last week other contributions with similar messages have come from Burma and India, from Egypt, Greece, Italy and Belgium, from Cyprus, and from our own recently liberated Channel Islands.

Yesterday's contributions of £86 1s. 8d. raise the total to

£10,106 14 3

Money is needed NOW! Send your contributions in weekly to Harry Pollitt, Central Election Fund, 16 King Street, Covent Garden, London, W.C.2.

Okinawa People Hurled to Death

WHEN half-naked Okinawa civilians tried to clamber down ropes from the top of cliffs which were being shelled, Japanese soldiers cut the ropes and let them crash to their deaths on the rocks below.

Throngs of beaten Japanese troops and shell-shocked and bewildered civilians are now surrendering to the Americans along the southern cliffs, says B.U.P.

Tokyo radio stated that Okinawa had been lost and that the Allies would soon land on the southernmost Japanese island of Kyushu.

Chinese troops are engaging the Japanese in bitter battles only three miles from the former U.S. air base of Liuchow. In the north they are chasing the enemy beyond the captured port of Wenchow.

Rallies Against Leopold

The Belgian Socialist, Communist and Liberal Parties and trade unions have called for a mass meeting in Brussels on Saturday, which is expected to deal with questions arising from Leopold's threat to return.

The Communist Party has issued a call for " ever-growing demonstrations throughout the country against King Leopold's return."

It is urging the Cabinet to " declare itself clearly in favour of the rapid and definite abdication of King Leopold, and take the lead in resistance to dictatorial and neo-Fascist schemes."

Indian Car Production

An interchange scheme has been arranged whereby British experts will visit India for a period of three years to train Indian labour to manufacture motor cars, and Indians will come to Britain to study methods of production, and speed up India's industrialisation.

Govt. Clamps Down on News of John Amery

By Our Political Correspondent

A GOVERNMENT decision to clamp down the closest secrecy on all news about the broadcasting son of Mr. L. S. Amery, the Secretary of State for India, was brought to light by my inquiries at several Government departments yesterday.

Nearly two months have passed since John Amery was arrested in Italy on April 24. Yet it is impossible to find out where he is, or whether the Government has any intention of proceeding against him.

Correspondents in Italy have been unable to obtain any official news of his whereabouts. He was last reported to be in a British military prison.

The War Office promised the Daily Worker to cable Italy for information, but later said it had been instructed to refer all inquiries to the Home Office.

No information could be obtained from the Prime Minister's office at Downing Street or the Attorney-General's office.

The Home Office Public Relations Department admits that John Amery is a Home Office responsibility.

Nothing can be said about Amery so long as he is outside this country, a Home Office official spokesman said yesterday.

The farthest he would go was to refer to a statement by the Attorney-General on June 13, that the Government intended to bring British nationals who had broadcast enemy propaganda to trial as soon as possible.

He would not say, however, whether Amery was regarded as having broadcast enemy propaganda.

The attitude of the Conservative Party is of some importance in this business. The Home Secretary and the Attorney-General are both members of the Conservative Party.

John Amery's father is a Conservative candidate at Sparkbrook, Birmingham. His brother, Captain Amery, is a Conservative candidate at Preston.

When I asked the Conservative Party Central office yesterday whether a Conservative Government would try John Amery immediately, the official refused to answer and asserted that it had nothing to do with politics.

'Frisco Agrees on Assembly Powers

The Big Five and Australia have agreed on the powers of discussion to be conferred on the assembly of the new world security organisation, said Mr. Stettinius, U.S. Secretary of State, yesterday.

(Ban on France: p. 4.)

'DICTATORSHIP'

THE latest development in any other Labour repre- that not one of the Tory Ministers and newspaper scribes who are so eagerly taking part in it believe a the membership has no control over policy or leaders. The entire central office and machine is controlled by

Am Donnerstag, den 21. Juni 1945 schafften es die beiden Schwestern auf die Titelseite der Zeitung Daily Worker. Die Bildunterschrift lautete: „Die Hitzewelle hielt lange genug an, so dass diese beiden Kleinkinder gestern am Lido im Hyde Park in London ausgiebig planschen konnten"

Als Hitler London bombardieren ließ, schliefen die Kinder im Keller des Kinderheims, um besser geschützt zu sein. Untertags holten die Betreuerinnen die Kinder nach oben, spielten mit ihnen und versuchten, die Eindrücke des Krieges vergessen zu machen. Später wurde der Kindergarten evakuiert und nach Schottland verlegt. Toni war dabei, ihre Schwester Liesl blieb bei den Eltern.

Zurück nach Österreich

Noch vor dem offiziellen Kriegsende am 8. Mai 1945 wurde in Wien eine interimistische Regierung aus Sozialdemokraten, Christlichsozialen und Kommunisten eingesetzt. Karl Renner (SPÖ) war Staatskanzler. Neben den Ministern gab es auch drei Staatssekretäre, einer davon war Leopold Kunschak, ein Christlichsozialer mit offen antisemitischer Gesinnung. Die Kommunisten hatten keine Wahl, als das zu akzeptieren. Es war nur eine der ersten Enttäuschungen.

Die Bemühungen des Austrian Centre, seine Mitglieder zur Rückkehr zu bewegen, indem es ihnen einredete, die Österreicher hätten sich verändert, scheiterten an der Realität. Zudem hatten es die Exil-Organisationen verabsäumt, sich mit dem Holocaust auseinanderzusetzen.[58] Für die Kommunisten stand der politische Kampf, der Klassenkampf, im Vordergrund, ihrem Jüdischsein maßen sie – zu diesem Zeitpunkt – innerhalb ihrer politischen Ideologie keine große Bedeutung zu. Ein schwerer Irrtum. Denn damit waren viele Mitglieder des Austrian Centre nun konfrontiert. Ihre Familien, die nicht flüchten konnten, waren in den Konzentrationslagern ermordet worden, weil sie Jüdinnen und Juden waren. Und würden sie, die Überlebenden, nun nach Österreich zurückkehren, hätten sie in erster Linie mit dem nach wie vor herrschenden Antisemitismus zu kämpfen. Dazu kam, dass sie als Kommunisten alles andere als willkommen wären.

Die meisten Österreicherinnen und Österreicher blieben also in Großbritannien. Wenige kehrten zurück, unter ihnen die Familie Spira. „Weil die kommunistische Partei meinen Vater gerufen hat, um hier den Kommunismus aufzubauen, was ihm gottlob nicht gelungen ist", formulierte es Elizabeth Toni Spira.[59]

Im September 1946 stand die Familie am Hafen von Dover. Sie fuhr mit dem Schiff über den Ärmelkanal, dann mit dem Zug über Paris nach Wien.

„Ganz dumpf kann ich mich erinnern, dass wir in einem Gepäcksnetz über den Sitzen geschlafen haben und dass große Aufregung herrschte“, erzählte Elizabeth Toni Spira später.[60] Damals konnten die Kinder noch nicht verstehen, was nun geschah. Doch auch sie merkten sehr bald, dass das Land, in dem sie nun leben sollten, sie nicht haben wollte.

„Ich bin eine Wehrjüdin"

Die erste Frage am Montag lautete immer gleich. „Wer war in der Kirche?", wollte der Pfarrer von den 33 Mädchen in Elizabeth Toni Spiras Klasse der Hietzinger Volksschule in Ober St. Veit wissen. Toni zeigte sofort auf. „Ich nicht!", wollte sie sagen. Wie jeden Montagmorgen. „Bei dir interessiert mich das nicht", wies sie der Pfarrer ab und wandte sich den anderen Schülerinnen zu.[61] Auch Tonis jüngere Schwester Liesl, ebenfalls das einzige jüdische Kind in ihrer Klasse, machte schlechte Erfahrungen. Wenn die anderen Mädchen mit der Lehrerin beteten, musste sie sich in die Mitte des Raumes stellen. Alle sollte sehen, dass sie anders war.

Toni und Liesl revanchierten sich. Mit ihrem Großvater Theodor Zerner, dem KPÖ-Obmann von Hietzing, verkauften sie sonntags vor der Kirche die kommunistische Tageszeitung *Volksstimme*.

Elizabeth Toni Spira (erste Reihe, ganz rechts) mit ihren Mitschülerinnen der Hietzinger Volksschule in Ober St. Veit

Armut und Ablehnung

Offene Zurückweisung schlug Familien wie jener der Spiras nicht nur vonseiten der katholischen Kirche entgegen. Ob Rot oder Schwarz, die ablehnende Haltung gegenüber Rückkehrern war breiter politischer Konsens. Mit den Menschen, die in der Zeit des Nationalsozialismus aus Österreich hatten flüchten müssen, wollte niemand etwas zu tun haben. Nur die damals noch einflussreiche KPÖ nahm sich ihrer an, da sie sich von ihnen politische Verstärkung erhoffte.

Seit dem 8. Mai 1945 war der Krieg beendet. Die provisorische Regierung aus SPÖ, ÖVP und KPÖ unter der Führung von Staatskanzler Karl Renner (SPÖ) veröffentlichte eine Unabhängigkeitserklärung. Diese legte ein österreichisches Selbstbild fest, das noch Jahrzehnte später Gültigkeit hatte: Man präsentierte sich als erstes Opfer Hitlers. Damit sollten so weit wie möglich Forderungen nach Reparationen oder Strafverfolgung der Täter abgeschmettert werden.

Die Regierung berief sich auf die Moskauer Deklaration von 1943, in der die Alliierten die Opferthese anerkannt hatten. Den zweiten Teil der Deklaration, wonach sich Österreich seiner Verantwortung für die Verbrechen des Zweiten Weltkriegs stellen solle, versuchte man abzuschwächen. So stand am Ende der Unabhängigkeitserklärung, dass „die einzusetzende Staatsregierung ohne Verzug die Maßregeln ergreifen [wird], um jeden ihr möglichen Beitrag zu seiner [Österreichs; Anm.] Befreiung zu leisten“. Sie „sieht sich jedoch genötigt festzustellen, dass dieser Beitrag angesichts der Entkräftung unseres Volkes und Entgüterung unseres Landes zu ihrem Bedauern nur bescheiden sein kann“.

Mit keinem Wort erwähnte die Regierung jene Menschen, die von den Nationalsozialisten beraubt, vertrieben und ermordet worden waren: Juden, Roma und Sinti, Homosexuelle, religiöse Minderheiten. Wie könnte Österreich auch Opfer sein, wenn es Reparationen zahlen und Mörder verurteilen müsste?

Die Aufmerksamkeit der neu erstandenen Republik richtete sich vielmehr auf Menschen, die im Widerstand gewesen waren und auf politische KZ-Häftlinge wie den späteren Bundeskanzler Leopold Figl (ÖVP). Er war als Vertreter des austrofaschistischen Regimes und Bauernbundfunktionär gleich nach dem „Anschluss“ nach Dachau deportiert worden. Solcher Helden wollte man sich rühmen, auch im Hinblick auf den erhofften

Die beiden Schwestern Liesl (links) und Toni 1947 im Lainzer Tiergarten. Familien wie jener der Spiras schlug im Österreich der Nachkriegszeit offene Ablehnung entgegen

Staatsvertrag. Die Opfer der nationalsozialistischen Rassenideologie störten dieses Bild.

Während Widerstandskämpferinnen und -kämpfer bald vom Opferfürsorgegesetz bedacht wurden, mussten etwa Jüdinnen und Juden als größte verfolgte Gruppe bis Ende der 1940er-Jahre auf erste Unterstützungszahlungen des Staates warten. Dass ihnen ihr im Zuge der „Arisierungen" geraubtes Eigentum zurückgegeben werden sollte, war lange kein Thema.

Exemplarisch für diese Haltung ist das Protokoll der Ministerratssitzung vom 9. November 1948, das der britische Historiker Robert Knight 1988 veröffentlichte. Innenminister Oskar Helmer von der SPÖ wies zwar als einer von wenigen darauf hin, dass auch Österreicher am Raub jüdischen Eigentums beteiligt waren, fügte jedoch hinzu: „Ich sehe überall nur jüdische

Ausbreitung, wie bei der Ärzteschaft, beim Handel vor allem in Wien. [...] Auch den Nazis ist im Jahre 1945 alles weggenommen worden und wir sehen jetzt Verhältnisse, dass sogar der nat. soz. Akademiker auf dem Oberbau arbeiten muss.“ Dann sagt Helmer den Schlüsselsatz der Anfänge der Zweiten Republik: „Ich wäre dafür, dass man die Sache in die Länge zieht. [...] Die Juden werden das selbst verstehen, da sie im Klaren darüber sind, dass viele gegen sie Stellung nehmen.“[62]

Die alliierten Mächte hatten Österreich gemeinsam befreit und in vier Zonen aufgeteilt. Dann verfolgten sie unterschiedliche und zum Teil gegensätzliche Interessen. Die Sowjetunion baute ihre Macht in Osteuropa weiter aus und war in Österreich vor allem am Staatsvermögen und an Bodenschätzen interessiert – als Entschädigung für die unter den Nationalsozialisten erlittenen Verbrechen. Für Großbritannien, Frankreich und die USA wurde es immer wichtiger, Österreich als Bollwerk gegen den Kommunismus aufzubauen. In Österreich tatsächlich eine Entnazifizierung durchzuführen, hatte keine Priorität mehr. Das konnte nur im Sinne von SPÖ und ÖVP sein, die neue Wählerstimmen witterten.

Die Familie Spira repräsentierte vieles, was in Österreich als Feindbild galt: Sie war jüdisch, hing dem Kommunismus an und kehrte nach 1945 aus dem Ausland zurück. Der Antisemitismus war in der österreichischen Bevölkerung nach wie vor tief verankert, der Antikommunismus gründete in der Nachkriegszeit vor allem auf den Raubzügen und Massenvergewaltigungen, die die Rote Armee in Österreich verübt hatte und von denen sich die KPÖ nicht distanzierte. Und dann wurde Menschen wie den Spiras vorgeworfen, bequem im Ausland gelebt zu haben, während man in Österreich unter dem Krieg gelitten hatte. Einige Familienmitglieder hatten auch in der britischen und US-amerikanischen Armee gegen Hitler-Deutschland gekämpft. Sie galten also zusätzlich als Verräter. Dass sie das Land nicht freiwillig verlassen hatten, wollte niemand hören.

Die Schwestern Toni und Liesl fanden eine graue und düstere Stadt vor. Wien war zerstört, es gab wenig zu essen und kaum Wohnraum, schon gar nicht für Rückkehrer.

Als jüdische Kinder waren Toni (links) und Liesl für die Mehrheitsgesellschaft „Rufzeichen der Scham"

Wehr dich, aber zeig deine Wunden nicht

„Es war eine kaputte Gesellschaft", erinnert sich Liesl Nitsch. Und sie war bedrohlich, vor allem für Kinder. Männer, gerade traumatisiert aus der Kriegsgefangenschaft zurückgekehrt, wurden übergriffig. Waren die Mädchen in der überfüllten Stadtbahn auf dem Weg zur Schule, gab es kaum ein Entkommen. „Heute würde man es Missbrauch nennen", sagt Nitsch. Zwar wurde den Kindern eingetrichtert, sich immer an eine erwachsene Person zu wenden, wenn sie Hilfe bräuchten. Doch die Mädchen merkten schnell, dass sie keine Hilfe zu erwarten hatten. Kindern glaubte man nicht. „Ich habe immer den Eindruck gehabt, die Erwachsenen betrachten das als normal. Und als Kind hast du dir das gefallen zu lassen, auch wenn es dir unangenehm ist. Es will keiner hören und es will keiner einschreiten." Das war die erste Lektion, und sie sollte die Schwestern für den Rest ihres Lebens prägen: Hilf dir selbst, sonst hilft dir niemand. Und auch wenn sie sich in ihrer Familie gut aufgehoben fühlten, hatten die Eltern und Großeltern andere Sorgen. Es galt: Wehr dich, aber zeig deine Wunden nicht. Als Kinder von den Erwachsenen mit ihren Schmerzen alleingelassen, mussten sie lernen, für sich selbst einzustehen.

Als jüdische Kinder waren Liesl und Toni für die Mehrheitsgesellschaft „Rufzeichen der Scham", wie es Liesl Nitsch nennt. Durch ihre bloße Anwesenheit erinnerten sie die Menschen daran, welche Verbrechen in diesem Land geschehen waren. Und damit wollte man sich lieber nicht auseinandersetzen.

Darüber, was jüdisch sein für sie bedeutete, wurde in der Familie allerdings nicht gesprochen. Thema war der Antisemitismus. „Wenn einer auf Juden schimpft, dann hau ihn", gab die Mutter den Kindern mit. Und Toni machte von diesem Ratschlag Gebrauch. Als Jugendliche warf sie auf einer Berghütte einem jungen Mann einen Sessel nach, nachdem er sie beflegelt hatte, weil sie Jüdin war. „Er hatte einen Nasenbeinbruch. Es war das erste und letzte Mal, dass ich so etwas gemacht habe. Aber ich bin heute noch stolz darauf", erzählte sie.[63] „Wir wussten, dass wir anders sind als die anderen. Wir sind erzogen worden, uns zu wehren. Wenn ich mich definieren müsste, so bin ich keine Traditionsjüdin, sondern eine Wehrjüdin", formulierte Elizabeth Toni Spira.[64]

Über ihre eigene Geschichte des Widerstands und der Flucht, den Holocaust und die Toten sprachen die Eltern mit ihren Kindern kaum. Allein aufseiten der Spiras waren achtzig Familienmitglieder von den Nationalsozialisten ermordet worden.

Familienleben in der Nachkriegszeit

Nachdem die Spiras zuerst bei Verwandten untergekommen waren, verschaffte ihnen die KPÖ eine erste Bleibe in einem ihrer Parteilokale in der Hietzinger Auhofstraße. Zwei Zimmer standen der Familie zur Verfügung. Es war feucht und Wasser rann die Wände herunter. Deshalb rückte man die Betten vorsichtshalber von der Mauer weg.

Im Garten vor dem Gebäude standen Nuss- und Obstbäume. Doch diese gehörten der Hausherrin, die die Räumlichkeiten an die KPÖ vermietete. Sie passte gut auf, dass ihre neuen Untermieter nichts stahlen. „In der Nacht sind meine Großmutter und ich mit der Leiter über den Zaun in den Garten gelangt", erinnerte sich Elizabeth Toni Spira.[65] Sie kletterten auf die Bäume, um die Früchte zu pflücken. „Plötzlich Alarm, wir dachten, die Alte kommt." Die beiden versteckten sich in der Baumkrone und verhielten sich ruhig. „Doch es hat sich herausgestellt, dass es die Nachbarn waren, die auch gestohlen haben", sagte Spira und korrigierte sich: „Das war kein Diebstahl. Die Vermieterin hat das Obst nie verwendet. Und das in der Hungersnot nach dem Krieg. Das war ekelhaft."

Hin und wieder kam Karl Zerner auf Besuch, Eva Spiras Bruder. Er diente in der britischen Armee und war als Soldat in Wien stationiert. Wenn er etwas abzweigen konnte, brachte er Kohle und Essen, manchmal sogar Fleisch mit. Bisweilen schickten auch die Verwandten aus den USA Care-Pakete.

Die Kinder spielten gern auf der Straße und warteten täglich auf zwei Ereignisse, die etwas Farbe in den grauen Alltag brachten. Einmal am Tag kam ein Lkw, der tonnenweise Kleidung aus Kasernen und Krankenhäusern zu einer Wäscherei und Färberei schräg gegenüber brachte. „Da hat es dann wunderbar nach Farben und Waschpulver gestunken", erinnert sich Liesl Nitsch. Und einmal am Tag fuhren „die vier im Jeep" vorbei. „Da standen wir auf der Straße und waren ganz aufgeregt, weil wir ein Auto sahen."

Erst 1952 zog die gesamte Familie in eine größere Wohnung, ebenfalls in Hietzing, in der Kupelwiesergasse. Über eine alte Verbindung aus dem Kommunistischen Jugendverband hatte Leopold Spira 1948 die Hauptmiete einer allerdings vollbesetzten Wohnung übernommen. Ein Ehepaar zog aus, eine alte Frau starb, deren Tochter übersiedelte nach Niederösterreich, und bei der Witwe eines gefallenen SS-Offiziers machten die Spiras Eigenbedarf geltend, weil sie mehr Platz brauchten.[66] Neben den Eltern und den beiden

Emma Plank, genannt Nuschi, mit ihren Nichten Toni (links) und Liesl im Jahr 1948. Nach dem Krieg half die renommierte Pädagogin der Gemeinde Wien beim Aufbau der Kindergärten

Töchtern waren auch die Großeltern Zerner sowie Evas Schwester Ruth nach Wien zurückgekehrt.

Toni und Liesl bekamen ein gemeinsames Zimmer, Eva und Leopold Spira ein weiteres, die Großeltern Ernestine und Theodor Zerner ein anderes, Evas Geschwister Ruth und Karl – nach seinem Dienst in der Armee – jeweils ein Kabinett. Der einzige Rückzugsort war die Toilette, wie Elizabeth Toni Spira in einem Schulaufsatz erzählte. Dort saß sie oft, um die „Zeitung", also die zu Toilettenpapier zurechtgeschnittenen Reste davon, zu lesen.

Die Möbel waren bunt zusammengewürfelt, ein karierter Fauteuil für den Großvater und ein Esstisch aus dunklem Holz mit Löwenköpfen an den Füßen; im Zimmer der Mädchen standen zwei weiß lackierte Kästen, zwei Feldbetten und ein Ölofen. Der Garten vor dem Haus war für die Kinder ein Paradies. Büsche und Bäume boten viele Möglichkeiten zum Versteckspielen. Im Frühjahr blühte der Flieder und einige Familien hatten Beete angelegt. Die Spiras bauten Rhabarber, Erdbeeren, Schnittlauch und Petersilie an.

Toni und Liesl (links) wuchsen ab dem Jahr 1952 in Hietzing in der Kupelwiesergasse auf. Sie lebten dort in einer Wohnung mit ihren Eltern, Großeltern und zwei Geschwistern ihrer Mutter, Ruth und Karl

„Auf unserem Beet wuchs sogar ein Pfirsichbaum", erinnert sich Liesl Nitsch. „Vor allem unser Vater hat gern im Garten herumgedoktert, obwohl er dafür kein Händchen hatte. Aber es machte ihm Freude."

Ihre alten Wohnungen aus der Zwischenkriegszeit bekamen die Familien nicht zurück. Als die Großmutter Ernestine Zerner erfuhr, dass ihre gesamte Familie in Brünn, mit Ausnahme einer Schwester, von den Nationalsozialisten ermordet worden war, wurde sie depressiv und verließ kaum noch das Haus. Sie kochte für die Familie, aber niemand sah sie essen. 1958 starb sie. Ihr Mann Theodor arbeitete als Geschäftsführer eines sowjetisch verwalteten Betriebs für chemische Produkte. Am Abend brachte er oft Industriesteine mit nachhause, bunte, künstlich produzierte Edelsteine, die die Kinder begeisterten. In seiner Pension ging er täglich ins noble Café Dommayer, um Bridge zu spielen. Was nach einem ungewöhnlichen Zeitvertreib für einen überzeugten Kommunisten klingt, war wohl seiner bürgerlichen Herkunft geschuldet. „Er war der letzte Sir in der Familie", sagt Liesl Nitsch.

Elizabeth Toni Spira (links) war eine begeisterte Skifahrerin. Gemeinsam mit ihrer Freundin und Klassenkollegin Helen Liesl Krag (rechts) fuhr sie öfters auf Skiausflüge und -kurse (hier ca. 1958)

Am Wochenende ging es hinaus in die Natur. Im Winter zum Skifahren, im Sommer in den Wienerwald. Die Familie sammelte Beeren, Pilze, Bärlauch und Streuobst, um den Speiseplan aufzubessern. Äste und Tannenzapfen wurden verheizt.

Leopold Spira war selten zuhause, auch an den Abenden nicht. Die politische Arbeit ging vor, was niemand infrage stellte. Drei Jahre lang leitete er zudem die zentrale Internats-Parteischule in der Hinterbrühl. „Eventuell war ihm das nicht unrecht“, meint Liesl Nitsch. Seine Schwiegermutter sei nicht gut auf ihn zu sprechen gewesen, und auch sonst habe eine Drei-Generationen-WG viel Konfliktpotenzial geboten.

Maiaufmarsch 1952: Elizabeth Toni Spira war damals neun Jahre alt und nahm als Flötenspielerin teil

„Die Partei" als Anker

Der Angelpunkt der Familie war für über zwei Jahrzehnte „die Partei", die KPÖ. Sie half ihnen nicht nur bei der Wohnungssuche, sondern gab den Erwachsenen auch Arbeit und den Kindern einen sicheren Ort in ihren Organisationen. Dafür forderte sie bedingungslose Loyalität.

Die Spiras lebten in einem Mikrokosmos. Ihre Freunde waren wie sie aus dem Exil zurückgekehrt, arbeiteten für die Partei oder zumindest in deren Dunstkreis. Viele von ihnen waren jüdisch, worüber aber nicht gesprochen wurde. Im Vordergrund stand die kommunistische Ideologie. Leopold Spira arbeitete in der Abteilung für Agitation und Propaganda der KPÖ, seine Frau Eva in der Spedition Express, die der Partei nahestand. Ruth Zerner war bei der kommunistischen Tageszeitung *Volksstimme* tätig, Karl studierte nach seinem Dienst in der Armee Jus und engagierte sich bei den kommunistischen Studenten.

Auch den Kindern wurde eine abgeschlossene Welt geboten. Im Alter von sechs bis zehn Jahren waren sie Mitglieder der „Sturmvögel", später dann der „Jungen Garde". Sie lernten sowjetische Lieder und „Die Arbeiter von Wien" und hörten viel über die Armut in der Welt. „Wir spielen im FÖJ[67]-Bad an der Alten Donau Volley-Ball – damals das Ostblockspiel", beschrieb es Elizabeth Toni Spira.[68] „Wir sagen natürlich nicht Ostblock, sondern Volksdemokratie, wir haben Marx-Stunden wie andere Bibelstunden. Mit zwölf Jahren lesen wir mit Genossen Vater Leopold ‚Das kommunistische Manifest' in einer Jungen-Garde-Heimabend-Stunde." Ab 14 wurden sie Mitglied im „Forum der Mittelschüler", besuchten Vorträge über Südamerika und nahmen an Debatten teil. Zum Lesen bekamen sie Bücher aus dem Verlag der KPÖ, dem Globus-Verlag, und gingen ins Neue Theater in der Scala.

Die Scala Wien wurde 1948 von Rückkehrern eröffnet, nachdem sowohl die Sowjets als auch die KPÖ und das Wiener Kulturamt ihre Unterstützung zugesichert hatten. Die Schauspieler und Regisseure Karl Paryla und Wolfgang Heinz – beide waren während des Regimes der Nationalsozialisten in die Schweiz geflüchtet – leiteten das Haus. Dass sie Kommunisten waren, verheimlichten sie nicht. Ebenso wenig Otto Tausig, der aus Großbritannien zurückgekehrt war und an der Scala als Chefdramaturg arbeitete, oder der Komponist Hanns Eisler, der in den Vereinigten Staaten im Exil gewesen war und für die Scala die Bühnenmusik zu Nestroys „Höllenangst" schuf. Obwohl die Bühne in der Favoritenstraße 8 im vierten Bezirk als „kommunistisch" verschrien war, feierte sie große Erfolge. Am Höhepunkt des Kalten Krieges brachte kein Wiener Theater Stücke von Bertold Brecht auf die Bühne – bis auf die Scala Wien. Initiiert hatten den Brecht-Boykott die einflussreichsten Kritiker der Stadt, die Schriftsteller Hans Weigel und Friedrich Torberg. Dementsprechend wetterten sie gegen die Scala Wien. Brecht inszenierte dort auch einmal selbst, nämlich sein Stück „Die Mutter" mit Helene Weigel in der Hauptrolle. 1956 – nach dem Abzug der sowjetischen Soldaten im Jahr davor – musste das Theater wieder schließen. In Österreich hatten die Künstlerinnen und Künstler der Scala Wien keine Chance. Viele von ihnen zogen nach Ost-Berlin.

Von Beginn an hatte die österreichische Staatspolizei, der damalige Inlandsgeheimdienst, die Spiras auf ihrer Liste. Allerdings nicht nur den Vater als kommunistischen Funktionär.[69] „Wir wussten immer, dass wir abgehört werden", erinnert sich Liesl Nitsch. „Die Technik war noch nicht so weit fortgeschritten." Es war sofort hörbar, wenn sich jemand während eines Telefonats dazuschaltete. Welche Aufzeichnungen die Staatspolizei (Stapo) gemacht hatte, konnte die Familie Anfang der 1990er-Jahre einsehen. In dieser Zeit startete das Innenministerium unter Minister Franz Löschnak (SPÖ) eine sogenannte Auskunftsaktion. Elizabeth Toni, Eva und Leopold Spira interessierten sich nicht für ihre Akten. Doch Liesl Nitsch wollte es genauer wissen und bemühte sich um einen Termin. Die Notizen der Staatspolizei, meist auf Karteikarten, wurden ihr vorgelesen, mitschreiben oder selbst lesen durfte sie diese nicht, erzählt Nitsch. Danach, so sagte man ihr, würde man ihre Akten (es handelte sich um eine „Spitzelakte") vernichten.

„Die erste Begegnung hatte die Stapo mit mir, als ich fünf Jahre alt war", erfuhr Nitsch bei diesem Gespräch. Gemeinsam mit ihrer Schwester war sie in einem Kinderheim in Mauerbach, wo sich auch ein Schulungsheim der KPÖ befand. „Ab diesem Zeitpunkt hatte die Stapo ein Auge auf uns." Handelte es sich um Veranstaltungen der Jungen Garde oder der FÖJ, um Maiaufmärsche oder Demonstrationen jeglicher Art – die Stapo war dabei. „Es gab viele Demos zu dieser Zeit. Da hatte die Stapo viel zu schreiben."

So sehr die Familie Spira in ihrer Lebensweise und ideologischen Ausrichtung auf die Mehrheitsgesellschaft unangepasst wirkte, so linientreu war sie innerhalb ihres Mikrokosmos. Auch im Jahr 1956. In Ungarn erhoben sich quer durch die Gesellschaft und das ganze Land im Oktober und November große Teile der Bevölkerung gegen die Sowjetmacht. Der

Aufstand wurde niedergeschlagen. In den folgenden Monaten flüchteten 180.000 Menschen nach Österreich, die meisten reisten dann weiter.

Während viele Genossen wegen des brutalen Vorgehens der Sowjets in Ungarn aus der Partei austraten, blieb Leopold Spira stramm an der Seite der UdSSR. In seiner Familienbiografie „Das Jahrhundert der Widersprüche" erklärt er seine damalige Entscheidung. „Ich habe noch in beklemmender Erinnerung, wie wir im Herbst 1956 aufatmeten, als die Sowjetarmee in Ungarn intervenierte." Er sorgte sich um das kommunistische System, das er trotz des stalinistischen Terrors und der Verbrechen, die in Ungarn begangen worden waren, noch immer für gut befand und – auch das spielte eine Rolle – von dem er und seine Familie wirtschaftlich abhängig waren. Wäre das Regime in Ungarn zusammengebrochen, wäre auch die KPÖ betroffen gewesen, formulierte Spira. „Ich hätte es damals auf keinen Fall zugegeben – aber einer der Gründe für mein Verhalten war zweifellos die Besorgnis, es könnte auch zu einer Existenzkrise meiner Familie kommen." Als die KPÖ verlangte, zu den „Abweichlern" keinen Kontakt mehr zu pflegen, hielten sich die Spiras daran. Hermann Langbein, Cousin Leopold Spiras und Mitkämpfer aus den Tagen des Spanischen Bürgerkriegs, war einer von ihnen. Er hatte mit seiner Frau, der Journalistin Aloisia Turku, und den beiden Kindern Lisa und Kurt einige Jahre in Ungarn verbracht und selbst gesehen, was der reale Sozialismus bedeutete. Leopold Spira sprach bis 1969, als er sich selbst von der Partei abwandte, kein Wort mehr mit Langbein.

Außenseiterinnen

In ihrer Freizeit gut eingebettet in die Welt ihrer Eltern, mussten sich die Schwestern Toni und Liesl im Kindergarten und der Schule schnell der Außenwelt stellen. Im österreichischen Kindergarten wurden sie ausgelacht, weil sie, aus Großbritannien kommend, nicht gut Deutsch sprachen und zuerst auch in Wien in einer englischsprachigen Tagesstätte untergebracht waren. Vieles war für Liesl und Toni ungewohnt, von den Hauspatschen, die sie nun anziehen mussten, bis zum Essen. In den britischen Kindergärten wurden schon die ganz Kleinen dazu erzogen, sich selbst das Essen zu nehmen. „Nimm dir wenig, und wenn du noch Hunger hast, hol dir nach", erzählt Liesl Nitsch. Nun wurden ihnen große Portionen auf den Teller geschaufelt. Alles musste aufgegessen werden. „Einem Mädchen, das

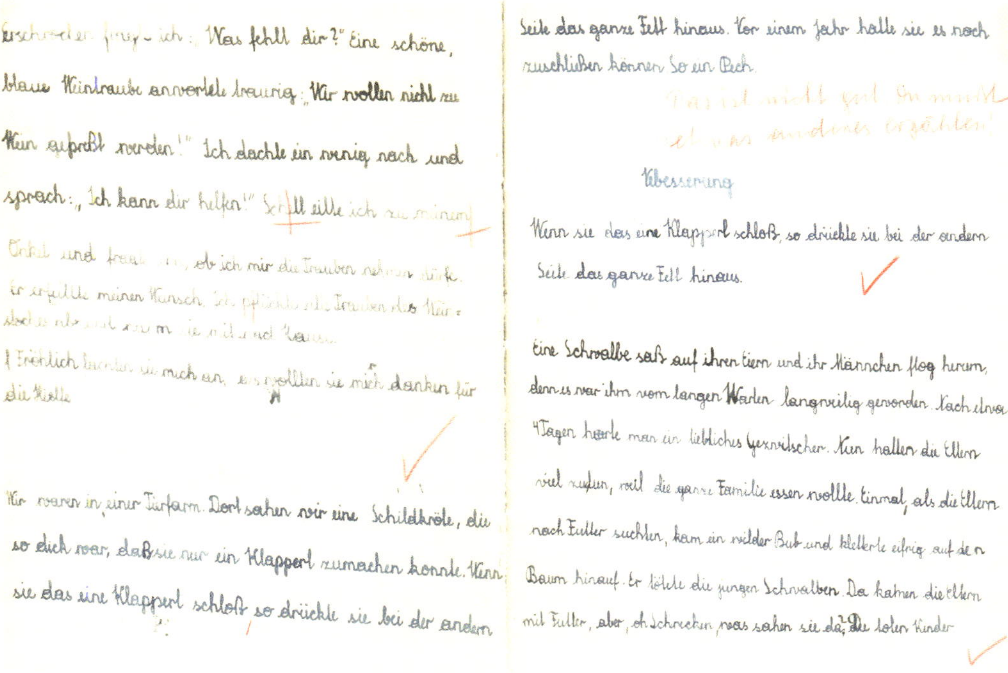
Erschrocken frag- ich: „Was fehlt dir?" Eine schöne, blaue Weintraube antwortete traurig: „Wir wollen nicht zu Wein gepreßt werden!" Ich dachte ein wenig nach und sprach: „Ich kann dir helfen!" Schnell eilte ich zu meinem Onkel und fragte ihn, ob ich mir die Trauben nehmen dürfe. Er erfüllte meinen Wunsch. Ich pflückte die Trauben des Weinstockes ab [illegible]. Fröhlich lachten sie mich an, es wollten sie mich danken für die Hilfe.

Wir waren in einer Tierfarm. Dort sahen wir eine Schildkröte, die so dick war, daß sie nur ein Klapperl zumachen konnte. Wenn sie das eine Klapperl schloß so drückte sie bei der andern Seite das ganze Fett hinaus. Vor einem Jahr hatte sie es noch zuschließen können. So ein Pech.

Das ist nicht gut. Du musst etwas anderes erzählen!

Verbesserung

Wenn sie das eine Klapperl schloß, so drückte sie bei der andern Seite das ganze Fett hinaus.

Eine Schwalbe saß auf ihren Eiern und ihr Männchen flog herum, denn es war ihm vom langen Warten langweilig geworden. Nach etwa 4 Tagen hörte man ein liebliches Gezwitscher. Nun hatten die Eltern viel zu tun, weil die ganze Familie essen wollte. Einmal, als die Eltern nach Futter suchten, kam ein wilder Bub und kletterte eifrig auf den Baum hinauf. Er tötete die jungen Schwalben. Da kamen die Eltern mit Futter, aber, oh Schrecken, was sahen sie da? Die toten Kinder

„Das ist nicht gut, du musst etwas anderes erzählen", notierte die Lehrerin in Tonis Aufsatzheft

mit mir am Tisch saß, wurde übel. Aber sie musste sitzenbleiben. Sie hat in ihren Teller erbrochen und musste das aufessen", erinnert sich Nitsch. „Ich habe diesen Kindergarten gehasst. Ich war es gewöhnt, als eigenständiges Wesen betrachtet zu werden, soweit das bei Kindern möglich ist. Und das war plötzlich vorbei."

Spätestens in der Volksschule wurde den Mädchen klar, dass ihre Familie nicht die Norm war. Auf Abbildungen in den Lesebüchern etwa sah man die Mutter kochen, während der Vater gerade von der Arbeit nachhause kommt. Die Großmutter sitzt mit der Brille auf der Nase im Lehnstuhl und strickt. Ein dicker Bub steht hinter der Mutter und leckt sich die Lippen. Ein Frauenbild, das den Mädchen fremd war. Bei ihnen kochte die Großmutter, aß aber nicht und konnte nicht stricken, ebenso wenig die Mutter, die auch nicht kochte und zudem Vollzeit arbeitete.

Elizabeth Toni Spira eckte an. Als am 31. Dezember 1950, sie war gerade acht Jahre alt geworden, Karl Renner starb und später in der Schule eine Trauerstunde abgehalten wurde, rief sie, dass sie für diesen „Saukerl" nicht mittrauern würde. Sie hatte zuhause gut zugehört. Der Sozialdemokrat Renner hatte dort einen schlechten Ruf. Im Februar 1934 war er einer jener sozialdemokratischen Anführer gewesen, die die Schutzbündler im Stich gelassen hatten, 1938 hatte er für den „Anschluss" gestimmt und sich 1945 gegen die Entschädigungen der Opfer ausgesprochen. „Die Lehrerin schaut mich wissend und traurig an und schickt mich nach Hause", schrieb Elizabeth Toni Spira. „Meiner Mutter wird sie erklären, dass man ein bisschen vorsichtig vor uns Kindern reden sollte."[70]

Und schon damals erzählte Elizabeth Toni Spira gern Geschichten auf unkonventionelle Art. In der vierten Klasse Volksschule schrieb sie in ihr Aufsatzheft: „Wir waren in einer Tierfarm. Dort sahen wir eine Schildkröte, die so dick war, dass sie nur ein Klapperl zumachen konnte. Wenn sie das eine Klapperl schloss, so drückte sie bei der anderen Seite das ganze Fett hinaus. Vor einem Jahr hatte sie es noch zuschließen können. So ein Pech!" „Das ist nicht gut", kommentierte die Lehrerin darunter. „Du musst etwas anderes erzählen."

Unter ihresgleichen

Für die Schwestern änderte sich alles, als sie von der Volksschule auf das Gymnasium Stubenbastei im ersten Wiener Gemeindebezirk wechselten. Es war eine der wenigen Schulen der Stadt, in denen Russisch gelehrt wurde, zudem gab es vereinzelt Klassen, in denen Mädchen und Buben gemeinsam Unterricht bekamen. Viele Freunde und Bekannte aus dem Umkreis der Familie Spira schickten ihre Kinder dorthin. Aber nicht nur sie.

Elizabeth Toni Spiras Mitschülerinnen und Mitschüler waren bunt zusammengewürfelt. Allesamt mitten im Krieg geboren, die meisten im Jahr 1942, waren sie Nachkommen von Nationalsozialisten und Kommunisten, von Juden, Katholiken und Evangelischen, von Vertriebenen aus dem Osten, von ÖVP- und SPÖ-Wählern, von Opfern und Tätern. Alle waren sie geprägt von der Herkunft und politischen Ausrichtung ihrer Eltern und fanden sich in den entsprechenden Jugendgruppen wieder. Alle fuhren in Ferienlager, saßen am Lagerfeuer und sangen Lieder – nur die dahinterstehende Ideologie war verschieden.

Dennoch war Spira in der Schule zum ersten Mal auch unter ihresgleichen. Sie war nicht mehr das einzige jüdische Kind mit kommunistischem Elternhaus. „Ich hatte das Gefühl, dass wir viele sind. Ich fühlte mich damals stark und kräftig, ich war mutig und fröhlich"[71], erinnerte sie sich an diese Zeit.

Die Lehrer selbst hatten im Krieg ganz unterschiedliche Erfahrungen gemacht. Der Geschichtelehrer war in Stalingrad, der Musiklehrer im katholischen Widerstand gewesen und dem Klassenvorstand war ein Ohr weggeschossen worden. Elizabeth Toni Spira notierte in ihr Tagebuch über ihn: „Obwohl er schon gerecht und nett ist, kann ich ihn nicht besonders leiden. Außerdem ist er furchtbar nervös. Dürfte im Krieg sehr viel mitgemacht haben." Eines der heikelsten Fächer war Geschichte. „Schon als wir beim Jahr 1914 angekommen waren, gab es große Aufregung. Über den Zweiten Weltkrieg zu sprechen wäre gar nicht möglich gewesen. Das war eine ewige Streiterei."[72]

Tonis engste Schulfreundin Helen Liesl Krag bat nach dem vierzigjährigen Maturajubiläum alle ehemaligen Mitschülerinnen und -schüler zu Gesprächen und veröffentlichte 2005 das Buch „Unsere Schulklasse. Erwachsenwerden nach dem Krieg". Es ist ein historisches Dokument von großem Wert. Als Kinder und Jugendliche waren sie geprägt von den Traumata ihrer Eltern. Ihre Differenzen trugen sie mit den Fäusten, nicht in Gesprächen aus. Man beschimpfte sich und näherte sich dann doch wieder an. Was Krag überraschte, war, dass die meisten ihrer ehemaligen Klassenkolleginnen und -kollegen ihr sagten, „sie hätten in der Klasse Toleranz gelernt. Sie hätten alleine am Beisammensein gesehen, wie der Feind aussieht und welche Meinungen er von sich gibt, statt ihn einfach abzulehnen"[73].

Und auf emotionaler Ebene funktionierte die Kommunikation auch damals ganz gut. „Uns haben ja die blonden Burschen ganz gut gefallen", erzählte Elizabeth Toni Spira im Interview mit Krag. „Und umgekehrt war das auch so. In unserer Schule gab es wenig Mädchen, aber viele Knaben, das war doch wunderbar für uns. Wir Mädchen haben damals viel Selbstsicherheit getankt. Mein Gott, haben wir geflirtet – das war doch herrlich!" Sie habe sich immer gern „als Exotin gegeben" und diesen Bonus „unverschämt ausgenutzt", sagte Spira.

Liesl Krag und Toni Spira genossen ihre Jugend. „Toni war jahrelang meine beste Freundin mit allem was dazugehört", formulierte es Krag in ihrer Grabrede für Spira. Sie gingen zum selben Friseur, ließen sich bei der gemeinsamen Hausschneiderin Jeansröcke schneidern und tauschten ihre Kleider. Im Zug von Venedig nach Wien halfen sie dem Koch im Speisewagen beim Abwaschen, weil sie kein Geld mehr hatten. „Dafür haben wir jede ein halbes Henderl bekommen.“ Einmal verpassten sie den letzten Zug nach einem Skitag. „Ich war verzweifelt, Toni aber führte mich resolut zu einem abgestellten Waggon, in dem wir dann – etwas ungesetzlich – versuchten zu übernachten.“ Sie lernten gemeinsam für die Matura, „die wir beide mit Müh und Not geschafft haben. Strebern war uns nicht wichtig.“ Auch die Betragensnoten der Freundinnen waren immer schlecht. Sie saßen stundenlang im Kaffeehaus und sprachen bei einem Espresso über Politik und existenzialistische Literatur sowie über ihre Verehrer, die oft dieselben waren. Und sie liebten es, auf Partys zu gehen und zu tanzen. „War wieder tanzen und glänzte“, schrieb Spira am 26. November 1957 in ihr Tagebuch.

Auf Distanz zum Kommunismus

So angenehm es war, endlich keine Außenseiterin mehr zu sein, so sehr emanzipierte sich Elizabeth Toni Spira in ihren Jahren in der Stubenbastei schrittweise von der kommunistischen Ideologie ihrer Eltern.

Zu Beginn war sie jedoch ganz auf Linie. Mit zwölf Jahren führte Toni ein Heft, in das sie sorgfältig Zeitungssauschnitte einklebte. So wie andere Kinder Fußballfans waren, galt ihre Bewunderung den kommunistischen Führungspersönlichkeiten. Sie begann mit Stalins Geburtshaus in Gori und zeichnete darunter zwei überkreuzte Fahnen, auf denen „Wir wollen Frieden“ stand. Es folgte ein Porträt Stalins mit der Unterschrift „Es lebe die mächtige Sowjetunion und der große Beschützer des bulgarischen Volks, Generalissimus Stalin“, später Wasil Kolaroff, damals Ministerpräsident Bulgariens, Petru Groza, Präsident des Ministerrats Rumäniens und Ana Pauker, bis 1952 Außenministerin Rumäniens. Aufgelockert wurde die Bildergalerie von „Kitty, dem Gorillaweibchen“ aus dem Tiergarten Schönbrunn und dem Komponisten Joseph Haydn.

Als Stalin 1953 starb, „heulten wir alle wie die Schlosshunde“, erinnert sich Liesl Nitsch. „Das war so, wie wenn der liebe Gott stirbt. Oder der Papst.“ Die Großmutter Ernestine Zerner, so erzählte es Elizabeth Toni Spira, sei sogar von der Leiter gefallen und habe sich ein Bein gebrochen. Sie wollte gerade eine Glühbirne montieren.[74]

„Zum ersten Mal gerate ich in Konflikt mit dem Kommunismus", schrieb Elizabeth Toni Spira (ganz links) über ihren Aufenthalt im Wilhelm-Pieck-Lager in der DDR. 1955 besuchte sie als Mitglied der „Jungen Garde" die „Pionierrepublik" in der Nähe von Berlin

Zwei Jahre später unterzeichnete Österreich mit den vier Alliierten den Staatsvertrag und war nun „frei", wie Außenminister Leopold Figl (ÖVP) am 15. Mai 1955 verkündete.

Im selben Jahr, im Sommer 1955, fuhr Elizabeth Toni Spira in die DDR. Die „Junge Garde" aus Österreich besuchte die „Pionierrepublik Wilhelm Pieck". Anfang der 1950er-Jahre hatte die DDR-Führung fünfzig Kilometer nördlich von Berlin am Werbellinsee auf über einem Quadratkilometer Fläche eine Anlage aus Sport- und Freizeiteinrichtungen erbaut. Kinder und Jugendliche wurden dorthin auf Sommerlager geschickt. Die „Pionierrepublik" unter Aufsicht des kommunistischen Jugendverbands Freie Deutsche Jugend (FDJ) galt auch als „Kaderschmiede für die Jüngsten"[75].

Drill und Leistungsdruck standen auf der Tagesordnung, die Schülerinnen und Schüler wurden politisch im Sinne der DDR geschult und sollten ihren damals sogenannten „sozialistischen Klassenstandpunkt festigen".

Toni Spira war zwölf. „Zum ersten Mal gerate ich in Konflikt mit dem Kommunismus", schrieb sie später über diese Erfahrung.[76] „Ich verweigere mich." Anstelle der FDJ-Jacken trugen sie und ihre österreichischen Mitreisenden ihre eigene Kleidung. Als sie zum allmorgendlichen „Fahnenappell" im Gleichschritt marschieren sollten, beschlossen Spira und ihre Gruppe, lieber gemütlich dorthin zu spazieren. „Ich habe ihnen gesagt, dass wir doch keine Nazis sind"[77], erinnerte sie sich. „Es war eine Riesenaufregung." Doch bevor sie die anderen störten, bekamen sie ihren Willen.

Und dann sollten die Gäste aus Österreich am Schießunterricht teilnehmen. „Wir hätten lernen sollen, gegen den Kapitalismus zu schießen"[78], erzählte Spira. „Ich habe gesagt, dass ich die Waffen nicht angreifen werde und meine Gruppe auch nicht. Mit Kapitalisten kann man diskutieren, aber erschießen kann man sie nicht."

Auf der Heimfahrt im Zug bekamen die Junggardistinnen und -gardisten von einem *Volksstimme*-Redakteur, der am Ende der Reise zu ihnen gestoßen war, den Auftrag, ihre „schönsten Erinnerungen" aufzuschreiben. „Ich verfasse meinen ersten flammenden antikommunistischen Artikel. Der Redakteur ist entsetzt. ‚Du – die Tochter des Genossen Leopold. Schreibe etwas anderes.'" Die Zwölfjährige dachte nicht daran. Ihr Text wurde nicht veröffentlicht.[79]

Als jedoch 1956 Flüchtlinge aus Ungarn in der Nähe des Gymnasiums Stubenbastei in einer Halle untergebracht wurden, reagierte Elizabeth Toni Spira wieder so, wie es von ihr erwartet wurde. Jemand aus ihrer Parallelklasse hatte die Idee, Jausenbrote für die Flüchtlinge zu spenden. Die Schülerinnen und Schüler aus kommunistischen Elternhäusern waren dagegen. „Wir haben uns furchtbar aufgeregt und gesagt: ‚Kein Brot für Renegaten'", erzählte Spira in einem Interview.[80] „Warum sollten wir unsere Jause ausgerechnet den ‚Verrätern der heiligen Revolution' spenden? Wir waren brave Kinder unserer Genossen Eltern."

Doch Elizabeth Toni Spiras politische Überzeugungen begannen zu bröckeln. Sie begehrte auf. Zu der Langweile, die sie schon immer empfunden hatte, wenn ihr Vater ihr Vorträge hielt, kamen Fragen. Warum man Bücher von Franz Kafka in der DDR nicht lesen durfte? „Und er hat mit dem ‚siegreichen Wirtschaftssystem des Sozialismus' geantwortet.

Beste Freundinnen: Helen Liesl Krag (vorne) und Elizabeth Toni Spira in Saalbach im Winter 1957

Die Kommunisten haben mir ständig die Welt erklärt – und zwar äußerst langatmig."[81]

Die Jugendliche las mittlerweile gern Kafka, hatte Jazz und Rock 'n' Roll entdeckt und trieb sich in Kellertheatern herum. Sie war begeistert vom Existenzialismus, besuchte Lesungen und Diskussionen und verbrachte die Abende im Kaffeehaus. Albert Camus und Jean-Paul Sartre waren ihr näher als die immer tapferen und siegreichen Helden aus den Büchern des KPÖ-Verlags. „Es war unglaublich, wie langweilig die Kommunisten waren. Konservativ und puritanisch."[82]

Aber es war nicht nur das. „Das Heldentum der Väter war nicht unseres", formuliert es Helen Liesl Krag, Elizabeth Toni Spiras Schulfreundin. „So mutig wie sie waren wir nicht." Die Väter, die Illegalität, Krieg und Vertreibung überlebt hatten und an ihrer Überzeugung festhielten, auch weil sie der Partei oft ihr Leben verdankten – das war nicht das Ideal, dem die junge Generation nacheifern wollte. Sie wollte sich eigenständig auf die Suche nach einer besseren Welt machen, die nicht Kommunismus hieß.

Das änderte aber nichts daran, dass Spira sich ihrer Familie und deren Freundeskreis zugehörig fühlte. Am 16. Jänner 1960, mit 17 Jahren, notierte sie in ihr Tagebuch: „Habe gerade Radio gehört. ‚Wem nützt die Hakenkreuzschmiererei? Den Kommunisten.' Das ist die größte Frechheit, die ich bisher gehört habe. [...] Zuerst muss ich mir so etwas wie ‚du dreckiger Jud' usw. anhören und dann soll ich das gewesen sein, die sich beschimpft hat."[83] Auch in den KPÖ-nahen Jugendorganisationen blieb sie bis zum Ende ihrer Schulzeit Mitglied.

Konkrete Pläne für ihre Zukunft hatte Spira damals noch nicht. Sie hatte weder einen Berufswunsch noch interessierte sie sich für ein bestimmtes Studienfach. Sie wollte lieber Zeit im Ausland verbringen. Zu ihren Beweggründen notierte sie dazu nichts in ihrem Tagebuch. Nur so viel: „Ich muss weg" (14. Jänner 1960).

Bestärkt wurde sie in ihrem Vorhaben, als sie nach der Matura dann doch ein Studium an der Hochschule für Welthandel, der heutigen Wirtschaftsuniversität, begann. Sie hörte eine Vorlesung von Taras Borodajkewycz, einem überzeugten Nationalsozialisten, der allerdings 1946 als „minderbelastet" eingestuft wurde und somit weiter unterrichten durfte. „Der Professor erzählt etwas von ‚Gelb als Judenfarbe' und ‚dem Juden Kelsen'. Mir wird übel", schrieb Elizabeth Toni Spira.[84] Sie stand auf. Doch außer ihr schien niemand irritiert. Im Gegenteil. Andere Studierende forderten sie auf, sich hinzusetzen und nicht mehr zu stören. „Ich bleibe stehen und fluche laut. Dann verlasse ich allein den Hörsaal und die Welthandel."

Elizabeth Toni Spira meldete sich als Au-pair und fuhr zurück in das Land, in dem sie geboren wurde, nach Schottland.

Leopold Spira, der allmächtige Vater?

Kurz bevor ihr Vater im Jahr 1997 starb, sagte Elizabeth Toni Spira zu ihm: „Ein einziges Mal hättest du mir sagen können, dass du stolz bist auf mich." Daraufhin sah er sie an und entgegnete nur: „Und, hat's dir geschadet?"[85]

Es habe ihr nicht „vom Ehrgeiz her" geschadet, kommentierte Elizabeth Toni Spira im Film „Ich bin nicht wichtig" diese Begebenheit. „Der war angestachelt, damit er mich einmal loben wird. Aber menschlich schadet es dir. Du kannst nie aufhören." Einmal konnte der Vater seine Gefühle nicht verbergen. „Eine kleine Träne der Rührung" entdeckte Spira, als sie als 29-Jährige ihr Doktorat in Publizistik abschloss. „Dann habe ich mir gedacht, wegen dieser scheiß kleinen Träne habe ich mich so angestrengt."

Dass ihr Vater sie nie gelobt hatte, prägte Spira für ihr ganzes Leben. Ebenso wie ihr Streben nach seiner Anerkennung. Doch die wurde ihr nur selten zuteil. Nicht weil Leopold Spira die Arbeit seiner Tochter missbilligte, sondern weil er es im Allgemeinen vermied, Emotionen zu zeigen. Er setzte auf einen sachlichen, freundlichen Auftritt. Privat wie auch in der Öffentlichkeit als Redner und KPÖ-Funktionär.

An ihrem fünfzigsten Geburtstag erinnerte Leopold Spira seine Tochter Toni daran, wie er ihr – im übertragenen Sinne – beigebracht hatte, auf eigenen Beinen zu stehen. Damals war sie drei Jahre alt gewesen. Der Vater hatte sie und ihre Schwester vom Kindergarten abgeholt und auf dem Heimweg in der Londoner U-Bahn die 14 Monate jüngere Liesl auf dem Arm. Toni war unzufrieden. Sie wollte auch getragen werden. „Carry me, carry me", quengelte sie, während sie sich an ihrem Vater festhielt. Aber der konnte nicht. Toni musste sich selbst aufrecht halten.

Nicht nur die ältere Tochter wurde vom Vater gefordert. Als Liesl im Alter von sechs Jahren an einem Kärntner See einen im Wasser schwimmenden Autoreifen entdeckte, bat sie ihren Vater, ihn für sie zu holen. Sie stellte es sich gemütlich vor, auf dem Wasser dahinzutreiben. „Mein Vater sagte: ‚Wenn du selber schwimmen kannst, kannst du ihn dir holen.' Ich habe innerhalb von einem Tag schwimmen gelernt", resümiert Liesl Nitsch heute.

Leopold Spira war nach seiner Rückkehr aus dem Exil im Jahr 1946 Funktionär der Kommunistischen Partei Österreichs. 1969 wandte er sich von der KPÖ ab

Leopold Spira und die KPÖ

Leopold Spira war ein durch und durch politischer Mensch, was in seinen Kreisen nichts Ungewöhnliches war. Die Arbeit für die Partei, die man als Arbeit für eine bessere Welt ansah, stand im Vordergrund. Von 1946 bis 1969 war Spira Angestellter in der Propaganda-Abteilung der KPÖ und schrieb für die Zeitschrift *Weg & Ziel*. Einige Jahre war er auch Mitglied des Zentralkomitees.

Wie die meisten anderen kommunistischen Parteien orientierte sich auch die KPÖ an der Sowjetunion, an deren Spitze – auch von westlichen Kommunistinnen und Kommunisten bewundert – bis 1953 Josef Stalin stand. Viele von ihnen hatten für den Kampf gegen den Faschismus alles riskiert und verdankten ihr Überleben in den Konzentrationslagern und der Illegalität der guten Parteiorganisation. Ihre Überzeugungen vertraten sie wie religiöse Glaubenssätze.

Doch die KPÖ spielte schon allein aufgrund der Wahlergebnisse zu Beginn der Zweiten Republik politisch kaum eine Rolle. Bedeutung und finanzielle Unterstützung erlangte sie nur durch die sowjetischen Besatzer. Als Österreich 1955 mit den alliierten Mächten den Staatsvertrag unterzeichnete und die sowjetischen Soldaten gemeinsam mit den US-Amerikanern, den Briten und Franzosen das Land verließen, verminderte sich ihr Status noch weiter. Viele traten aus der Partei aus. Die KPÖ war nun endgültig eine marginalisierte Gruppe, die man entweder fürchtete oder belächelte, in den meisten Fällen aber ablehnte. Das wiederum stärkte den Zusammenhalt unter den Verbliebenen nur noch mehr.

Leopold Spira vertrat das Programm der Partei ohne Widerspruch. Auch als im Jahr 1956 weitere Austritte die KPÖ erneut schwächten. In seiner soge-

„Ein einziges Mal hättest du mir sagen können, dass du stolz auf mich bist", sagte Elizabeth Toni Spira zu ihrem Vater. „Und, hat's dir geschadet?", entgegnete dieser seiner Tochter

nannten Geheimrede kritisierte der neue Generalsekretär Nikita Chruschtschow im Februar 1956 auf dem 20. Parteitag der Kommunistischen Partei der Sowjetunion (KPdSU) Stalin und dessen Terrorherrschaft sowie den Personenkult rund um den verstorbenen Diktator. Die Rede gelangte unter der Hand in viele europäische Parteizentralen und auch in die *New York Times*. Einige Kommunisten sahen die Zeit für Reformen gekommen, andere glaubten an eine Intrige der US-amerikanischen Geheimdienste, um die Sowjetunion zu schwächen. Wieder andere verließen endgültig ernüchtert die Partei. Allerdings meist ohne viel Aufhebens. Gegen Ende des Jahres 1956 erhoben sich große Teile der ungarischen Bevölkerung gegen die Sowjetmacht. Chruschtschow ließ den Aufstand brutal niederschlagen und die Symbolfigur der Proteste, Ungarns Ministerpräsidenten Imre Nagy, 1958 hinrichten. Kritik an der Sowjetunion wurde laut, verstummte aber bald wieder. Spira blieb in der Partei.

Im Jahr 1959 erreichte die KPÖ nach den Nationalratswahlen kein Grundmandat und war von nun an nicht mehr im Parlament vertreten.

Es war eine Zeit der Umbrüche und Widersprüchlichkeiten. Zwar trieb Chruschtschow in der Sowjetunion die Entstalinisierung voran, außenpolitisch aber verdüsterte sich der Horizont: Die Krise um Berlin spitzte sich zu und erreichte mit dem Bau der Berliner Mauer im Jahr 1961 ihren Höhepunkt. Als die Sowjetunion auf Kuba Atombomben stationierte, brachte dies die USA und die kommunistische Supermacht 1962 an den Rand eines atomaren Krieges. Kulturpolitisch waren die Signale ebenfalls widersprüchlich: 1963 wurde auf einer vielbeachteten Kafka-Konferenz in der Tschechoslowakei das Konzept der Entfremdung auch auf die sozialistischen Gesellschaften angewandt; der Prager Frühling gewann an Konturen. In Westeuropa formulierten erstmals führende Kommunisten Theorien, die die Vorherrschaft der KPdSU infrage stellten, etwa Palmiro Togliatti, der Führer der italienischen KP. Der Eurokommunismus kündigte sich an, der nicht mehr sklavisch der Moskauer Linie folgen wollte.

Die Reformer Ernst Fischer und Franz Marek

Die KPÖ verharrte lange in ihren alten Strukturen. Ein Generationenwechsel war längst fällig, doch die Parteiführung machte keine Anstalten, diesen durchzuführen. Zwei Intellektuelle und frühere Stalinisten setzten schließlich die notwendigen Reformen in Gang: Ernst Fischer und Franz Marek.

Franz Marek und seine Frau, die Journalistin Barbara Coudenhove-Kalergi, waren oft bei den Wienerwald-Wanderungen der Familie Spira dabei

Fischer war 1934 ins sowjetische Exil geflohen, 1945 nach Österreich zurückgekehrt und Mitglied in Karl Renners provisorischer Regierung gewesen. Bis 1959 hatte er einen Sitz im Nationalrat.

Marek hatte nach dem „Anschluss" Österreich verlassen und in Frankreich im Widerstand gekämpft. Im Sommer 1944 war er mit seiner damaligen Frau Tilly Spiegel verhaftet worden. Der Tag ihrer beider Hinrichtung hätte der 18. August 1944 sein sollen. Das hatte Marek in die Zellenwand geritzt.[86] Doch die nationalsozialistischen Besatzer waren noch rechtzeitig von den amerikanischen Truppen geschlagen worden. Marek und seine Frau überlebten.

Franz Marek spielte auch im Familienleben der Spiras eine wichtige Rolle. Er war ein Vorbild und Freund Leopold Spiras. Und er gehörte zu jenen Menschen, die Elizabeth Toni Spira als „Helden" bezeichnete. Marek und seine spätere Frau, die Journalistin Barbara Coudenhove-Kalergi, waren oft bei den Wienerwald-Ausflügen der Spiras dabei. Coudenhove-Kalergi und Elizabeth Toni Spira verband eine enge Freundschaft.

Inspiriert von der Kritik aus Italien hielten sich auch Marek und Fischer nicht mehr zurück. Fischer äußerte seine Kritik am sowjetischen Dogmatismus etwa auf der Kafka-Konferenz 1963, Marek nutzte dafür vor allem die KPÖ-Zeitschrift *Weg und Ziel*. Am 19. Parteitag der KPÖ im Jahr 1965 kam es endlich zu fundamentalen Reformen. Ein neuer Parteichef, Franz Muhri, wurde gewählt, der den Stalinismus der Vergangenheit kritisierte, und Marek präsentierte von ihm selbst ausgearbeitete Thesen, die später als „eurokommunistisch" – also als eine Abkehr vom Kommunismus sowjetischer Prägung – bezeichnet werden sollten. Zentral war dabei, dass sich die KPÖ nun als autonome Partei verstand und nicht an der KPdSU orientieren musste.

„Der Prager Frühling war die letzte Hoffnung, dass Sozialismus und Demokratie doch noch zueinanderfinden", erinnert sich die Journalistin Barbara Coudenhove-Kalergi. Gemeinsam mit Franz Marek erlebte sie in Prag, wie sich die Tschechoslowakei kurzzeitig demokratisierte und liberalisierte. „Franz Marek war selig. Es schien, als würde alles gut ausgehen, so wie er es sich gewünscht hatte." Doch das war ein Trugschluss.

Als die sowjetischen Truppen im August 1968 in Prag einmarschierten und die Reformen zunichtemachten, verurteilte die KPÖ – ganz nach ihren neuen Grundsätzen – die Invasion zuerst scharf. Doch dann wurde der Vorsitzende Muhri nach Moskau zitiert. Bei seiner Rückkehr war klar: Die KPÖ würde keine eigenen Wege gehen, sondern sich strikt an die Direktiven aus Moskau halten. Jene Parteimitglieder, die sich dagegen wehrten, wurden ausgeschlossen. Wie Ernst Fischer, den es 1969, und Franz Marek, den es 1970 traf. Sie hatten „einen ‚Frühstart des Eurokommunismus' hingelegt"[87]. Und waren gescheitert. Nach der Vollbremsung blieb die KPÖ moskautreu.

„Ein Lebenstraum war dahin", beschreibt es Coudenhove-Kalergi. Menschen wie Marek, Fischer und Spira hatten ihr Leben lang gegen den Faschismus gekämpft und alles auf eine Karte – den Kommunismus und die Sowjetunion – gesetzt. „Nach der Invasion in Prag wurde ihnen endgültig klar, dass das ein Irrweg gewesen war."

Während sich die KPÖ schon längst wieder auf Moskau-Kurs befand, wurde der Eurokommunismus im Laufe der 1970er-Jahre zur Hauptlinie der mächtigen kommunistischen Parteien Frankreichs und Italiens. Er besagte, dass das sowjetische Modell auf westeuropäische Staaten nicht anwendbar sei. Es umfasste ein Bekenntnis zur parlamentarischen Demokratie, in die sich auch die kommunistischen Parteien einzufügen hätten. Kritik an Moskau müsse erlaubt sein.

Abschied von der Partei

Leopold Spira war eines von 27 Mitgliedern des Zentralkomitees, die kurz nach Fischers Ausschluss im Jahr 1969 gegen das Vorgehen der Partei protestierten. Er hielt dazu eine bemerkenswerte Rede, in der er nicht nur die alte neue Moskau-Treue der KPÖ kritisierte, sondern die Sowjetunion im Allgemeinen. Vor allem die Frage des Antisemitismus in den kommunistischen Parteien war dabei ein großes Thema. Während Spira lange Zeit der Überzeugung anhing, dass sich die Frage nach der Bedrohung und Verfolgung der Juden im Sozialismus nicht mehr stellen würde, erkannte er nun, dass gerade die Schauprozesse der frühen 1950er-Jahre in den sowjetischen Satellitenstaaten von Stalins Antisemitismus befeuert worden waren. Und im Vorjahr, 1968, waren die Repressionen gegen Jüdinnen und Juden in Polen immer stärker geworden. 25.000 von ihnen waren gezwungen, das Land zu verlassen.

In seiner Rede wies Spira die Genossinnen und Genossen darauf hin, was geschehen wäre, wenn Österreich ein sowjetischer Satellitenstaat geworden wäre. „Wenn die Entwicklung in Österreich so gekommen wäre, wie ich und wir alle es wollten, glaubt ihr, dass sich die Dinge [...] anders zugetragen hätten? Hätten sich bei uns nicht die Ankläger, Kerkermeister, Folterer und Henker gefunden und auch die Propagandisten, die das alles befürwortet und begründet hätten?" Und, das sei das Schreckliche daran, „viele von ihnen im ehrlichen Glauben, dass es dem Sozialismus dient". Auch er habe damals nicht dagegen Stellung bezogen, „zwar nicht Beifall geklatscht, aber fast, quasi meinem eigenen Todesurteil Beifall geklatscht".

Spira kündigte seine Anstellung in der KPÖ, trat allerdings nicht aus der Partei aus. Nicht er wollte der „Verräter" sein, der mit der Organisation brach, die ihm 34 Jahre Heimat gewesen war, sondern die Partei selbst sollte diesen Schritt tun. Am 25. März 1971 war es schließlich so weit.

Aber nicht nur der Vater fiel in Ungnade. Liesl, mittlerweile verheiratete Nitsch, arbeitete zu diesem Zeitpunkt bei der ÖSG, der Österreichischen Sowjetischen Gesellschaft. Diese legte ihr nahe, nicht, wie sie es bisher gehalten hatte, ihren Mädchennamen – Spira – zu verwenden, sondern ihren neuen Namen, Nitsch. Der Name Spira sollte, nach Leopold Spiras Abwendung von der Partei, getilgt werden. Liesl Nitsch blieb stur und nannte sich weiterhin Spira. Bald war sie ihren Job los. Der Mutter Eva Spira, die bei der parteinahen Spedition Express arbeitete, erging es ähnlich. Sie wurde von der Bezirksorganisation der KPÖ vorgeladen, ihre jüngere Tochter begleitete sie. „Sie beschimpften meine Mutter, die mit meinem Vater, dem ‚Renegaten', noch immer zusammenlebte", erinnert sich Liesl Nitsch. „Wie sie es wage, mit so jemandem noch verheiratet zu sein." Eva Spira, die sonst alles andere als auf den Mund gefallen war, war schockstarr. Liesl Nitsch ging zum Gegenangriff über, packte dann ihre Mutter an der Hand und verließ mit ihr das Parteilokal, das sie beide nie wieder betreten sollten. Eva Spira stand kurz vor der Pensionierung und konnte den Job bis dahin noch behalten, Liesl Nitsch wechselte zur Zeitschrift *FORVM* und Leopold Spira begann für das Ifes, das Institut für empirische Sozialforschung, zu arbeiten, das der Sozialdemokrat Karl Blecha leitete. Toni Spira war zu diesem Zeitpunkt noch an der Universität und studierte Publizistik.

Familienzusammenführung

Leopold Spira war nun selbst zum „Renegaten" geworden. Wie sein Cousin Hermann Langbein, den er auf Anweisung der Partei seit dessen Ausschluss aus der KPÖ im Jahr 1958 nicht mehr gesprochen hatte. Es war Zeit für eine Familienzusammenführung. „Beklommen, steif, hilflos" beschreibt Kurt Langbein, Hermann Langbeins Sohn, das erste Zusammentreffen mit den Spiras. Er und seine Schwester wussten gar nichts von ihren beiden Cousinen Toni und Liesl. Als der Bruch stattfand, waren sie noch zu jung. „Die beiden alten Herren haben versucht, sich in diplomatischer Freundlichkeit zu begegnen", erinnert sich Langbein. „Das war aber nicht echt. Aufseiten meines Vaters war da eine tiefe Bitterkeit. Die hat sich bis zum Schluss nicht gelegt."

Es ist die Geschichte zweier Männer, die für ihre Ideale in den Kampf gezogen waren und am Ende ernüchtert vor den Trümmern ihrer Überzeugung und ihrer gemeinsamen Verbindung standen. Ihr letzter gemeinsamer Moment war die Überschreitung der Grenze nach Spanien gewesen. Schon bei den Internationalen Brigaden hatten sich ihre Wege getrennt. Spira stieg in der Hierarchie auf, Langbein blieb einfacher Soldat. Während Spira die Flucht nach Großbritannien gelang, wurde Langbein im Konzentrationslager Dachau interniert und 1942 nach Auschwitz verschleppt. Dort engagierte er sich im Widerstand in der sozialistisch-kommunistischen Kampfgruppe Auschwitz. Als er nach Kriegsende nach Wien zurückkehrte, übernahm er die Leitung der Parteiakademie. Er durfte nicht lange bleiben. 1946 wurde

Spira sein Nachfolger. „Hat sich Hermann zurückgesetzt gefühlt? Wir haben nie darüber gesprochen", schrieb Spira in seinen Memoiren.[88] Anfang der 1950er-Jahre wurden Hermann Langbein und seine Frau, die Journalistin Aloisia Turko, von der Partei nach Ungarn geschickt, um eine deutschsprachige Radiostation aufzubauen. „Dort haben sie den realen Sozialismus in seiner ganzen Härte kennengelernt", erzählt Kurt Langbein von den Erfahrungen seiner Eltern. „Eine Illusion nach der anderen ist verflogen." Hermann Langbein und Aloisia Turku kritisierten die Niederschlagung des Ungarn-Aufstands 1956 durch die Sowjetunion. Zwei Jahre später wurden sie aus der Partei ausgeschlossen. Die Familie stand nun ganz allein da. „Es gab einige, die sich nicht an dieses Kontaktverbot gehalten haben, ein paar treue Freunde, die sich da aufgelehnt haben. Aber es ist doch ein Großteil des sozialen Umfelds verloren gegangen", erzählt Kurt Langbein. Auch seine Tätigkeit als Generalsekretär des Internationalen Auschwitz-Komitees, das er mitbegründet hatte, durfte Hermann Langbein nicht mehr weiterführen. Die Kritik an der Sowjetunion verzieh man ihm auch dort nicht. Es waren schwierige und harte Jahre, die Langbein durchlebte. Für die Aufarbeitung des Nationalsozialismus leistete er Unschätzbares. Er setzte sich dafür ein, dass der Auschwitz-Prozess in Frankfurt in den 1960er-Jahren zustande kam und dass Zeitzeuginnen und -zeugen Schulklassen besuchten. In der Holocaust-Gedenkstätte Yad Vashem in Jerusalem wurde für ihn als Gerechter unter den Völkern ein Baum gepflanzt.

Nach ihrem Wiedersehen im Jahr 1969 blieb das Verhältnis zwischen Hermann Langbein und Leopold Spira angespannt. Auch ein letzter Konflikt konnte nie gelöst werden. Denn Spira erfuhr von Langbeins schwerwiegenden Vorwürfen erst nach dem Tod seines Cousins im Jahr 1995, unter anderem von einer gemeinsamen Freundin, der Widerstandskämpferin Toni Lehr. Es hieß, dass Spira, als er und Langbein noch Mitglieder der KPÖ waren, Langbein bespitzelt haben soll. Zudem habe er sich in der kommunistischen Tageszeitung *Volksstimme* öffentlich von Langbein losgesagt. Spira wies das zurück. Er schrieb dazu in seiner Familienchronik: „Ich habe, da man ja der eigenen Erinnerung nicht unbedingt trauen soll, alle Nummern der ‚Volksstimme' des fraglichen Zeitraums durchgesehen. Gefunden habe ich nichts."[89] Als er Toni Lehr fragte, warum sie ihm nicht früher von diesen Vorwürfen erzählt habe, antwortete sie ihm: „Es hätte ja auch wirklich so sein können." Und Spira gab zu, dass er ihr nicht widersprechen konnte.[90]

Die Zeit danach

Nach seinem Ausschluss aus der Partei arbeitete Spira beim *Wiener Tagebuch*, einer Zeitschrift, die die KPÖ-Dissidenten unter Franz Mareks Ägide aus der Partei herausgelöst hatten. Nach Mareks Tod 1979 übernahm Spira die Chefredaktion. Das *Wiener Tagebuch* verstand sich als links und unabhängig und verfolgte in seiner Ausrichtung eurokommunistische Ideen. Nach der Wende 1989 gelang es nicht, das Druckwerk in die neue Zeit zu retten. Es wurde, obwohl es Spira kurz davor an die jüngere Generation übergeben hatte, eingestellt.

Spira begegnete der Öffentlichkeit meist mit einer freundlichen, unaufdringlichen Sachlichkeit. Bei Diskussionen – er war öfter in der ORF-Sendung „Club 2" eingeladen – agierte er zurückhaltend. Hatte er das Wort, beharrte er darauf, nicht unterbrochen zu werden. Dann ließ er wieder die anderen reden. Klarheit und eine Reduktion auf das Wesentliche zeichnen auch seine Publikationen aus. Komplizierte Verhältnisse entwirrte er und sparte auch nicht mit Kritik an seiner eigenen Person, wenn er sie für notwendig hielt. Es war nicht die Brillanz der Argumentation, die ihn hervorstechen ließ, sondern seine intellektuelle Redlichkeit, an der kaum zu rütteln war.

„Eitelkeit wie Demut waren ihm fremd, Bescheidenheit nah, die Bereitschaft zur Selbstironie findet sich in seinen Büchern ebenso wie die Kraft des Staunens"[91], formulierte es der Schriftsteller und ehemalige Mitarbeiter des *Wiener Tagebuchs* Erich Hackl in seinem Nachruf auf Spira. Christoph Reinprecht, damals *Tagebuch*-Redakteur und heute Professor für Soziologie an der Universität Wien, erlebte Spira als „völlig hierarchielos und warmherzig". Niemals hätte er sich wegen seines Alters oder seiner Lebenserfahrung über den jungen Schreiber gestellt, sagt Reinprecht. Wobei sich die Warmherzigkeit nicht in Emotionen oder gar Überschwang ausgedrückt habe, sondern in einer zurückhaltenden, jedoch wohlwollenden Aufmerksamkeit.

War die Wohnung der Familie Spira in der Kupelwiesergasse im 13. Bezirk bisher ein Treffpunkt der Genossinnen und Genossen, so gewährte sie nach 1968 Dissidenten Unterschlupf – dem tschechoslowakischen Intellektuellen Eduard Goldstücker, zum Beispiel. Er hatte die Kafka-Konferenz im Jahr 1963 organisiert und war nach der Niederschlagung des Prager Frühlings nach Wien geflüchtet. Bis zu seiner Emigration nach Großbritannien wohnte er kurze Zeit bei den Spiras. Die Kinder mussten schweigen, niemand durfte wissen, dass er in der elterlichen Wohnung lebte, erinnert sich Liesl Nitsch.

Drei Generationen: Mutter Eva Spira (Zweite von links), ihre Töchter Margaret Liesl Nitsch (links) und Elizabeth Toni Spira sowie ihre Enkelin Hannah Schmid (rechts)

Oder Zdeněk Mlynář, ein ehemaliger tschechoslowakischer kommunistischer Politiker. Er war einer der Protagonisten des Prager Frühlings und unterzeichnete im Jahr 1977 die Charta 77, ein Manifest der tschechoslowakischen Bürgerrechtsbewegung gegen die Repressionen der kommunistischen Diktatur. Vor allem forderte die Charta 77 das Recht auf freie Meinungsäußerung. Danach musste Mlynář das Land verlassen, er flüchtete nach Wien. Dort war er regelmäßig bei den Spiras zu Gast.

Im Jahr 1977 tauchte ein weiterer Dissident in der Kupelwiesergasse auf. Josef Hodic, ebenfalls ein Unterzeichner der Charta 77, bat um Unterschlupf. „Alle waren begeistert von ihm, was für ein netter Mensch er ist und was er alles erzählen kann", erzählt Liesl Nitsch über den Gast. Wenig später kam auch Hodics Frau Nadja nach Wien. Das Ehepaar war verzweifelt, weil es keinen Kontakt zu seinen Töchtern in Prag haben durfte. Ob die Mädchen an die Adresse der Familie Spira schreiben dürften? Die Hodics schlossen sich der Wienerwald-Wandergruppe an, Leopold Spira half bei der Arbeits- und Wohnungssuche. Am 17. Juni fuhren Nadja und Josef Hodic auf Urlaub und kamen nicht mehr zurück. Am 2. Juli gab die tschechoslowakische Regierung bekannt, dass „Dr. Josef Hodic von einer erfolgreichen Auslandsmission zurückgekommen sei", schrieb Leopold Spira.[92] Hodic war ein Spion gewesen, der sich für seine Dienste reichlich entlohnen ließ.

Eva und Leopold Spira

Die hastig im Exil geschlossene Ehe von Eva und Leopold Spira hielt bis zum Schluss. Beide waren voll berufstätig, doch es war Eva Spira, die sich um den Zusammenhalt und den Ausgleich in der Familie kümmerte, wenn es zu Konflikten kam. „Sie war eine wunderbare Frau"[93], erinnerte sich Elizabeth Toni Spira an ihre Mutter. Und sie habe sehr gut ausgesehen. „Sie hatte viele Verehrer und tanzte gern. Das hat meinen Vater manchmal geärgert." Denn Leopold Spira konnte nicht tanzen. „Sie hatte viel Humor und war unglaublich großzügig." Als Tochter Toni im Urlaub unbedingt ein Armband haben wollte, bekam sie es, obwohl Eva Spira danach kein Geld mehr in der Tasche hatte. Elizabeth Toni Spira „fand das toll. Ihre Einstellung war, dass sich alles immer irgendwie ausgeht."

Der Vater war für das Geschichtenerzählen zuständig. Niemals las er Liesl und Toni – oder später seiner Enkelin und seinem Enkel – aus Büchern vor. Er ließ sich von den Kindern fünf Wörter vorgeben und dachte sich dann selbst etwas aus.

Ihre Töchter erzogen die Spiras möglichst frei. Deren Bekanntschaften waren, so wie alle anderen Freundinnen und Freunde der Familie, jederzeit in der Kupelwiesergasse willkommen. Und vor allem Eva Spira stärkte Liesl und Toni, wann immer es notwendig war, den Rücken. „Wenn der alte Nazi in der Wohnung über uns die Familie wieder einmal wegen ‚illegaler Prostitution' anzeigen wollte, hat sie ihm gesagt, dass sie wenigstens Vertrauen zu uns hat", erzählt Liesl Nitsch. Der Nachbar hingegen habe mit Argusaugen seinen Schwiegersohn in spe beobachtet, wenn dieser vor der Tür seine Braut auf die Stirn küsste.

Als Eva Spira Mitte der 1980er-Jahre schwer erkrankte, war ihr Mann dem Zusammenbruch nahe. „Da habe ich meinen Vater zum ersten Mal erlebt, wie er völlig außer sich war, mit Tränen in den Augen", erinnert sich Liesl Nitsch. „Und ich hatte das Gefühl, dass er immer noch in seine Frau verliebt ist." Wenn er nicht im Krankenhaus an ihrer Seite war, ging er in den Wald Pilze und Beeren sammeln. „Das war das einzige Mal, dass er

Im Vorfeld des „Lichtermeers" im Jahr 1993 engagierte sich Eva Spira gegen Ausländerfeindlichkeit

Ihre hastig im Exil geschlossene Ehe hielt: Eva und Leopold Spira in den 1990er-Jahren

die Nerven verloren und starke Gefühle gezeigt hat." Eva Spira litt an der äußerst seltenen Schleimhauterkrankung Pemphigus. Es dauerte ein Jahr, bis sie wieder ganz gesund war.

Am Ende Tränen. Aber nicht nur

Leopold Spira starb am 20. Dezember 1997. Selbst als er in seinen letzten eineinhalb Lebensjahren im Bett liegen musste, weil seine Beine gelähmt waren, drehten sich seine Fragen an die Besucherinnen und Besucher um die Vorgänge in der Welt. Nicht sein Leiden wollte er besprechen, sondern wie die politische Lage zwischen Russland und den USA zu beurteilen sei.

In seinem Nachruf[94] berichtete Erich Hackl über den letzten Zeitungsausschnitt, den Spira ihm zu lesen gegeben hatte. Es handelte sich um ein Interview mit dem Historiker Eric Hobsbawm. Darin setzte dieser sich – wie es auch Spira lange Zeit getan hatte – mit der Frage auseinander, warum er nicht schon viel früher aus der Kommunistischen Partei ausgetreten war. Hobsbawm formulierte: „Ich verteidige das nicht. Etwas anderes möchte ich allerdings verteidigen: Ich kenne die Leute, die ihr Leben für die kommunistische Sache aufs Spiel gesetzt haben." Er erwähnte auch Franz Marek und würdigte seine Verdienste im Widerstand und in seiner Bemühung, die KPÖ auf eine eurokommunistische Linie zu bringen. „Das waren die Leute, die ich gekannt habe. Leute, die ihr Leben geopfert und eingesetzt haben für das, was sie für eine gute und selbstlose Sache gehalten haben, und das war für sie die Kommunistische Partei." Hackl schrieb über diese Begegnung mit Spira: „Damals [...] habe ich zum ersten Mal Tränen in seinen skeptischen Augen gesehen. Es waren Tränen der Hinfälligkeit, der körperlichen Schwäche eines Todkranken, die die emotionale Reizschwelle senkt; aber es waren auch Tränen der Selbstbehauptung, dass nicht alles, wofür seinesgleichen unter Todesgefahr und Mangel an Entfaltungsmöglichkeiten gestritten hatte, vergessen oder verhöhnt zu werden verdient."

Das alles – den Kampf und das Scheitern sowie den Willen, an der Geschichte teilzunehmen und sich von ihr nicht verdrängen zu lassen – hat Elizabeth Toni Spira in ihr Leben und somit auch in ihre Filme mitgenommen. Am Ende löste sie sich von der Sehnsucht nach der Anerkennung des Vaters. „Als mein Vater starb", sagte Elizabeth Toni Spira, „war ich auch ein bissl befreit von der Seriosität."[95]

Auf Reisen

Zwei Wochen nachdem sich Juri Gagarin an Bord des Raumschiffs Wostok als erster Mensch auf dem Weg ins All gemacht hatte, stieg Elizabeth Toni Spira in London in den Zug. Es war der 26. April des Jahres 1961. John F. Kennedy war im Jänner Präsident der USA geworden und sollte im Mai den ersten Amerikaner in den Weltraum hinterherschicken. Es war der Höhepunkt des Kalten Kriegs, die beiden Supermächte rüsteten auf. Zwar reichte Kennedy im Juni in Wien dem sowjetischen Regierungschef Nikita Chruschtschow die Hand, doch zwei Monate später wurde die Berliner Mauer errichtet. Die Welt war im Umbruch.

Spira wollte ein paar Monate als Au-pair in Schottland verbringen, etwa achtzig Kilometer von ihrem Geburtsort Glasgow entfernt. War es ein Wegfahren oder ein Heimkommen?

Die 18-Jährige hatte Österreich vor wenigen Tagen mit gemischten Gefühlen verlassen. Das erste Semester an der Hochschule für Welthandel war für sie ein Reinfall gewesen. Elizabeth Toni Spira war froh, dem Land und seinem antisemitischen Mief zu entkommen. Dennoch würde sie ihre Freundinnen und Freunde vermissen, mit denen sie die Wochenenden in Museen und die Abende im Theater und Kaffeehaus verbracht hatte. Vor ihrer Abreise hatte sie sich noch auf Anraten der Eltern bei der Fürsorgeschule der Stadt Wien beworben, damit sie, wenn sie aus Schottland zurückkehrte, eine Berufsausbildung beginnen könne.

Edinburgh – Picasso und schmutzige Windeln

Gleich nachdem sie am Londoner Bahnhof Kings Cross in den Zug Richtung Edinburgh gestiegen war, begann Elizabeth Toni Spira einen Brief an ihre Familie zu schreiben. In zwei Minuten würde es losgehen „Punkt 11 Uhr – tsch, tsch, tsch; mir gegenüber sitzt eine alte hässliche woman mit einer schweren falschen Brosche (dafür glitzert sie)“, notierte sie. Sie berichtete von London, wo sie ein paar Tage verbracht hatte, vor allem von der Tate Gallery. „Habe dort eine Menge Bilder gekauft, darunter ein großes von Picasso.“ In Wien werde sie sich den Kunstdruck einrahmen lassen. „Nichts als Gegend“, beschrieb sie ihren Blick aus dem Fenster. „Flach, ab und zu sehe ich Lämmer oder Kühe – schwarz, oder schwarz-weiß gefleckt. Über der Gegend liegt Dunst.“

Als sie in der Früh in Newcastle aufwachte, notierte sie: „Die Häuser sehen alle gleich aus." Und: „In England gibt es keine einzige elektrifizierte Bahnstrecke, das finde ich nicht in Ordnung."

Es war elf Uhr nachts am nächsten Tag, als sie den Brief beendete. „Bin gewaschen, gekampelt und geschnäuzt und sitze zufrieden with two water-bottles in the bed." Die Familie, bei der sie nun die kommenden Monate als Au-pair arbeiten sollte, hatte sie vom Bahnhof in Edinburgh abgeholt, ein Ehepaar und zwei kleine Kinder, die Frau kaum drei Jahre älter als Elizabeth Toni Spira. Ihr neues Zimmer fand sie „sehr nett. Schreibtisch, Kasten, armchair und 3 Stellagen, 4 Teppiche, einen elektrischen Ofen und ein schrecklich weiches Bett." Das Haus wiederum sei „zwar gut eingerichtet, wirkt aber etwas schlampig. Vor allem die Küche." Spira war jedoch bisher nicht durch Ordnungsliebe aufgefallen, wie ihr Vater in einem Brief spöt-

Edinburgh 1961: Elizabeth Toni Spira arbeitete als Au-pair bei einer Familie und kümmerte sich unter anderem um deren Kinder

tisch bemerkte. Seit ihrer Abreise würden „die häuslichen Gefühle“ in der Spira'schen Wohnung nun nicht mehr durch herumliegende schmutzige Kleidung verletzt werden.

Auch wenn Elizabeth Toni Spira in Edinburgh keine Antwort darauf fand, wie sie ihre Zukunft beruflich gestalten wollte, so ging sie einer Arbeit nach und verdiente Geld, war für sich selbst und fremde Kinder verantwortlich. Sie fühlte sich gebraucht. Jeden Morgen machte sie Frühstück, meistens Toast und Kaffee, sie erledigte den Abwasch, putzte die Küche, wischte den Boden auf, wusch die Wäsche, bügelte und ging mit den Kindern spazieren. Sie bereitete alles für den Tee vor, nach dem Abendessen hatte sie frei.

Wenn sie untertags Zeit hatte, besuchte sie Museen. Zum Picasso-Druck kamen einige Kunstkataloge. Nach einem Besuch in der National Gallery schrieb sie begeistert über ein weiteres Picasso-Bild aus der blauen Periode, über Gemälde von El Greco, Manet, Cézanne, Van Gogh, Gauguin und Modigliani. Natürlich habe es auch viele alte englische und schottische Werke zu sehen gegeben, „die mich einfach nicht begeistern können“. In einem Englischkurs lernte Toni Spira zudem andere Au-pair-Mädchen kennen, mit denen sie des Öfteren auf Partys ging. Als die Familie sie eines Abends nicht ausgehen lassen wollte, versteckte sie den Stöpsel der Badewanne. „Nun kann nur noch ich baden“, schrieb sie an ihre Familie und spottete weiter über die Lady, in Elizabeth Toni Spiras Augen eine Frau ohne Stil und Geschmack: „Rosa Spitzenkleidchen, blauer Federhut, steifer Petticoat, schwarze Schuhe, rosa Handschuhe und grüne Handtasche“. Dazu das Chaos im Haus. Toni Spira war dazu übergegangen, ihr Zimmer penibel in Ordnung zu halten. „Ich rede mir nämlich ein, wenn irgendetwas herumliegt oder am falschen Platz, erhalte ich am nächsten Tag keine Post.“ Der tägliche Blick in den Briefkasten bestimmte ihr Wohlbefinden. Nachsatz: „Und ehrlich, ich fühle mich viel wohler als in meinem 18-jährigen Sauhaufen. Komisch eigentlich, welche Mittel man verwenden muss, um sich selbst zu überwinden.“

In den Briefen an ihre Familie gab sich Elizabeth Toni Spira witzig, bisweilen zornig und trotzig. Ihrem Tagebuch vertraute sie auch Melancholisches und Verträumtes an. „Dunst liegt über der Landschaft, die mir so fremd ist“, notierte sie gleich zu Beginn ihres Aufenthalts. „Plötzlich ragt aus dem Nebel ein Hügel mit einem Schloss darauf hervor. Mich schaudert. Ist das nicht ein Abbild meines Lebens?“, fragte sich die 18-Jährige. „Düster und undurchdringlich und plötzlich rätselhaft etwas wunderschön

Vergängliches." Sie wisse, sie dürfe nicht wegschauen, weil dann alles verschwinden würde. „Trotzdem sehe ich weg." Danach blieb nur der Nebel als „graue wogende Masse". Am 17. Juni schrieb Spira: „Der Finger krümmt sich gegen den Wind, um ihm Einhalt zu gebieten. Doch er ist lau und feucht und drückt dich zusammen, bis du so klein bist, dass er dich hinwegfegt." Immer wieder hatte sie Liebeskummer. Im Juli paraphrasierte Spira in ihrem Tagebuch Hermann Hesse: „Liebe ist da, um uns zu zeigen, wie stark wir fühlen und leiden können, nicht aber um uns glücklich zu machen."

Mit der Zeit musste die junge Frau bei der Familie immer mehr Arbeit verrichten. „Alle sind derart faul", beklagte sie sich in einem Brief an ihre Eltern. Sie müsse sich ab sieben um die Kinder kümmern und „Tonnen von Wäsche waschen", während ihre Arbeitgeberin einkaufen ging. Mit den kleinen Kindern kam Elizabeth Toni Spira gut zurecht, doch ihre Wut auf die „Lady" wuchs. Sie fühlte sich von ihr gedemütigt. Hierarchische Strukturen war sie von zuhause nicht gewohnt. Eines Tages verlangte die Frau von ihrem Au-pair-Mädchen, Unterwäsche mit der Hand zu waschen. Spira wollte sich das nicht gefallen lassen, wie sie stolz ihrer Familie schrieb. Also vermischte sie die gebrauchten Windeln der Kinder mit der Unterwäsche der Mutter, hielt sich die Nase zu und schrie: „Hier stinkt es, ich kann nicht arbeiten." Die Lady „wird wütend, fängt an zu stottern, ich lächle. Denn schon ist ihre Unterwäsche mit dem Dreck der Windeln verschmiert und das stinkt tatsächlich." Wenige Tage später antwortete Toni Spiras Mutter ihrer Tochter: „Es ist ein Blödsinn, wenn du alles schluckst", pflichtete sie ihr bei. Aber sie solle sich beruhigen. „Mit eisiger Arroganz, charmantem Lächeln, und zehn Schritt vom Leib, aber ohne Wutanfall."

Während die Mutter so oft wie möglich schrieb, tat es der Vater nur selten. „Du wurdest in schottischer Luft gezeugt, empfangen und ausgetragen", formulierte er Ende April, „du hast in schottischer Luft deine ersten Windeln angemacht und deine ersten Schreie (leider nicht die letzten) ausgestoßen – also musst du jetzt im tiefsten Inneren irgendetwas fühlen. Es würde uns alle interessieren, was es ist."

Doch damit konnte Elizabeth Toni Spira nicht dienen. Ihre Reise in ihre Geburtsstadt verschob sie einige Male. Als sie dann von einem zweitägigen Besuch in Glasgow nach Edinburgh zurückkehrte, bemerkte sie nur: „Es hat mir ganz gut gefallen. Aber jetzt bin ich zu faul, um darüber zu schreiben."

Ein Ausflug mit einer dänischen Freundin beeindruckte sie hingegen sehr. Gemeinsam streiften sie durch eine Gartenanlage, Felsen ragten auf,

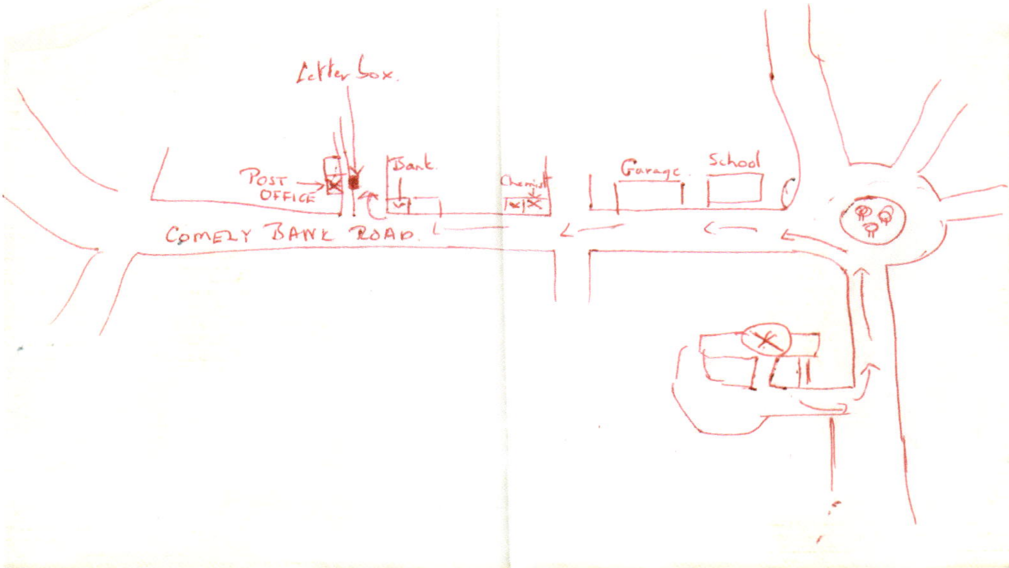

Jeden Tag wartete Elizabeth Toni Spira sehnsüchtig auf Post aus Österreich. Gleichzeitig schrieb sie selbst sehr viele Briefe. Auf dieser Skizze zeichnete sie den Weg zum Briefkasten auf

ein Bach floss an ihnen vorbei. Später, in den Abendstunden, erklommen sie einen Hügel, blickten über die Fabriken von Edinburgh bis zum Meer. Dann fand Toni Spira zwei Schafstotenköpfe, die sie nach Wien mitnehmen wollte, wie sie in ihrem Brief an ihre Mutter notierte. „Es war einer der schönsten Tage meines Lebens. Der Garten und der Hügel, auf dem wir mutterseelenallein herumsprangen und so beeindruckt waren von der eigenartigen Landschaft."

Elizabeth Toni Spira verließ Schottland Ende August. Inzwischen hatte die Fürsorgeschule ihre Bewerbung abgelehnt. „Dein Charakter lässt sich offenbar nicht mit dem einer Fürsorgerin vereinbaren", hänselte ihre Mutter sie nach der Absage. Doch sie machte sich Sorgen. Ihre Tochter würde ohne berufliche Perspektiven nach Wien zurückkommen. Sie schlug ihr vor, sich für einen Maturantenkurs an der Handelsakademie anzumelden, um eine fertige Ausbildung in der Tasche zu haben. Vielleicht könnte sie später bei einer Fluggesellschaft arbeiten?

Elizabeth Toni Spira in den 1960er-Jahren. Ihre Zeit verbrachte sie am liebsten im Kaffeehaus

Doch all die gutgemeinten Vorschläge für ein Leben in Sicherheit fruchteten nicht. Weder die Buchhaltung noch die Stenografie konnten Toni Spiras Interesse wecken. Für Fremdsprachen, die sie gern lernen wollte, fehlte ihr die Begabung, für Dinge, die sie nicht im Innersten begeisterten, die Disziplin.

Im Kaffeehaus

Der Maturantenkurs an der Handelsakademie, den Elizabeth Toni Spira nach ihrer Rückkehr aus Schottland besuchte, erwies sich als verlorenes Jahr. Spira entschied sich wieder für ein Studium, dieses Mal für Germanistik und Psychologie.

Sie zog von zuhause aus und nahm sich mit ihrem damaligen Partner eine gemeinsame Wohnung. Karl Heinz Pfneudl, damals Physikstudent Anfang zwanzig, hatte sie auf einer Party kennengelernt. Er war das Gegenteil von dem, was sich die Spiras für ihre Tochter vorgestellt hätten. Weder jüdisch noch kommunistisch, sondern „infiziert vom Katholizismus und rechten Ideen", formuliert es Pfneudl heute in der Rückschau. Das hinderte die Familie nicht daran, ihn bei sich ein- und ausgehen zu lassen. Pfneudl war dankbar. Statt der Fronleichnamsprozession zu folgen, schloss er sich mit seiner Freundin nun dem Ostermarsch der Friedensbewegung an. Aus einer Liebesbeziehung wurde eine lebenslange Freundschaft.

Ohne es zu ahnen, stieß Spira Pfneudls bizarre spätere Laufbahn an. Während einer der häufigen Besuche im Café Hawelka stellte sie ihren Freund dem späteren Besitzer des legendären Lokals Gutruf, Rudi Wein, vor. Wein, als Kind in einem Konzentrationslager interniert, wurde nach 1945 zum Kommunisten und war Teil des jüdisch-kommunistischen Mikrokosmos in Wien. Man kannte sich, aber man wusste nicht alles voneinander. Wie sich Jahrzehnte später herausstellen sollte, spionierte Wein für das kommunistische Ungarn und die Staatssicherheit der DDR. Pfneudl ließ sich von ihm anwerben. Gemeinsam mit dem Physiker Rudolf Sacher gründete er die von der Stasi finanzierte Firma „Sacher Technik Wien", die als einzige Kunden wiederum nur der Stasi zugehörige Firmen hatte. Mittels eigener Forschungstätigkeit verschafften sie sich unverdächtig Zugang zu westlichen Technologien. Als ihre Tätigkeit aufflog, begann Pfneudl in Moskau Embargo-Geschäfte zu etablieren, mit dem GRU, dem Militärnachrichtendienst der Sowjetunion. Seine Freunde konnten damals nur spekulieren,

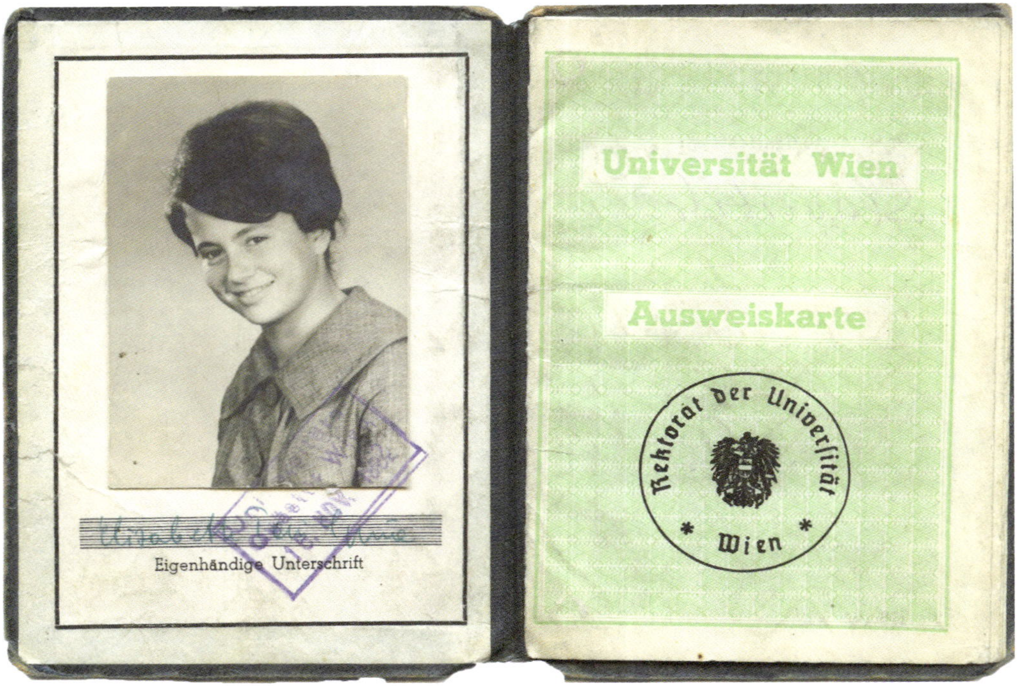

Spira wechselte mehrmals die Studienrichtung. Schließlich promovierte sie in Publizistik

Aus einer kurzen Beziehung wurde eine lebenslange Freundschaft: Elizabeth Toni Spira und Karl Heinz Pfneudl

woher er plötzlich das viele Geld hatte. Ein Agent der CIA kam Pfneudl jedoch auf die Schliche. Schließlich wurde er vor die Wahl gestellt: entweder zwanzig Jahre Haft in einem US-Gefängnis oder Teilnahme am Projekt „Farewell Dossier", einem der größten Coups des Westens im Kalten Krieg gegen den Osten. Pfneudl wählte Letzteres. Heute lebt er zurückgezogen in Wien.

In einem Interview wurde Spira einmal gefragt, ob sie, gerade in der Zeit des Kalten Krieges, Spione gekannt habe. Sie antwortete: „Ich vermute, dass es in meiner Umgebung manche gegeben hat, die ganz gut davon [von der Spionage; Anm.] gelebt haben. Aber ich wollte das nie so genau wissen."[96]

Das Zentrum von Spiras Leben war Anfang der 1960er-Jahre das Kaffeehaus. Die linke Bohème traf sich vor allem im Café Hawelka in der Dorotheergasse im ersten Bezirk. Es waren verrauchte Abende, ab elf Uhr nachts servierte Josefine Hawelka Buchteln. Man saß dichtgedrängt in Grüppchen um die kleinen runden Marmortischchen, an den Fenstern hingen weiße Ziervorhänge. Dazwischen breitete sich ein mächtiger Wald von Zeitungshaltern aus, hinter denen die Gäste versanken. Alle paar Stunden bestellten sie einen kleinen Braunen, der Ober kam zwischendurch nicht noch einmal, um nachzufragen. Dichterinnen beugten sich über ihre Manuskripte, Studenten diskutierten das Marxsche „Kapital", bekannte Schauspielerinnen saßen neben Stammgästen ohne Renommee.

Elizabeth Toni Spira, immer mit Barett auf ihren dunklen Locken und schwarz geschminkten Augen, ging im Hawelka ein und aus. Das angeregte Debattieren im Intellektuellenhort bekam jäh eine andere Dynamik, als die Affäre Borodajkewycz im März 1965 ihren Lauf nahm.

„Da habe ich genug von Österreich"

Taras Borodajkewycz war Professor an der Universität für Welthandel. In seinen Vorlesungen sparte er nicht mit „seinen schönsten Erinnerungen", etwa an die Rede Adolf Hitlers am Heldenplatz. Überzeugter Nationalsozialist war er schon ab März 1934. Auch ließ er die Studenten nicht darüber im Zweifel, welche Verachtung er für den Schöpfer der österreichischen Verfassung Hans Kelsen empfand, der jüdischer Herkunft war. An der Universität für Welthandel erreichte der rechte Ring Freiheitlicher Studenten bei den Wahlen zur Studierendenvertretung fast dreißig Prozent.

Der damalige Student und spätere Finanzminister Ferdinand Lacina begann eine Mitschrift der judenfeindlichen Äußerungen des Professors anzufertigen. Er übergab seine Notizen zuerst an Hannes Androsch, den späteren Finanzminister und damaligen Vorsitzenden des Verbands sozialistischer Studenten VSStÖ. Doch der interessierte sich nicht dafür. Mitschreiben könne man viel. Ob das alles zutreffe, was da stehe?[97] Lacina wandte sich an Heinz Fischer, den späteren Bundespräsidenten, der nach seinem Jus-Studium gerade begonnen hatte, im SPÖ-Parlamentsklub zu arbeiten. Auf der Grundlage der Mitschrift verfasste Fischer einen Artikel in der sozialistischen *Arbeiter-Zeitung*. Er gab jedoch seine Quelle nicht preis, um Lacinas Abschluss an der Universität nicht zu gefährden. Borodajkewycz klagte. Und gewann.

Doch Lacina und Fischer gaben nicht auf. Sie holten Oscar Bronner ins Boot, dessen Vater Gerhard Bronner die ORF-Kabarettsendung „Zeitventil" gestaltete. Dieser inszenierte für seine Sendung am 18. März 1965 ein Interview. In der Maske von Taras Borodajkewycz beantwortete der Schauspieler Kurt Sobotka Fragen eines Reporters exakt nach den Notizen der Mitschrift des Studenten Lacina. „Feigheit, Fahnenflucht und Verrat" seien 1945 zu den größten Tugenden erkoren worden, ereiferte sich der gespielte Borodajkewycz. Die Wiedererstehung Österreichs bezeichnete er „als tiefe Tragik für die Menschen, die hier leben. Sicher nicht als Segen". Es sei eine „Lockerung und schließliche Lösung unserer Verklammerung mit dem Volks- und Reichskörper" gewesen. Der Lehrplan an den österreichischen Universitäten sei nun ein „charakterloser Versuch der Entdeutschung".

Die Sendung verfehlte ihre Wirkung nicht. Bronner wurde ebenfalls geklagt, doch, wie er Jahrzehnte später bemerkte: „Die Verhandlung ging aus wie das Hornberger Schießen." Er habe dem Anwalt gezeigt, was er noch an unveröffentlichtem Material zur Verfügung hatte. „Darauf zog dieser die Klage zurück."[98]

Borodajkewycz selbst jedoch war sich seiner Sache weiterhin sicher. Bei einer Versammlung seiner Hörerschaft, die gleichzeitig zur Pressekonferenz geriet – das Fernsehen übertrug minutenlang – zitierte sich der Professor selbst und zeigte, dass an seiner Gesinnung nicht zu zweifeln war.[99] Selbstzufrieden zurückgelehnt, mit verschränkten Armen und sichtlich gut gelaunt, genoss er die Aufmerksamkeit. Der Hörsaal war bis zum letzten Platz gefüllt, zwischen den Studierenden saßen auch ein paar Journalisten. Als einer fragte, warum der Vorsitzende keine Ordnungsrufe erteilte, wenn jedes Mal bei der Erwähnung des Namens eines Juden oder des Judentums Gelächter ausbräche – brach erneut Gelächter aus. Borodajkewycz erhob sich. Er habe nie geleugnet, Mitglied der NSDAP gewesen zu sein, sagte er. „Ich bin ja freiwillig beigetreten, zum Unterschied zu manchen Zeitgenossen, die dann behaupten, sie sind gezwungen worden." Das Publikum applaudierte und johlte.

In diesem Frühjahr 1965 ging eine Welle der Politisierung durch die österreichische Universitätswelt. Für Elizabeth Toni Spira war es nichts Ungewöhnliches, sich gegen Antisemitismus zu wehren. Nun tat sie es zum ersten Mal mit vielen gemeinsam und auf der Straße.

Am 31. März bewegte sich ein Demonstrationszug aus Studierenden und KZ-Überlebenden durch die Wiener Innenstadt. „Österreichs Studenten dulden keine Antisemiten und Antidemokraten an ihren Hochschulen", stand auf ihren Plakaten, „Bekämpft das braune Gift in den Buchhandlungen", „Wo bleibt der demokratische Geschichtsunterricht?" und „Borodajkewycz, Vergifter der Jugend". Doch auch die Anhänger des Professors waren auf der Straße. „Vivat Academia, Vivant Professores", stand auf ihren Plakaten, „Hoch Taras", schrien sie, „Heil Boro", „Hoch Auschwitz".[100] In Fernsehaufnahmen sieht man Passanten, die sich neugierig umschauen, Polizisten, die versuchen, sich zwischen die gegnerischen Gruppen zu drängen. Doch diese gingen aufeinander los, rissen einander an den Mänteln, stießen einander zu Boden.[101] „Die Straßenszenen erwecken traurige Erinnerungen an die Zeit vor dreißig Jahren", beschrieb es der Kommentator des Beitrags.

Elizabeth Toni Spira war mittendrin. Ehemalige Mitschülerinnen und Mitschüler von ihr befanden sich auf beiden Seiten der Protestierenden. In einen, der nun aufseiten der Borodajkewycz-Unterstützer marschierte, war sie in ihrer Schulzeit verliebt gewesen. Plötzlich stand er ihr gegenüber und brüllte „Juden raus". Das war zu viel für die junge Frau. „Da habe ich nicht nur genug von der Universität, da habe ich genug von Österreich"[102], schrieb sie Jahrzehnte später.

Während der Demonstration kam ein KZ-Überlebender zu Tode, sein Name war Ernst Kirchweger. Ein junger Neonazi, Gunther Kümel, hatte ihm ins Gesicht geschlagen. Mit zertrümmertem Kiefer brach Kirchweger inmitten der Demonstranten zusammen. Zwei Tage später starb der 67-Jährige.

Österreich zeigte zwei Gesichter. Kirchweger bekam ein Staatsbegräbnis. Zehntausende Menschen säumten die Straßen und schlossen sich dem Trauerzug an, der mehr einer Demonstration glich. Das Gericht sah es am Ende des Prozesses gegen Kümel jedoch als erwiesen an, dass Kümel glaubte, in Notwehr gehandelt zu haben. Das Vorstrafenregister des Rechtsextremisten war zwar lang und einschlägig, doch Kümel wurde nur wegen Notwehrüberschreitung zu zehn Monaten schweren Kerkers verurteilt. Im März 1966 schickte die Universität Borodajkewycz in Pension.

Chicago – Cola-Automaten und Katzenfutter

Wieder ging Elizabeth Toni Spira auf Reisen. Sie hatte Geld gespart, und ihre Mutter steckte ihr hin und wieder etwas zu. Mit einer Freundin trampte sie zwei Monate durch Israel. Dort lernte sie einen Israeli, der in Chicago studierte, kennen. Er hieß mit Vornamen Herschele Zwi. Die beiden wurden ein Paar, und Spira beschloss, zu ihrem neuen Partner in die USA zu übersiedeln. Warum sie sich so schnell zu diesem großen Schritt entschieden hatte, ist weder aus Interviews noch aus Briefen ersichtlich. Es war jedoch ihr nächster Versuch, Österreich den Rücken zu kehren.

Am 7. Februar 1966 landete sie in Chicago. Als sie ausstieg, Chaos, Menschen und eine Sprache, die ihr schon in Schottland fremd geblieben war. Sie war müde. „Man fliegt und fliegt, und es bleibt ewig Nacht", schrieb sie im ersten Brief an ihre Eltern.

Und da stand sie jetzt, auf dem damals größten Flughafen der Welt, dem Chicago O'Hare International Airport, und hielt Ausschau nach ihrer neuen Liebe. Als sie Zwi sah, stürmte sie auf ihn zu, die beiden lagen einander in den Armen.

Amerika präsentierte sich der 23-Jährigen als Land der neuen Möglichkeiten und des Wohlstands. Toni Spira und ihr Partner lebten gemeinsam in einem Apartment in der Wabash Avenue, gleich neben der Universität, dem Illinois Institute of Technology. Statt eines Kabinetts mit einem schmalen Bett verfügte Spira nun über eine geräumige Wohnung. Gleich neben dem Eingang befanden sich Schlaf- und Badezimmer, sodann gelangte man in einen großen Wohnraum mit Glasfensterfront mit Vorhang und ein paar Schritte weiter, um die Ecke, in die Küche mit einem Müllschlucker. Es gab Fußbodenheizung und eine Waschmaschine im Keller. Ihren Eltern zuhause schrieb sie: „Wir leben in einem Block für Studenten und Professoren. Daneben gleich ein Slum – etwas gefährlich – alleine kann ich hier nicht spazieren gehen. Ununterbrochen Polizeisirenen – nun ja. Ich bin eben in Chicago." Dennoch fühlte sie sich gut aufgehoben. „Zwis Freunde sind ausgesprochen nett", schrieb sie an ihre Familie. „Alle haben sie aufgeregt auf mich gewartet, es ist wie eine große Familie."

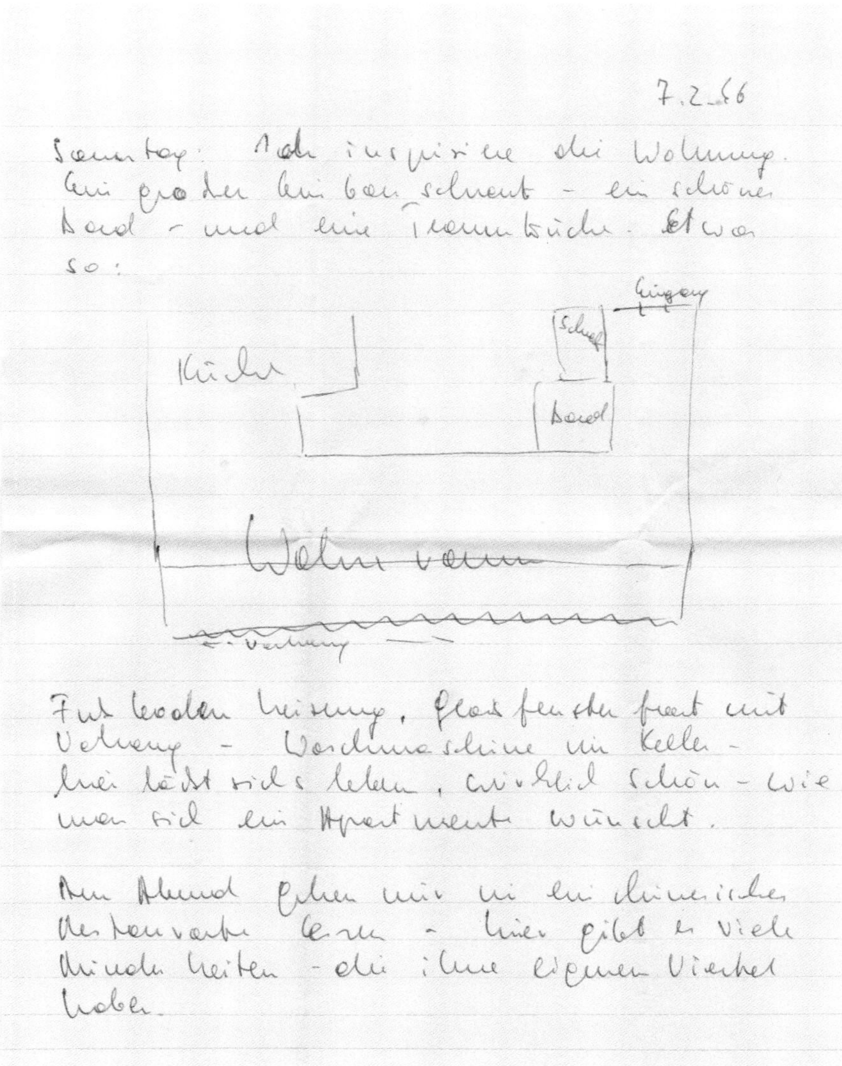

7.2.66

Sonntag: Ich inspiziere die Wohnung. Ein großer Einbauschrank – ein schönes Bad – und eine Traumküche. Etwas so:

Fußbodenheizung, Glasfenster front mit Vorhang – Waschmaschine im Keller – hier lässt sich's leben, wirklich schön – wie man sich ein Apartment wünscht.

Am Abend gehen wir in ein chinesisches Restaurant essen – hier gibt es viele Minderheiten – die ihre eigenen Viertel haben.

Im Februar 1966 zog Elizabeth Toni Spira zu ihrem Partner nach Chicago. Von ihrer gemeinsamen Wohnung war sie begeistert. In einem Brief an ihre Eltern skizzierte sie den Grundriss (Eingang rechts oben, daneben Schlafzimmer und Bad, ein großer Wohnraum, Küche)

Spiras anfängliches Staunen über Chicago wich nach wenigen Monaten großer Ernüchterung

Mit großen Augen ging Toni Spira durch ihre neue Welt. Sie erfreute sich an Cola-Automaten und sah zum ersten Mal einen Supermarkt. „Einmal in der Woche fährt man in ein riesiges Geschäft und kauft Säcke voll", schrieb sie in einem Brief Mitte Februar. „Du bekommst hier alles. Unlängst kaufte ich aus Versehen einige Dosen K – sie waren sehr billig und die Verpackung war wunderschön. Als ich's kochen wollte, stellte sich heraus: Es war Katzenfutter."

Während ihr Partner für seine Prüfungen lernte, ging sie in den Einkaufszentren spazieren – „Gerngroß[103] ist ein Greißler dagegen" – und kaufte allerhand Praktisches für die Wohnung. Zuhause versuchte sie sich ein paar Englischvokabel beizubringen. Obwohl sie nun zum wiederholten Mal im englischsprachigen Ausland lebte, fiel ihr das Sprechen nach wie vor nicht leicht. Doch anders als in Schottland hatte sie keinen Job und auch sonst keine Aufgaben. Manchmal besuchte sie ihre Tanten in Toledo und Cleveland.

In Chicago versuchte sich Elizabeth Toni Spira in jüdischen Traditionen zurechtzufinden, die ihr Partner pflegte, die sie selbst in Wien aber nie kennengelernt hatte. „Ich war auf einer Purim-Party“[104], schrieb sie an ihre Eltern. „Wo ich zum ersten Mal Haman-Taschen[105] aß und nebenbei mir schrecklich arisch vorkam.“ „Gefilte Fish“, die sie zu einem anderen Anlass serviert bekam, fand sie „grässlich. Aber da meine Nachbarn nette koschere Leut’ sind, habe ich sie mit Todesverachtung heruntergeschluckt.“

Nach wenigen Wochen in Chicago fiel ihre erste Bilanz durchwachsen aus. Sie führe ein ruhiges Leben“, schrieb sie an ihre Mutter am 25. Februar 1966. Es sei nicht einfach, mit US-Amerikanern Kontakte zu knüpfen. „Hier lebt jeder für sich allein und interessiert sich kaum für den anderen.“ Sie sei mit Zwi bisher einige Male in guten Jazzlokalen gewesen. „Jeder sitzt auf seinem Platz und schaut nicht einmal auf.“ Um besser Englisch zu lernen, wollte sie sich für einen College-Kurs anmelden. Doch den habe sie sich nicht leisten können, notierte Spira „Also nichts zu machen. Alles kostet furchtbar viel“. Mit ihrem Partner lebe sie jedoch „so wunderbar zusammen“. Chicago sei eine faszinierende Stadt, „mit viel Industrie und engen, schmutzigen Gassen. Daneben prachtvolle Hochhäuser direkt am See.“ Es gebe viel zu sehen, „sehr gute Galerien, Museen, Konzerte, Theater – weitaus mehr als in Wien“.

„Wo ist meine Welt?“

Es waren politisch angespannte Zeiten in den USA. Seit über zehn Jahren tobte der Vietnam-Krieg, immer mehr US-Amerikaner äußerten ihren Unmut darüber, dass die Regierung laufend neue Soldaten in den Krieg schickte. Präsident John F. Kennedy war zweieinhalb Jahre zuvor von einem Attentäter in Dallas erschossen worden. Unter der Führung des Bürgerrechtlers Martin Luther King demonstrierten landesweit seit Jahren immer wieder hunderttausende Menschen gegen die Erniedrigung und Ausgrenzung der Schwarzen. 1966 trat Martin Luther King in Chicago auf. Seinem Namensgeber, dem Reformator Martin Luther, folgend, heftete er bei einer Kundgebung 48 Thesen – nicht an die Kirchen-, sondern an die Rathaustür. Bei einem dieser Märsche war Toni Spira dabei. „Aber irgendwie fühle ich mich fremd. Ich will agieren und nicht zuschauen. Der Rassismus in den USA ist grauslich. Doch wo sind meine Nazis? Wo ist meine Welt? Und wo ist mein Kaffeehaus?"[106], schrieb sie im Rückblick auf diese Zeit Jahrzehnte später.

Spiras anfängliches Staunen über Chicago wich nach wenigen Monaten großer Ernüchterung. Begeistert berichtete sie zu Beginn noch von Zwis jüdischen Freunden, der eine aus China, der zweite aus Russland, der dritte aus Israel. Sie schmiedete Pläne, wollte Hebräisch lernen und ein Literaturstudium beginnen. Doch eigentlich hatte sie Heimweh, schrieb Brief um Brief. Sie bat ihre Mutter, ihr ein Kochbuch aus Wien zu schicken, weil sie die Mehlspeisen so vermisste, und schüttelte immer mehr den Kopf über das Land, in dem sie nun lebte. „Arbeit und Geld ist hier alles, keine lieblichen Zwischentöne", schrieb sie nachhause. „Diese Form des Lebens ist wahrlich zum Auswachsen."

Und dann ging die Beziehung zu ihrem Partner in die Brüche. Hatte sie in den Briefen bisher immer von ihm geschwärmt, so eröffnete sie ihrer Mutter im Juni 1966, dass sie sich von ihm getrennt hatte. Sie hätten sich nicht gestritten, schrieb Elizabeth Toni Spira. „Wir sind sehr gute Freunde und er hat mir sehr viel geholfen." Doch sie seien eben Freunde „und nicht mehr. Zum Heiraten etc. reicht es eben nicht."

Eine Liebe verging, und am Ende blieb der nüchterne Blick auf eine Gesellschaft, in der Elizabeth Toni Spira nichts bewirken konnte. Sie wollte nachhause. Am 30. August 1966 stieg sie ins Flugzeug und kehrte nach Wien zurück.

Die Stadt machte es ihr nicht leicht. Das Heimweh war stark gewesen, aber jetzt kämpfte sie mit der kleinbürgerlichen Enge und dem österreichischen „Nazi-Gen"[107]. Als sie eines Tages stolz in einer in den USA gekauften geblümten engen Hose und einem giftgrünen Oberteil auf die Straße ging, sagte eine Frau an der Straßenbahnhaltestelle zu ihrem Hund: „Schau da die Narrische an. Sowas hätt' ma unterm Hitler vergast, gö?"[108] – „Die hat man auch alle vergast", erwiderte Elizabeth Toni Spira und wandte sich ab.

Schreiben für den Boulevard

Ihren Aufenthalt in Chicago verwertete Elizabeth Toni Spira journalistisch. Außer für die kommunistische Jugendzeitung hatte sie neben dem Studium schon vor ihrer Abreise in die USA für die Zeitung *Express* gearbeitet, unter dem Pseudonym Lore Saphiro. Ihr Großvater Theodor Zerner sollte nicht wissen, dass seine Enkelin für ein Boulevardblatt schrieb.

Sie hatte darüber berichtet, was Frauen tun könnten, damit ihre Männer sie nicht betrögen, über männliche Vorurteile gegenüber weiblicher Intelligenz, aber auch welche Frisuren im Büro angesagt waren. Sie hatte Badehauben-Modelle verglichen, viele Filmkritiken geschrieben und Interviews mit berühmten Schauspielern wie Fritz Muliar geführt.

Über Chicago veröffentlichte sie nun eine ganze Serie: „Lore Saphiro war für *Express* im Mittelwesten der USA: ‚Diese Frauen leben schon im 21. Jahrhundert', sagt sie." Der Teaser wurde den Reportagen kaum gerecht. Denn es ging weniger um ein bewunderndes Aufschauen zu einer Gesellschaft, die schon viel moderner war als die, in der man selbst lebte, sondern um ein vorsichtiges Abtasten, Erzählen von Missverständnissen und Skurrilitäten – auch die Katzenfuttergeschichte war dabei. Spira berichtete über den Räumungsverkauf in einem großen Einkaufszentrum („Unter aufgeregtem Geschrei und Gezanke stürmen die Frauen das Geschäft. Ein Kampf auf Leben und Tod. Ellenbogen stoßen mich zur Seite. Füße treten gegen mein Schienbein. Eine Faust gräbt sich in meinen Magen. Noch ehe ich das Tor erreiche, bin ich k.o. geschlagen") oder über das Paradox einer sexualisierten Öffentlichkeit („Auf jeder Autoreklame ist mehr Busen als Auto zu erkennen"), die auf eine prüde, junge Generation trifft („Wer knutscht, heiratet").

Als der Chefredakteur eines Tages dringend eine Titelgeschichte brauchte, erfand Elizabeth Toni Spira eine grässliche Begebenheit: „Mann band 14 Hunde hinters Auto und gab Vollgas." Die Aufregung war groß. „Die Tierschützer wollten wissen, wer das war, und ich habe geantwortet, dass ich es nicht sagen darf." Elizabeth Toni Spira blieb der Redaktion eine Woche fern. „Es ist niemand draufgekommen, dass der Artikel erfunden war. Bei Boulevardzeitungen ist das auch egal. Hauptsache, die Geschichte ist schräg."

Ein weiteres Mal wechselte sie die Studienrichtung. Nach Germanistik und Psychologie fiel ihre Wahl diesmal auf Publizistik. Und wieder traf sie auf antisemitische Lehrende. Eine Professorin wollte ihr verbieten,

Eine Wienerin trifft auf Chikagos junge Mädchen

Lore Saphiro war für EXPRESS im Mittelwesten der USA „Diese Frauen leben schon im 21. Jahrhundert", sagt sie

Die Sonne denkt noch nicht daran, aufzugehen und der Himmel ist dunkel verschlafen. Es ist fünf Uhr früh. Bettzeit für ermattete Nachtvögel. Dem Stadtzentrum strömen jedoch tausende Frauen zu, die sich vor den Eingängen der Warenhäuser geduldig und schweigend in Schlangen anstellen. Denn heute morgen wird der Sommerräumungsverkauf beginnen. Von riesigen Plakaten künden traumhaft niedrige Preise.

Neugierig geworden, bin ich mit Freundinnen hierher gefahren. Bald bin ich eingekeilt in eine immer stärker drängende Menschenmenge. Die Spannung wächst.

Punkt acht Uhr: die Tore der Department Stores öffnen sich. Unter aufgeregtem Geschrei und Gezanke stürmen die Frauen das Geschäft. Ein Kampf auf Leben und Tod. Ellenbogen stoßen mich zur Seite. Füße treten gegen mein Schienbein. Eine Faust gräbt sich in meinen Magen. Noch ehe ich das Tor erreiche, bin ich k. o. geschlagen.

Doch ein Zurück gibt es nicht mehr. Ich werde mitgerissen von der Meute. Hungrigen Hyänen gleich, umkreisen sie lauernd die Kleiderständer, hoffend, etwas zu ergattern. Ich werde gegen ein Verkaufspult geschleudert, Frauenhände wühlen gierig in Bergen von Handtüchern. Auf die Hälfte des üblichen Verkaufspreises reduziert, verkündet eine Tafel über dem Pult. Eine Frau zieht endlich ein Handtuch an sich heran. Doch nicht lange erfreut sie sich ihres Glücks. Fünf Händepaare greifen danach und zerren in verschiedene Richtungen. Bis endlich jede von ihnen ein ausgefranstes Handtuchteilchen in der Hand hat.

Mehrmals im Jahr gibt es Räumungsverkauf: nach Weihnachten, zum Frühlingsbeginn und Ende des Sommers. Und während dieser Zeit gleichen die Department Stores in Amerika einem Belagerungszustand. Die übrige Zeit kann man jedoch recht gemütlich und friedlich durch die enorm großen Verkaufshallen spazieren. Diese Department Stores sind so groß, daß es oft Tage braucht, um alles gesehen zu haben. Rolltreppen und Aufzüge führen einen von einem Stockwerk ins andere — manche Department Stores haben über dreißig Etagen.

Hier kauft die Durchschnittsamerikanerin ihre Garderobe. Und was uns besonders interessant erscheint: Die Konfektionskleider sind oft sehr billig. Für fünfzig Schilling kann man schon ein hübsches Baumwollkleid erstehen.

Doch wie so vieles in Amerika

OPPIGE MAHLZEITEN verderben die Linie. Die Amerikanerin achtet auf ihren täglichen Kalorienhaus

einen Haken: denn es wird nichts geschenkt, und was billig ist, ist eben billig. Die Ausfertigung der Konfektion ist oft sehr mangelhaft, und nach mehrmaligem Tragen ist ein solches Kleid reif zum Wegwerfen. Auffallend ist auch die ungeheure Auswahl. Doch: es gibt bestimmte Abteilungen, wo auf Dutzenden Stangen die gleichen Modelle hängen. Und die Amerikanerin kauft, was modern und von anderen getragen wird. So begegnet man auf der Straße Hunderten von Frauen im gleichen Karo oder Streif, was eine Europäerin in Höllenangst versetzen würde.

Übrigens werden nicht nur Kleider von der Stange gekauft, sondern auch Perücken. Für tausend Schilling schon kann man eine falsche Haarpracht erstehen. In wenigen Minuten ist man in ein blondes Mädchen, in eine schwarze exotische Schönheit und in eine rote Hexe verwandelt. Die Amerikanerin ist vernarrt in Perücken, um so mehr als der Friseur unverhältnismäßig teuer ist. Waschen, Legen und Schneiden kosten oft mehr als fünfhundert Schilling. Dieses Geld will sie sich ersparen. Wenn sie sich ihr Haar selbst. Chikago ist die Stadt der tausend Lockenwickler. Denn um für den Abend schön zu sein, läuft die Amerikanerin ungeniert den ganzen Tag mit Lockenwicklern umher. Für den Strand gibt es eine ganz besondere Spezialität: Um auch dem Mann zu gefallen, trägt man zum Bikini goldene und silberne Lockenwickler.

Schlaraffenland

Wovon man hier träumt, ist in Amerika Wirklichkeit geworden. Der Einkauf ohne Geld. Jedes Geschäft (auch Tankstellen, Hotels oder Restaurants) stellt Kreditkarten aus.

Das Einkaufen auf Kredit ist bei den Amerikanerinnen äußerst beliebt. Man geht in ein Geschäft, zeigt seine Karte und kann kaufen, was das Herz begehrt. So lebt man monatelang, ohne etwas zu bezahlen. Doch, wie immer, das dicke Ende kommt danach. Denn plötzlich schneien ins Haus fünfstellige Rechnungen, die dann natürlich bezahlt werden müssen. Oft hörte ich eine Amerikanerin tief aufseufzen. Sie hätte keine Selbstkontrolle, wenn

Vor und nach ihrem Aufenthalt in Chicago arbeitete Spira unter dem Pseudonym Lore Saphiro für die österreichische Boulevardzeitung Express

ein Referat über antijüdische Flugblätter zu halten, ein Professor sagte, die Presse vor dem Zweiten Weltkrieg sei total „verjudet" gewesen.[109] Toni Spira wehrte sich und hielt durch. 1972 sollte sie promovieren.

Das Jahr 1968

1968 war für Spira eine doppelte Befreiung. Wie schon bei den Demonstrationen gegen Borodajkewycz fühlte sie sich nun nicht mehr allein mit ihrer Kritik an einer Gesellschaft, die zwar den Nationalsozialismus hinter sich gelassen hatte, aber vielen seiner Ideen noch immer verhaftet war. Alte Krusten lösten sich.

Dass die Aufbruchsstimmung bei vielen jungen Menschen mit den nächsten Dogmen einherging, belustigte Elizabeth Toni Spira. „Maoisten, Trotzkisten, Anarchisten, Spontanisten, Kommunarden und alle haben wieder einmal die Weisheit mit dem Löffel gefressen. Das kenne ich schon – das ist nicht meine Sache."[110] Ihr einziges Zugeständnis an die Zeit war, dass sie wie viele andere in eine Wohngemeinschaft zog: „Masched, unser Medizinstudent aus Syrien, verteilt zeitig am Morgen Flugblätter und fordert mit Vehemenz mein Auto für die revolutionäre Frühschicht. Ich habe aber mein Besitzdenken noch nicht abgelegt und verborge mein Vehikel nicht, weil ich damit zur Arbeiterkammer fahre, wo ich einen Studentenjob habe. Liesl, Publizistikstudentin, hält es mit den Spontis und bumst den ganzen lieben Tag. Dann lebt noch eine Slawistikstudentin mit uns, die plötzlich ihr Heil bei den Chinesen findet."

Nach ihrer Rückkehr fand die junge Journalistin einen neuen Partner. Ein wohl letztes Mal dachte sie ernsthaft darüber nach, Österreich doch noch zu verlassen. Daniel Teferra, Student der Staatswissenschaft, stammte aus Äthiopien. Schon mit 14 war er nach Österreich gekommen, um eine gute Ausbildung zu erhalten. Spira hatte Teferra vor ihrer Abreise in die USA im Café Hawelka kennengelernt. Nach ihrer Rückkehr verliebten sie sich ineinander. „Es war eine harmonische und innige Beziehung", erinnert sich Daniel Teferra, der heute wieder in Äthiopien lebt. Elizabeth Toni Spira und er hörten gemeinsam Chopin, gingen auf Jazzkonzerte, besuchten Performances der Wiener Aktionisten, philosophierten und diskutierten über Politik.

Teferra wollte nach Äthiopien zurückkehren, um dort politisch tätig zu werden, wenn die Monarchie gestürzt und der Sozialismus aufgebaut

Große Liebe, aber Trennung aus Vernunft: Elizabeth Toni Spira und Daniel Teferra

In den 1960ern versuchte Spira bisweilen sich die Haare zu glätten

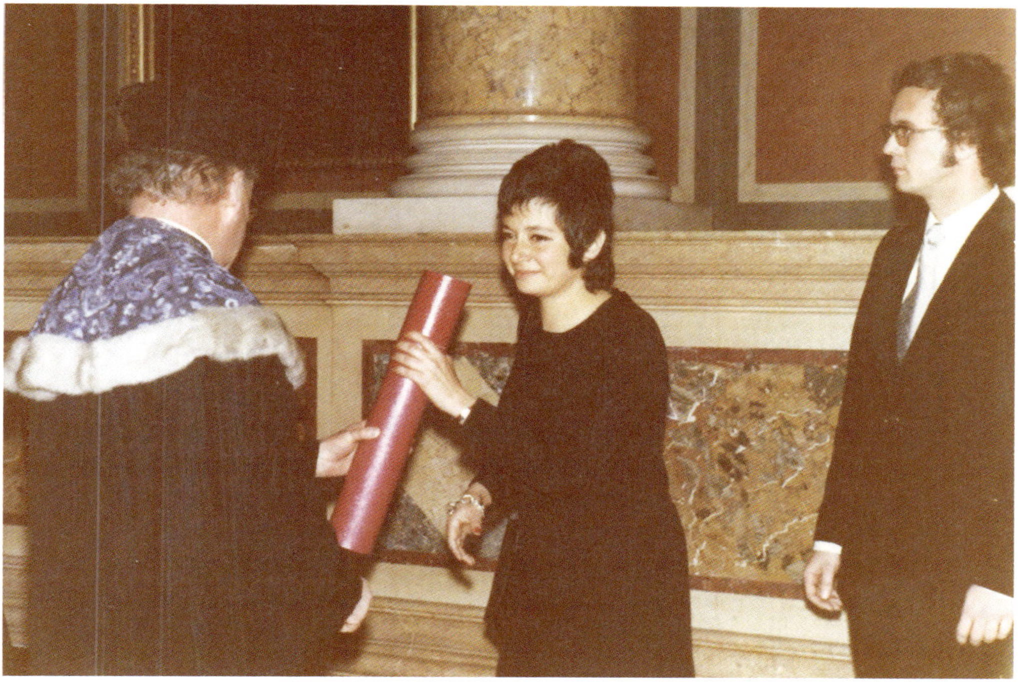

Im Jahr 1972 promovierte Elizabeth Toni Spira an der Universität Wien

würde. Spira wusste, dass sie in Äthiopien vor demselben Problem wie in den USA stehen würde. Sie würde Konflikte, die nicht die ihren waren, vom Spielfeldrand aus beobachten. Sie wollte sich mit Österreich beschäftigen. Zu verstehen, warum die österreichische Gesellschaft ihre Familie vertrieben hatte, und diesem Land einen Spiegel vorzuhalten war ihr wichtiger als ihre Beziehung.

1970 trennten sich Elizabeth Toni Spira und Daniel Teferra. Es war ein Abschied aus Vernunft. Sie wollte nicht weg, und er wollte nicht bleiben. Beide entschieden sich für ihren jeweiligen Beruf.

Nach ihrer Promotion im Jahr 1972 wurde Spira am 1. Jänner 1973 Redakteurin beim neu gegründeten Nachrichtenmagazin *Profil*. Damals arbeitete dort auch die spätere Wiener Kulturstadträtin Ursula Pasterk. Sie, Spira und zwei weitere Redakteurinnen wurden „die vier Hexen“ genannt, erzählt

Pasterk. „Es hat uns nicht gestört. Es war ein Ehrentitel." Auch Spira erinnerte sich in einer Notiz an diese Bezeichnung. „Das war nicht bloß Bosheit. Da war auch viel Angst dabei vor den cleveren, kritischeren Frauen", schrieb sie. Sie sei deshalb nie böse gewesen, „weil sich solche Erlebnisse immer wieder einstellten. Eher stolz und ein bissl verwirrt."

Spira vertiefte sich in Themen, die politisch relevant waren und ihre Biografie betrafen. Eine ihrer großen Geschichten, an der sie mit Kolleginnen und Kollegen arbeitete, trug den Titel „Zahnloses Unglück" und handelte vom Zustand der KPÖ. Es war das Jahr 1973, der Vorsitzende Franz Muhri hatte die Genossen wieder stramm auf Moskauer Kurs gebracht, und Spiras Vater war aus der Partei ausgeschlossen worden. Der Artikel war in seiner Sachlichkeit auch eine Abrechnung. Es zeigte sich schon hier, dass Spira Herzblut brauchte, um zur Hochform aufzulaufen. Dass sie sich einlassen musste auf ein Milieu und seine Geschichten und dass alles, was sie in ihrem Leben an journalistischen Produkten hervorbringen würde, immer etwas mit ihr selbst zu tun hatte.

Als das linksliberale Magazin an den konservativen *Kurier* verkauft wurde, verließ Spira mit einigen anderen Mitarbeiterinnen und Mitarbeitern die Redaktion. Die mittlerweile dreißigjährige Journalistin bewarb sich bei einem neuen politischen ORF-Magazin, „teleobjektiv".

Das ORF-Magazin „teleobjektiv" – Von den Schattentälern in den Sonnenlandschaften

Als Elizabeth Toni Spira das erste Mal vor dem neuen ORF-Zentrum am Küniglberg stand, war das Gebäude noch nicht fertiggestellt. 1968 war mit seiner Errichtung begonnen worden. Mittlerweile, zu Beginn des Jahres 1974, war der mächtige siebenstöckige Komplex teilweise in Betrieb. Spira war auf dem Weg zu ihrem Vorstellungsgespräch. Sie hatte den Leiter des neuen politischen ORF-Magazins „teleobjektiv", Claus Gatterer, angerufen und behauptet: „Ich glaube, Sie können mich brauchen."[111] Gatterer hatte sie eingeladen.

Auf einer Treppe sah Spira zwei Männer stehen. Einer war groß, der andere klein. „Ich suche Claus Gatterer", sagte sie. „Und wer sind Sie?", fragte der kleine, sehr schmale Mann freundlich mit Südtiroler Akzent zurück. „Das geht Sie eigentlich nichts an, aber ich bin die Toni Spira." Er betrachtete sie von oben bis unten und erwiderte: „Und ich bin der Claus Gatterer. Ich dachte, Sie sind Ihrer Stimme nach viel größer."[112]

Die Begegnung mit Gatterer gab Spiras Leben eine entscheidende Wendung. Sie lernte von ihm in den zehn Jahren ihrer Zusammenarbeit nicht nur, wie man Fernsehen macht, sondern wie man alles immer wieder hinterfragt, sauber recherchiert, Thesen formuliert und so lange überprüft, bis man sich seiner Sache wirklich sicher ist. Sie lernte, an ihrer Sprache zu feilen und an sich selbst zu zweifeln, den Schwachen zuzuhören und bei den Mächtigen hinter die Fassaden zu blicken.

Der Lehrer Gatterer und seine Schülerin Spira schienen grundverschieden. Aber nur auf den ersten Blick. Er ein Bauernsohn, katholisch und aus einem kleinen Südtiroler Bergdorf, sie jüdisch, durch ihre Eltern kommunistisch geprägt und aus der Stadt. Und dennoch gab es gewisse Gemeinsamkeiten in ihren Biografien. Das Schicksal beider Familien entschied sich mit der Machtergreifung Adolf Hitlers. Die Spiras mussten ihre Heimat verlassen, weil sie mit dem Tod bedroht waren, die Gatterers wiederum weigerten sich, als deutschsprachige Südtiroler „ins Reich" zu übersiedeln, und wurden als „Dableiber" geächtet. Elizabeth Toni Spiras Geburt im Exil prägte ihr gesamtes Leben, der Ausschluss seiner Familie aus der Gesellschaft ließ Gatterer nie wieder los. Dennoch setzt er sich für eine Versöhnung zwischen italienischsprachigen und deutschsprachigen Südtirolern ein. Spira und Gatterer haderten beide mit dem Begriff Heimat. Und beide entwickelten sie aufgrund ihrer eigenen Erfahrungen eine Sensibilität für Minderheiten. Berichte, etwa über Roma und Sinti oder die Kärntner Slowenen, waren wichtige Bausteine des Magazins „teleobjektiv".

„Tatsachen sind niemals ausgewogen" war Gatterers Leitspruch, der auch in seinem Büro hing. Wem „teleobjektiv" unbequem war, dem lieferte er damit Munition. Und Kritiker sollte es in den zehn Jahren, in denen das Magazin existierte, viele geben. Es handle sich um eine linke Propagandasendung, lautete der Tenor. Gatterer habe „linke Jungpriester" um sich versammelt, sagte Generalintendant Gerd Bacher in einem Interview.[113]

Bacher meinte damit neben Elizabeth Toni Spira etwa Kurt Langbein, Spiras Cousin, der 1978 zu Gatterers Team stieß. Er hatte Soziologie studiert und war bei der Arena-Besetzung aktiv gewesen. Der Historiker Peter Huemer, der auch für „teleobjektiv" gearbeitet hatte und damals der Sozialdemokratie zuneigte, leitete ab 1976 die legendäre Debattensendung „Club 2". In den ersten Jahren war auch noch Robert Dornhelm Teil des Teams, der danach als Regisseur in Hollywood Karriere machen sollte. „Gatterer war ein belesener, charmanter und kultivierter Herr", beschreibt Dornhelm seinen früheren Chef. „Er war sprachlich stark, konnte sehr gut formulieren und war ein Historiker. Der ließ sich nicht so leicht abfertigen."

Gleich in der ersten Ausgabe von „teleobjektiv", am 14. März 1974, formulierte Gatterer, woran er sich die kommenden zehn Jahre halten würde. „Das Fernsehen verlöre seinen Sinn, wenn es von Ängstlichen für Ängstliche gemacht würde." Und Fernsehen dürfe nicht von Mächtigen für Mächtige gemacht werden.

Nicht die politische Elite sollte bei „teleobjektiv" im Vordergrund stehen, nicht die Konzernchefs, sondern die Menschen, die von deren Entscheidungen betroffen waren. Man wollte hinter die Kulissen von Institutionen schauen, die als unantastbar galten, wie die Polizei, die Justiz, Psychiatrien oder die Kirche. Experimente von Pharmafirmen an Menschen und die Misshandlung von Patienten in Psychiatrien waren ebenso Thema wie das Gleichstellungsgesetz, das die Diskriminierung von Frauen am Arbeitsplatz beenden sollte, oder die Angst vieler Menschen vor Arbeitslosigkeit.

Als „teleobjektiv" im März 1974 seine Arbeit aufnahm, befand sich die Welt in der Krise. Ägypten und Syrien hatten im Oktober 1973 Israel angriffen. Die arabischen Länder verhängten einen Ölboykott gegen den Westen. Der Erdölpreis stieg um siebzig Prozent. Nach einem dreißigjährigen beispiellosen Wirtschaftsaufschwung stürzte die Welt in eine Rezession. In Italien, Großbritannien und Frankreich streikten Arbeiter in den Fabriken. In Österreich jedoch herrschte Windstille.

Elizabeth Toni Spira nahm diese unerklärliche Ruhe zum Anlass für ihren ersten „teleobjektiv“-Beitrag, der am 28. März 1974 ausgestrahlt wurde. Sie befragte Beschäftigte in den Firmen, Betriebsräte, Gewerkschaftsfunktionäre und eine Direktorin. „Heißes Eisen – Unruhe in Betrieben“ geriet zu einem Stimmungsbild. Wie ging es den Arbeiterinnen und Arbeitern in der Krise, was tat die Regierung, was die Gewerkschaft? Spiras These war provokant: „Der österreichische Arbeiter ist nicht revolutionär, sondern resolutionär.“ Während sich in anderen Teilen Europas die Arbeiterschaft wehrte, verließ man sich in Österreich auf die Sozialpartnerschaft.

Der Beitrag beginnt in einem Wiener Metallbetrieb. Spira hat im Büro der Direktorin Platz genommen. „Dank unserer funktionstüchtigen Sozialpartnerschaft sind wir hier wirklich eine Oase des Friedens“, sagt die Chefin. Neben ihr sitzt ein älterer Arbeiter im Blaumann, vielleicht ein Betriebsrat, schweigend und vornübergebeugt in einem Fauteuil, eine Zigarette zwischen den Fingern. Im Erdgeschoß oder Keller des Betriebs interviewt Spira sodann den Arbeiter und kommunistischen Gewerkschaftsfunktionär Johann Slawik. „Ist die Unruhe so stark, dass es zu Streiks kommen kann?“, fragt sie ihn. Die Unruhe beginne erst, antwortet dieser.

In einem Gasthaus versammelt Spira Mitglieder des Betriebsrats und Arbeiter rund um einen Tisch. „Bei jeder anderen Regierung hätte man schon längst gestreikt“, sagt einer. Ein anderer bemerkt: „Ich dachte, wir haben eine gewerkschaftsfreundliche Regierung. Aber ich bin zum Schluss gekommen, dass wir eine regierungsfreundliche Gewerkschaft haben.“ Eine Frau meint abschließend, sie könne sich durchaus vorstellen, dass es bei einer weiteren Teuerung zum Äußersten komme.

Das Sendungskonzept „Die da oben gegen die da unten“ erwies sich für Spira nicht nur für diesen Beitrag als brauchbar, sie verwendete es immer wieder. Ob es nun darum ging, wer sich einen Urlaub leisten konnte oder warum Frauen weniger verdienten als ihre Kollegen. Es war plakativ, aber im Zeitgeist. Und zudem wirkungsvoll.

Das Team um Claus Gatterer profitierte von der Aufbruchsstimmung der 1970er-Jahre und gestaltete sie gleichzeitig mit. Der Sozialdemokrat Bruno Kreisky war seit 1970 Bundeskanzler, gesellschaftliche Tabus wurden auf-

Claus Gatterer (Mitte) verantwortete im ORF von 1974 bis 1984 das Politik-Magazin „teleobjektiv“. Elizabeth Toni Spira und Kurt Langbein waren jahrelang seine engsten Mitarbeiter

gebrochen, wie etwa in der Familien- und Strafrechtsreform. Homosexualität wurde entkriminalisiert und der Strafvollzug liberalisiert. Der Mann galt nicht mehr als Oberhaupt der Familie, und die Ehe sollte auf Partnerschaftlichkeit beruhen. „Die Gesellschaft hat durchgeatmet“, sagte Elizabeth Toni Spira in einem Interview.[114] „In so einer Zeit war es toll, politischen Magazinjournalismus zu machen. Wir waren die Ersten, die zu den Arbeitern in die Fabriken gegangen sind, die wissen wollten, wie die einfachen Leute leben. Das war ein großes Thema für Gatterer.“ Und man hatte Zeit. „Ich habe oft drei oder vier Wochen an einem zwanzig- bis 25-minütigen Beitrag gearbeitet“, erinnerte sich Spira.[115] „Wir waren die Enfants terribles des ORF“, ergänzt Dornhelm. „Am Anfang gab es fast bei jeder Sendung Beschimpfungen, Verrisse sowie kleinere und größere Skandale.“

Kamen Spira, Dornhelm, Huemer und in späteren Jahren Langbein von ihren Drehs zurück, gingen sie direkt in Gatterers Büro. Eingehüllt von Zigarettenrauch besprachen sie Punkt für Punkt. Die Ausgangsfragen, die Thesen, die Rechercheschritte, die Bilder. Wenn dann die Texte zu den Beiträgen vorlagen, war Gatterer besonders genau. Der Chef, der keinen Wert auf Hierarchien legte, bestand auf exakte, schnörkellose Formulierungen. Er war freundlich, aber auch erbarmungslos. Er ließ mit sich streiten, setzte am Ende aber meist seinen Willen durch.

Wie das Medium Film funktionierte, lernte Spira von Dornhelm, der an der Filmakademie studiert und schon einige Jahre als Regisseur und Cutter gearbeitet hatte. Dornhelm war mit seiner Schülerin zufrieden: „Sie hat alles schnell begriffen und auf Drehs bald keine Hilfe mehr gebraucht.“ Auch die Abende verbrachten sie oft gemeinsam bei Rotwein, Zigaretten rauchend und Würfelpoker spielend.

Nur zwei Wochen nach „Heißes Eisen“ widmeten sich Dornhelm und Spira einem von Gatterers Herzensthemen, der Situation der Kärntner Slowenen. Die beiden fuhren in der Karwoche nach Klagenfurt. Der „Ortstafelsturm“ lag zwei Jahre zurück, beruhigt hatte sich die Lage im südlichsten Bundesland Österreichs nicht. Im Gegenteil. Hans Sima, jener Landeshauptmann, der bestrebt gewesen war, den Staatsvertrag umzusetzen und die slowenisch-deutschen Ortstafeln zu montieren, hatte kurz zuvor zurücktreten müssen.

In Klagenfurt stellt sich Spira auf die Straße und fragt einen älteren Herrn: „Was halten Sie von zweisprachigen Ortstafeln?“ – „Die brauchen wir nicht“, lautet die Antwort. Man sei hier in Österreich. Während Spira mit ihm spricht, kommen immer mehr Menschen hinzu. Wer stelle denn in Jugoslawien zweisprachige Ortstafeln für die deutsche Minderheit auf? Und wo seien all die Opfer der Kommunisten, über die man keine Auskunft bekomme, fragt ein alter Mann aufgebracht. „Unsere Leute sind vergast worden“, erwidert ein anderer Mann, ein Kärntner Slowene. Daraufhin zeigt eine Frau auf ihn und sagt, man wisse doch, wer er sei. Und ihr Vater habe schließlich für Kärnten gekämpft. Der Angegriffene versucht zu beruhigen. Auch sein Vater habe für Kärnten gekämpft, und außerdem bedrohe doch niemand die Grenzen. Nur Spiras buntes Kopftuch sticht aus der Menge hervor, ihre Stimme ist ruhig, ihre Bewegungen sind schnell, aber kontrolliert. „Warum werden in Jugoslawien keine deutschen Ortstafeln aufgestellt, wenn es euch hier nicht gefällt, geht nach Slowenien“, fährt ein Deutsch-

Im Beitrag „Die Last der Grenze" (25. April 1974) ging es um die Nachwirkungen des „Ortstafelsturms" in Kärnten. Dafür interviewte Spira Landeshauptmann Leopold Wagner (SPÖ)

kärntner den Slowenen an. Immer enger wird es um Spira, immer mehr Gebrüll erreicht ihr Mikrofon.

Als das Fernsehteam ein Plakat des deutschnationalen Kärntner Heimatdiensts in Klagenfurt filmen wollte, griff die Polizei ein und behinderte Spira und Dornhelm bei der Arbeit. Die beiden fassten als Ergebnis der Schikane eine Strafe wegen Falschparkens aus. Auf Unterstützung von den Kollegen aus dem Kärntner Landesstudio konnten sie nicht zählen. „Kärnten giftet mich wahnsinnig"[116], notierte Gatterer in sein Tagebuch. „Kärnten will offensichtlich nicht zu Österreich gehören; will die anderen Österreicher nicht in die Töpfe seiner braunen und noch-braunen Giftküche schauen lassen."

Während Gatterer die ständige Kritik an „teleobjektiv" als belastend empfand, liebte Elizabeth Toni Spira die Provokation. Je stärker sie attackiert wurde, desto mehr Antrieb verspürte sie für ihre Arbeit. Im Unterschied zu Claus Gatterer. „teleobjektiv" war für ihn eine Möglichkeit, Ungerechtigkeiten aufzudecken und die Welt ein Stück besser zu machen. „Er war derjenige, der die kleinen Leute, die Armen, die Ausgestoßenen wirklich liebte, während wir sie oft benutzten, um unsere gesellschaftlichen Thesen zu beweisen." Man habe oft Wahrheit mit Agitation vertauscht, bemerkte Spira viele Jahre später selbstkritisch.[117]

Die Fristenlösung

Oft brauchte Gatterer lange, um zu einer Entscheidung zu gelangen. Doch dann war an ihr nicht mehr zu rütteln. Zum Beispiel als es darum ging, einen Beitrag über die Fristenlösung zu bringen.

Anfang des Jahres 1974 beschloss die SPÖ mit ihrer absoluten Mehrheit, den Schwangerschaftsabbruch innerhalb der ersten drei Monate straffrei zu stellen. Ein Jahr später trat das Gesetz in Kraft.

Nun ging es um ein Herzensanliegen von Elizabeth Toni Spira. Dass Frauen in allen Belangen ihre Entscheidungen selbst trafen, war für sie schon immer etwas Selbstverständliches gewesen. Jemandem die Hoheit über den eigenen Körper zu verwehren, erschien ihr inakzeptabel.

Gatterer zögerte. Seine katholische Prägung hatte er nie versteckt, zudem ahnte er den Skandal, den ein kirchenkritischer Beitrag auslösen würde. Und das war es, was Spira im Sinn hatte. Der Verein Aktion Leben startete mit Unterstützung der Kirche ein Volksbegehren gegen die Fristenlösung. Bis heute ist es das vierterfolgreichste Volksbegehren der Zweiten Republik. Knapp 18 Prozent aller Stimmberechtigten unterschrieben gegen die Einführung des neuen Gesetzes.

„Plötzlich hat er sich entschieden, mich zuhause angerufen und gefragt: ‚Spira, wollen Sie das machen?'", erzählte Elizabeth Toni Spira in einem Interview[118]. „Und ich habe die Geschichte gemacht, die ziemlich deftig war." Gemeinsam mit Dornhelm näherte sie sich der heiklen Materie. Als der Film abgedreht war und geschnitten werden sollte, blieb Gatterer dem Schneideraum fern. Normalerweise konnte ihn nichts davon abhalten, seinen Mitarbeiterinnen und Mitarbeitern über die Schulter zu blicken. „Seien Sie nicht zu radikal", warnte er seine Redakteurin. „Ich habe gemerkt, wie nervös er war", erinnerte sich Spira. „Er begann, an meinem Text herumzuoperieren. Ich war beleidigt, habe mich am Häusl eingesperrt, hab' geheult und getobt."[119] Der Beitrag wurde gesendet. „Es war ein furchtbarer Skandal."

Der Film beginnt im Tiroler Paznauntal. Der Friedhof des Dorfes See ist schneebedeckt. In der Kirche steht der Priester auf der Kanzel und predigt zu den Menschen, die dichtgedrängt in den Bänken sitzen. „Wenn eine Frau so weit kommt, dass ihr ihr eigenes Kind im Weg ist, weil sie sexuelle Freiheit wünscht, dann ist nicht nur das kommende Kind in Not, da ist diese Frau in Not", sagt er eindringlich, die Augen gen Himmel gerichtet. „Weil diese Frauen auch nicht mehr sehen, in welchem Schmutz sie eigentlich stecken. Töten, ein unschuldiges Leben, das ist doch wirklich etwas Schmutziges." Schnitt. Eine junge Frau erklärt in einem Interview mit Spira, dass sie einen Schwangerschaftsabbruch wünsche. Aus vielen Gründen. Und sie würde auch abtreiben, wenn es gesetzlich noch nicht erlaubt wäre.

Spira und Dornhelm zielten von Anfang an auf die Doppelmoral ab. Nach Schätzungen wurden in Österreich zwischen 1945 und 1974, also bis zur Einführung der Fristenlösung, jährlich 100.000 bis 300.000 Abtreibungen durchgeführt. „Die meisten davon im Verborgenen, ein unbekannter Prozentsatz auch von Ärzten."[120] Heute sind es 30.000 bis 35.000.

Unmittelbar nach Einführung der Fristenlösung sprach sich fast die gesamte Ärzteschaft gegen ein Recht auf Schwangerschaftsabbruch aus. Zudem zeigte Spira, dass viele Abtreibungsgegner Vergleiche mit dem Holocaust zogen. In ihren Interviews sezierte sie deren Aussagen und bohrte so lange nach, bis sie es auf Band hatte: dass die Ärzte und die katholische Kirche im Grunde die Abtreibung von Föten für mindestens so schlimm hielten wie die Vernichtung der Juden im Nationalsozialismus. Der Priester von See, Otto Bayer, formulierte in seiner Predigt: „Der Unterschied zwischen Himmler und den Fristenlösern ist auch der, dass man die Tötung der Geisteskranken und Juden streng geheim hielt, während man heute von den Ärzten in aller Öffentlichkeit fordert, dass sie sich für die Aufgabe der Massenliquidation zur Verfügung stellen sollen." Zudem sei ein „schwer Geisteskranker eine tausendmal größere Belastung als ein gesundes Kind".

In diesem Moment wird es still im Film. Spira zeigt Bilder von Menschen, die die Nationalsozialisten ermordet hatten. Ohne Kommentar und ohne Musik.

In einer Szene sitzt Spira mit Pfarrer Bayer an einem Tisch, die Pfarrgemeinderäte, alles Männer und alle gegen die Fristenlösung, sind bereits gegangen. Zurückgelehnt und selbstgewiss erzählt der Priester, dass wohl nur ein bis zwei Prozent der Bevölkerung in See mit der Fristenlösung einverstanden seien. Und diese Menschen würden sich nicht trauen, sich zu Wort zu melden.

„Das Leben und die Lüge", ein Beitrag über die Einführung der Fristenlösung, geriet Anfang des Jahres 1975 zum Skandal. Spira sprach unter anderem mit einem Tiroler Priester

In einem Dorf wie See wussten alle, wer das Volksbegehren unterschrieben hatte und wer nicht. Viele Frauen taten es nur deshalb, um ihren Familien Probleme zu ersparen, erklärt eine Frau im Interview mit Spira die Lage in ihrer Heimat. Und das, obwohl sie oft selbst schon abgetrieben hatten. In See unterschrieben 94 Prozent der Bevölkerung das Volksbegehren gegen die Fristenlösung. In Wien waren es nur 3,3 Prozent.

Spira und Dornhelm zeichneten ein klares Bild. Auf der einen Seite die Macht der Ärzte und der Kirche, auf der anderen die Frauen, die um ihr Selbstbestimmungsrecht kämpfen. Es geht in dem Film nicht um Grauzonen oder fließende Übergänge, sondern um Freund und Feind. „Denken Sie", fragt Spira einen Gynäkologen, „dass die Ärzte, die die Fristenlösung anwenden werden, im Geiste Auschwitz sind?" – „Ärzte, die glauben, dass sie dadurch der Mutter helfen werden, unterläuft ein ähnlicher Denkfehler wie jenen, die geglaubt haben, dass man die Judenfrage endlösen kann, indem man die Juden industriell vernichtet", antwortet der Arzt.

Ein anderer Gynäkologe stützt am Ende des Beitrags Spiras These. Es sei ein Streit um die Kulisse, sagt er. „Weil sonst die gesamte katholische Moral zusammenbrechen würde." Die, die es sich leisten konnten, hätten die Abtreibung hinter der Kulisse durchgeführt. Jene, die sich nicht wehren konnten, habe man vor den Vorhang gezerrt und verurteilt. „Aber nur wenige und solche, die nicht viel gezählt haben." Denn sonst wäre man draufgekommen, wie viele Abtreibungen tatsächlich im Verborgenen durchgeführt worden seien. Die Empörung von Ärzten und Kirche sei deshalb nichts anderes als Heuchelei.

Nach der Ausstrahlung des Films ließ der Skandal nicht lange auf sich warten. Gatterer verteidigte Spira und Dornhelm. „Auch wenn er bei manchen Themen Bauchweh hatte – wenn ein Beitrag einmal gesendet worden ist, dann stand er wie ein Riese, wie drei Gatterers aufeinandergestellt, hinter dir und hat dich beschützt", erzählte Spira später.[121]

In der ersten Reihe der Gegner und Kritikerinnen stand Ärztekammerpräsident Richard Piaty. „Nach Fristenlösungsreport. Piaty droht ORF: Ärzte-Boykott der TV-Gebühr" titelte die *Arbeiter-Zeitung*. „Krach um TV-Film" schrieb die *Kronen Zeitung*, „TV-Sendung entfacht Zorn", war in den *Oberösterreichischen Nachrichten* zu lesen. Vor allem der Vorwurf, dass Ärzte illegal Abtreibungen für viel Geld durchgeführt hätten und nun gegen die Fristenlösung auftraten, weil sie in der Legalität nichts mehr daran verdienen würden, brachte Piaty in Rage. Der *Kronen Zeitung* sagte Gatterer: „Unsere Sendung ist doch nicht als politisches Betthupferl gedacht gewesen."

Nicht nur die Ärzteschaft und die Aktion Leben empörten sich über die Sendung. Auch einer der Protagonisten, Pfarrer Bayer, reagierte wütend und wandte sich mit einem Brief, einer „Offenen Erwiderung", an Gatterer. Das Fernsehteam rund um Spira und Dornhelm habe ihn unter anderem dazu „überredet", die umstrittenen Themen in der Predigt zu erwähnen. Zudem seien seine Antworten auf Interviewfragen falsch dargestellt worden. Gatterer reagierte mit einem ausführlichen Brief, in dem er die Vorwürfe entkräftete. Unter anderem schrieb er, er sei selbst bei dem angesprochenen Telefonat dabei gewesen, in dem Spira den Pfarrer, laut dessen Aussagen, zu dem Predigtthema aufgefordert haben soll. „Die Frage, ob es bei diesem

Gottesdienst auch eine Predigt geben werde, wurde in keiner Weise vertieft – schon gar nicht in der Richtung, die Sie andeuten", schrieb Gatterer.

Ständig in der Kritik

Gatterer und sein Team wurden über die Jahre immer wieder mit Klagen bedroht und fanden sich mehrere Male vor der Beschwerdekommission der Hörer- und Sehervertretung. Am 19. Juli 1983 schrieb Gatterer in sein Tagebuch: „Ich habe noch keine Beschwerde vor der Kommission verloren. Das ist schon ein bisschen Genugtuung. Und Freude."

Ärztekammerpräsident Piaty blieb ein verlässlicher Gegner von „teleobjektiv". Die Feindschaft verschärfte sich, als Kurt Langbein im Jahr 1978 in die Redaktion kam. Langbein spezialisierte sich auf die Aufdeckung von Missständen im Gesundheitssystem. Ein bahnbrechender Beitrag handelte von Experimenten, die Pharmafirmen an Patienten ohne deren Wissen durchführten. Die Firmen klagten. Generalintendant Bacher hatte sie in einem Brief darin bestärkt. Er billige diesen Beitrag seiner Mitarbeiter nicht, hatte er formuliert. Wieder konnte „teleobjektiv" nachweisen, dass der Bericht auf Fakten beruhte. Und nicht nur das: 1983 wurde das Arzneimittelgesetz beschlossen, das für Versuche verbindliche Regeln formulierte, so wurde etwa auch eine eigene Ethikkommission eingeführt.

Der Konflikt zwischen Bacher und Gatterer war nicht mehr zu lösen. Aus einer alten Freundschaft war ein ungleiches Kräftemessen geworden. „teleobjektiv" war ständig in Gefahr, abgesetzt zu werden. Der ORF fresse ihn auf, schrieb Gatterer am 20. Jänner 1982 in sein Tagebuch.

Während Gatterer um sein Magazin kämpfte, eilten seine Mitarbeiter von einem Brennpunkt zum nächsten. Spira berichtete über Gastarbeiter und deren Kinder, über die wirtschaftlich und gesellschaftlich prekäre Situation von Witwen, über Arbeitslose, über suchtkranke Menschen und Personen, die delogiert wurden. Die politisch Verantwortlichen befragte sie so lange, bis sie eine Antwort bekam, die Betroffenen ließ sie ihre Geschichten erzählen.

Als Bundeskanzler Bruno Kreisky (SPÖ) im Jahr 1975 behauptete, es gäbe in Österreich keinen Antisemitismus mehr, nahm ihn Spira beim Wort. Kreisky war in Konflikt mit dem Holocaust-Überlebenden und Publizisten Simon Wiesenthal geraten, weil er sich, um seine Minderheitsregierung abzusichern, auf den ehemaligen SS-Mann Friedrich Peter von der FPÖ stützte. Wiesenthal, der sich dafür einsetzte, Täter aus der Zeit des Natio-

„Wer Exil erlebt hat, weiß, dass es keine Heimat gibt", sagt die Psychologin Tilla Vahanian in Spiras „teleobjektiv"-Beitrag „Ich möchte so gern da sein – ich möchte so gern fort" (20. Dezember 1983)

nalsozialismus ausfindig zu machen und vor Gericht zu bringen, kritisierte Kreiskys Vorgangsweise öffentlich. Der Bundeskanzler beleidigte seinen Widersacher als Nazi-Kollaborateur. Nach einer Klage Wiesenthals musste Kreisky diese Aussage zurücknehmen.

Huemer und Spira fuhren nach Stadtschlaining. Im Jahr 1848 war nahezu die Hälfte der Bevölkerung jüdisch gewesen, 1938 lebten in der burgenländischen Kleinstadt nur noch 18 Jüdinnen und Juden. Im Jahr 1975, als der Beitrag gesendet wurde, zeugte von der jüdischen Gemeinde nur noch ein Friedhof. In einem Gasthaus interviewten Spira und Huemer eine Gruppe von Einheimischen. Sie verstünden die „Vergeltung" nicht, warum die Juden „nicht verzeihen" könnten, umgekehrt hätte man ja auch verziehen, sagte ein Mann. Juden seien zudem faul, schleimig und unehrlich. Spira und Huemer thematisierten auch den Antisemitismus an den Hochschulen, Wissenschaftler kamen zu Wort, die über die Pogrome, denen Jüdinnen und Juden in der Geschichte zum Opfer gefallen waren, sprachen. Der Beitrag endete mit einem Zitat Jean-Paul Sartres: „Existierte der Jude nicht, der Antisemit würde ihn erfinden.“

Die Sendung wurde am 26. November 1975 ausgestrahlt. Am Dienstag danach fragte ein Journalist Kreisky im wöchentlich stattfindenden Pressefoyer, wie er, nach seiner Aussage, es gebe in Österreich keinen Antisemitismus mehr, den Beitrag kommentiere. Wenn es bei Gatterer im „teleobjektiv“ so berichtet worden sei, dann werde es schon stimmen, antwortete der Bundeskanzler sinngemäß und ging zum nächsten Thema über.

„Da verblasst der persönliche Krimskrams“

Spira entschied sich mit „teleobjektiv“ endgültig für den Journalismus. Sie entdeckte die Kamera als Waffe und gleichzeitig als Schutzschild. Sie wusste um die Macht der Bilder und konnte sich gleichzeitig als Teil eines Fernsehteams sicher sein, dass ihr nichts geschah. Außerdem empfand sie ihre Arbeit als sinnstiftend. „Seit Freitagabend bin ich wieder in mir“, schrieb sie in einem Brief an ihren späteren Ehemann Hermann Schmid Ende des Jahres 1976. Sie hatte eine Familie in Simmering besucht, „in einer der ganz grässlichen Gemeindebauten in Kaiserebersdorf“. Der Familie wurde die Heizung abgedreht, die Eltern und Kinder froren „und es gibt kein Ofenloch, wo sie einen kleinen Kohleofen anschließen können“. Eines der Kinder musste ins Krankenhaus, die Mutter besuchte es nicht, weil sie sich die Straßenbahnkarte nicht leisten konnte, also musste eines der kleinen Geschwister losfahren. Da war die Karte billiger. „Alle sind krank, Niere, Galle, Magen. Das alles funktioniert nicht mehr. [...] Winterkleider sind ein unerschwinglicher Traum. Da sitzen sie in der eiskalten Wohnung mit leblosen Augen und kommen aus dem Elend nicht heraus.“ Seit diesem Freitag wüsste sie, schrieb Spira, dass sie viel mehr tun müsse. „Da verblasst immer mehr dieser ganz persönliche Krimskrams. Seit Freitag bin ich wieder aufgewacht.“ Der Beitrag, den sie gestaltete, trug den Titel „Groll und Ohnmacht – Leben mit 6000 Schilling“ und wurde am 12. Jänner 1977 ausgestrahlt.

Spira zeigte keine weichgezeichnete Armut, wie sie dem Publikum wohl genehm gewesen wäre. Sie zeigte kettenrauchende Eltern, den Vater im Unterhemd und mit der Bierflasche in der Hand, die Sprache grob, die Gesichter von Verzweiflung entstellt. Die Beschwerden der Zuschauerinnen und Zuschauer an den ORF-Kundendienst kamen prompt. Die Familie trage doch selbst Schuld an ihrem Elend. Für Zigaretten und Nagellack hätte sie Geld. Man solle über wirklich arme Leute und nicht über „Gesindel" berichten.[122] Gatterer antwortete: „Bier wird in Arbeiterfamilien getrunken. Dass eine Frau sich vor TV-Aufnahmen schöner herrichtet, ist ihr Recht, Kettenrauchen gehört zur Armutsneurose. Wir haben die Familie nicht als Musterbeispiel ausgesucht, dennoch finde ich die Auswahl gut."[123]

Bisweilen begab sich Elizabeth Toni Spira in ihren „teleobjektiv"-Beiträgen auf die Spuren ihrer eigenen Geschichte. Etwa in ihrem Film über Menschen im Exil, „Ich möchte so gern da sein – ich möchte so gern fort", vom 20. Dezember 1983. Sie erzählt darin von einem Regimegegner aus der Tschechoslowakei, der nach Österreich ausreisen musste und nun Koffer sammelt, um so schnell wie möglich wieder flüchten zu können, von einer Chilenin, die vor dem Diktator Augusto Pinochet geflohen ist, von einem Russen, der acht Jahre zuvor aus der Sowjetunion nach Österreich gekommen ist. Er wollte Avantgarde-Maler werden, nun malt er orthodoxe Ikonen.

Wer bist du, will Spira von ihren Interviewpartnerinnen und -partnern wissen. Und warum? Am Ende kommt die Psychologin Tilla Vahanian zu Wort, die als Jüdin 1938 in die USA flüchten musste. 1971 ist sie zum ersten Mal nach Wien zurückgekehrt. Danach hat sie ihre Praxis zugesperrt und ist in ihre Geburtsstadt gezogen. „Wer Exil erlebt hat, weiß, dass es keine Heimat gibt", sagt sie. Und: „Wie kann man einer Heimat treu bleiben, vor der man fliehen musste?" Es sind Fragen, die Spira ein Leben lang begleiteten.

Das Ende von „teleobjektiv"

Am 23. Jänner 1984 setzte sich Claus Gatterer zum letzten Mal vor die Kamera, um die Sendung „teleobjektiv" anzusagen. Nach zehn Jahren hatte der Journalist den Kampf um sein politisches Magazin verloren. Bacher hatte entschieden, es abzusetzen. Gatterer ging es gesundheitlich sehr schlecht. Er war an Lungenkrebs erkrankt. In einem hellbeige-karierten Sakko, ein Tuch um den Hals, elegant in den Hemdkragen gesteckt, ergraut und geschwächt, bemühte er sich um ein freundliches Lächeln. Er räusperte sich, holte Luft, die Stimme klang brüchig.

Gatterer zog Bilanz. Es sei eine „leise Sendung" gewesen, „die sich mit Menschen in Schattentälern unserer Sonnenlandschaften beschäftigt. Mit den Schwachen, mit den Zukurzgekommenen, mit den Minderheiten." Er und sein Team hätten immer wieder gehofft, „Freunde und Verbündete gerade bei jenen zu finden, die von Amts wegen für diese Menschen im Schatten zuständig sind." Doch eingetreten sei „vielfach das Gegenteil. Wo wir auf Verbündete gehofft haben, sind wir leider oft auf Gegner gestoßen. Als unsere wahren Verbündeten haben sich das ORF-Gesetz und eine in ihrer anhänglichen Treue ungemein zähe Seherschaft erwiesen."

Wenige Monate nach der letzten Ausgabe von „teleobjektiv" starb Gatterer. In ihrem Nachwort zu Gatterers Tagebüchern schrieb Elizabeth Toni Spira: „Während meine männlichen Kollegen Gerd Bacher als Krankheitserreger orteten und die Person Gatterer zum Heroen und Opfer im Kampf um ein liberales Fernsehen überhöhten, denke ich: Die menschliche Psyche, der menschliche Körper, ist ein sehr sensibles, kompliziertes Konstrukt – nicht wirklich geeignet, Zweckideologien darüber zu entwickeln. Der Tod ist schwer zu akzeptieren. Er ergibt selten Sinn für die Überlebenden. Er macht traurig."[124]

Elizabeth Toni Spira und Kurt Langbein wechselten nach Gatterers Tod zur neuen Sendung „Inlandsreport". Auch dort sparten sie nicht mit Kritik. Waren es Sendungen über Homosexualität oder „die g'sunde Watschen", von dem, was sie bei Gatterer gelernt hatten, rückten sie nicht ab. Spiras Karriere in der innenpolitischen Berichterstattung brach Ende des Jahres 1984 abrupt ab – aufgrund eines Beitrags über den burgenländischen Landeshauptmann Theodor Kery (SPÖ). Zwei Jahre zuvor hatte Josef Cap, damals Vorsitzender der Sozialistischen Jugend, die berühmten „drei Fragen" an Kery gestellt: ob es wahr sei, dass er mehr verdiene als der Bundeskanzler, ob es wahr sei, dass er verbilligten Strom beziehe, und ob es wahr sei, dass er in seiner Freizeit gern mit Pistolen schieße. Cap hatte gehen müssen, Kery blieb unantastbar. Als ihn ein weiterer Parteifreund offen kritisierte, sein selbstherrliches und paternalistisches Agieren anprangerte, musste dieser zurücktreten. Spira und Langbein nahmen dies zum Anlass, das Herrschaftssystem Kery zu durchleuchten. Der Chef des ORF Burgenland protestierte, Generalintendant Bacher verlangte, den Film vor der Ausstrahlung zu sehen. „Das war ein Tabubruch", sagt Spiras damaliger Vorgesetzter, Peter Rabl, heute. Er leitete die Dokumentationsabteilung und war mit dem Beitrag einverstanden gewesen.

Ganz im Gegensatz zu Bacher. „Kery war ein mächtiger Politiker und hat Bacher beeindruckt", erklärt Rabl die Wut des Generalintendanten. „Gegen Mächtige wollte Bacher nicht vorgehen, egal ob sie rot oder schwarz waren." Schließlich wurde der Beitrag doch gesendet. Dem Generalintendanten war es per Gesetz untersagt, direkt in die Programmgestaltung einzugreifen.

Der Skandal blieb aus.

Doch Bacher wollte Spira loswerden. „Ich hatte den Auftrag, ihr zu kündigen", erzählt Rabl. Doch er weigerte sich. Dennoch hatte auch er genug von den Konflikten. Er schaffe es nicht mehr mit ihr, sagte er zu Spira und legte ihr nahe, „dem Schussfeld des Generalintendanten auszuweichen". Die zündende Idee hatte Informationsintendant Franz Kreuzer. Spira solle aus der innenpolitischen Berichterstattung abgezogen werden und eine neue Sendereihe, „Alltagsgeschichte", gestalten. Fernab von der politischen Aktualität, so die allgemeine Überzeugung, könne sie nicht mehr viel anrichten.

„Heimat, das sind Familie und Freunde"

Es war der 8. Jänner 1981, ein Donnerstag. Das Telefon in der Wohnung von Elizabeth Toni Spira und ihrem Ehemann, dem Schauspieler Hermann Schmid, läutete. Schmid hob ab. Eine Frau von der Semmelweisklinik war am Apparat. „Wir haben ein Kind für Sie. Sie können es gleich morgen anschauen kommen."

Zwei Jahre zuvor hatten Spira und Schmid beschlossen, ein Kind zu adoptieren. Um als potenzielle Adoptiveltern infrage zu kommen, mussten sie heiraten, was sie auch taten. Doch zwischen Filmdrehs und Theateraufführungen war der Plan bald etwas in den Hintergrund gerückt. Hektisch war der Alltag der beiden, aufregend das Leben, auch ohne Baby.

Die Neuigkeit kam nun überraschend. Schmid rief seine Frau an, die auf Drehreise war.

Dann ging alles sehr schnell. Zwei Tage später sollte Hannah in ihr neues Zuhause in der Baumannstraße im dritten Wiener Gemeindebezirk übersiedeln. Doch es war noch nichts vorbereitet. Kein Kinderbett, keine Win-

Elizabeth Toni Spira und Hermann Schmid wollten ein Kind adoptieren. Dafür mussten sie heiraten, was sie am 26. März 1980 auch taten

deln, kein Fläschchen. Wofür andere neun Monate Zeit hatten, dafür blieben Schmid und Spira knapp 48 Stunden. Die angehenden Eltern hängten sich ans Telefon. Wer konnte aushelfen?

Ein Kind – „Wir nannten dich vom ersten Augenblick Hannah"

„Als wir dich fanden, waren wir überglücklich", schrieb Spira später in Notizen, die an ihre Tochter gerichtet waren. „Als wir dich zum ersten Mal sahen, waren wir so aufgeregt, dass die Mama Kaffee über ihr Kleid schüttete – und das passiert immer, wenn die Mama aufgeregt ist." Sie standen vor dem Bettchen, blickten auf das kleine Mädchen vor sich, das gerade einmal drei Wochen alt war. Am 15. Dezember 1980 war es auf die Welt gekommen. Seine Mutter hatte es sogleich zur Adoption freigegeben. „Wie wir dich das erste Mal in den Armen trugen, hatten wir Angst, dich zu zerbrechen", schrieb Spira. „So klein warst du, und wir so groß. Wir nannten dich vom ersten Augenblick Hannah. Das ist ein alter hebräischer Name und heißt auf Deutsch: Gnade."

Das neue Familienmitglied wurde mit einem großen Fest begrüßt. Freunde und Verwandte brachten Windeln und Leintücher, Kleidung und Bettwäsche. Elizabeth Toni Spira und ihr Mann lernten, das Baby zu wickeln und Milch für das Fläschchen zu kochen. Auch das Kindermädchen war schon organisiert. Die Putzfrau hatte geholfen, schnell eines zu finden. Am Samstag war Hannah Teil der Familie Schmid-Spira geworden. Am Montag trat Frau Hilde ihren Dienst an.

Die Eltern setzten ihren Arbeitsalltag wie gehabt fort. Schmid spielte am Schauspielhaus gerade den Jago, „der den armen Othello so eifersüchtig macht, dass er seine Frau umbringt", schrieb Spira in dem Brief an ihre Tochter. „Doch so böse ist Papa nur auf der Bühne. Wenn er nicht Theater spielt, ist er sehr lieb und sehr zärtlich." Sie selbst drehte in dieser Zeit gerade einen Film über „arrogante, dumme Männer"[125] und gab ihrer Tochter mit: „Mama mag keine Menschen, die böse sind und glauben, sie allein sind die Besten, und alle anderen, die nicht so mächtig sind und nicht so reich und nicht so tüchtig, sind Menschen, auf denen man herumtreten kann."

Innerhalb weniger Tage wurde Elizabeth Toni Spira zur Mutter. Es war eine Rolle, der sie misstraute. „Bisher war ich ich durch meine Arbeit" schrieb sie in einer Notiz. „Nun werde ich mit anderen Maßstäben berech-

Elizabeth Toni Spira liebte ihre Tochter Hannah, gleichzeitig misstraute sie ihrer neuen Rolle als Mutter

net." Sie bekam ungefragt Ratschläge und wurde belehrt, wie sie ihre Tochter zu erziehen hätte. „Sie messen mich nach Windelglück." Alle Debatten, die in den 1960ern und 1970ern aufgebrochen waren, über Feminismus, die Selbstbestimmung der Frau, wo waren sie hin? Spira war verwirrt, verstört. „Sie messen mich am Euter der Hausfrau", formulierte sie. Ihr Selbstbild war bedroht. „Als ich plötzlich Mutter war, werde ich als Frau für ungenügend erklärt." Man wolle sie zwingen „in den Kreis der Milchtiere. Milchfrauen". Und an ihre Tochter gerichtet formulierte sie: „Sie stempeln dich zum Milchkind. Als wärst du nicht schon auch du selbst."

Auch dieses Mal beschäftigte sich Spira mit ihrer privaten Situation in ihren Sendungen. Im Rahmen des feministischen TV-Magazins „Prisma", für das sie parallel zu „teleobjektiv" immer wieder Beiträge gestaltete, drehte sie 1981 einen Film mit dem Titel „Großmütter – Mütter – Töchter"[126]. Er beginnt mit einer Ordensverleihung. Der Salzburger Landeshauptmann Wilfried Haslauer sen. überreicht Müttern, die mindestens vier Kinder geboren haben, eine Auszeichnung. Nur Österreicherinnen wohlgemerkt.

Gastarbeiterinnen seien keine unter den Geehrten, wie Spira in ihrem Beitrag feststellt, und dass Frauen wieder mehr Kinder bekämen und immer weniger Lust hätten, einer Erwerbstätigkeit nachzugehen. Außer Haus arbeitende Mütter würden schnell zu Rabenmüttern abgestempelt.

Die Frau sollte sich kümmern. Um den Mann, die Kinder, den Einkauf und den Haushalt. Dass sich Partner diese Aufgaben auch teilen konnten, war schon wieder in Vergessenheit geraten. Zwei Jahre zuvor hatte Bundeskanzler Bruno Kreisky (SPÖ) Johanna Dohnal als Staatssekretärin für Frauenfragen in die Regierung geholt. Es sollte noch bis zum Jahr 1991 dauern, ehe sie zur ersten Frauenministerin Österreichs ernannt wurde. Bei der Gleichberechtigung der Geschlechter stand Österreich zu Beginn der 1980er noch ganz am Anfang.

Die Angst vor der Schwangerschaft

Elizabeth Toni Spira selbst wollte lange kein Kind. Ihr Mann wünschte es sich und drängte sie, mit ihm eine Familie zu gründen. Hätte sie abgelehnt, wäre dies wohl das Ende der Beziehung gewesen.[127] Also stimmte sie zu. Obwohl sie vor Schwangerschaften Angst hatte.[128] „Ich habe gewusst, ich werde es nicht bis zum Ende machen. Ich hatte irgendwie Panik davor“[129], rekapitulierte sie später. Also entschloss sich das Paar, ein Kind zu adoptieren.

Mit 18 hatte Spira das erste Mal abgetrieben. Es war kurz vor Beginn ihres Studiums gewesen, ein Kind hatte sie damals nicht haben wollen, und auch ihre Eltern hätten sie nicht unterstützen können. Es gab noch keine Antibabypille und Schwangerschaftsabbrüche waren illegal. Die Frauen suchten sogenannte Engelmacherinnen auf, die ihnen etwa die Fruchtblase aufstachen. Frauen stürzten sich Treppen hinunter, schleppten schwere Lasten und behalfen sich mit heißen Stricknadeln. Oder sie fanden einen Arzt, der gegen ein kleines Vermögen die Abtreibung vornahm.

Spira fragte im Kaffeehaus herum und bekam die Adresse eines Arztes zugesteckt.[130] Um sich die Abtreibung leisten zu können, arbeitete sie im Kaufhaus Gerngroß auf der Mariahilfer Straße. Als sie genug Geld beisammen hatte, kam der Arzt zu ihr nachhause. Spira legte sich auf den Küchentisch, Narkose gab es keine, schreien war verboten. Als sie am nächsten Tag Fieber bekam und die Schmerzen schlimmer wurden, ging sie nach langem Zögern doch in ein Krankenhaus, obwohl sie dadurch Gefahr lief, angezeigt zu werden. „Es war sehr unangenehm, weil ich nicht sagen durfte, was passiert ist. Die Ärzte haben es natürlich gewusst. Ich war nicht die Einzige, das kam ja ständig vor."[131] Albträume plagten sie, es ging ihr schlecht. „Bei einer Abtreibung geht ein Stück Seele von einem mit. Aber es gibt Situationen im Leben, in denen man kein Kind bekommen kann." Beim zweiten Mal war Spira knapp über dreißig. Sie hatte gerade begonnen, für den ORF zu arbeiten. Dieses Mal fiel es ihr schwerer.[132] Als Hannah in ihr Leben trat, gab es neben ihr selbst nun eine zweite Hauptperson. „Plötzlich konnte ich nicht mehr so egozentrisch vor mich her leben, wie ich das davor gemacht habe. Es hat mich wieder auf die Erde gebracht. Es hat mir nicht schlecht getan."[133]

Für Elizabeth Toni Spira war Hannah das erste und einzige Kind. Ihr Mann Hermann Schmid war hingegen schon knapp zwanzig Jahre davor zum ersten Mal Vater geworden. Im Jahr 1979 schrieb er in kurzen „Notizen zu meinem Leben"[134]: „1962 wurde ich Vater eines Sohnes [...] – die Mutter ist Schwedin. Ein Zusammenleben war aus beruflichen, aber vor allem aus geographischen und sprachlichen Gründen für mich nicht möglich. Ich stehe heute in Verbindung mit meinem Sohn." Doch erst 17 Jahre später hatte er das erste Mal das Gefühl, „ein festes Zuhause" zu haben. „Ich denke, zum ersten Mal bin ich alt genug und erfahren genug, eigene Kinder zu erziehen und für sie da zu sein."

Hermann Schmid – Ein ganz anderes Leben

Während Toni Spiras Eltern ihrer Erstgeborenen den kommunistischen Decknamen des Vaters gaben, wurde Hermann Schmid nach Hermann Göring benannt. „Wie soll ich ihn nennen?", fragte die Mutter den Arzt nach der Geburt, denn sie hatte schon drei Söhne. Dem fiel im Jahr 1939 sofort Hitlers Luftwaffenchef und Wirtschaftsminister ein.

Schmid kam in Wolfsberg, in Kärnten, auf die Welt. Seine Kindheit und Jugend verlief denkbar anders als die seiner späteren Lebenspartnerin. Die Familie lebte im Dorf Preitenegg auf der Pack, einem Passübergang zwischen Kärnten und der Steiermark. Der Vater hatte ein Geschäft, war Lebzelter und Wachszieher. Als die Nationalsozialisten die Macht übernahmen, verhielten sich die Schmids, so gut es ging, unauffällig. Doch im Jahr 1944 wurde Karl Schmid verhaftet. Der Nachbar hatte den Vater angezeigt und gemeldet, dass dieser BBC, also „Feindsender", hörte. Der jüngste Sohn Hermann war damals fünf. Als der Vater abgeholt wurde, verkroch er sich unter dem Küchentisch und weinte. Schmid senior wurde an die südliche Grenze Kärntens, nach Arnoldstein, geschickt. Dort sollte er gegen Partisanen kämpfen. Die Mutter blieb mit fünf Kindern allein, nach Hermann hatte sie noch eine Tochter geboren. Nach dem Krieg kam der Vater zurück und übernahm 1950 das Gasthaus seiner Eltern in Kainach in der Steiermark. Der älteste Sohn arbeitete währenddessen im knapp achtzig Kilometer entfernten St. Paul im Lavanttal in Kärnten. Jeden Tag sah er, wie die Buben ins Gymnasium im Benediktinerstift gingen. Hermann, so dachte er, sollte es besser haben als seine drei älteren Brüder. Er setzte sich dafür ein, dass der Jüngste die Aufnahmeprüfung ablegen konnte. Hermann bestand und musste nun ins Konvikt übersiedeln. Der Vater hielt einen Lkw an der Straße an, stieg mit seinem Sohn ein und in

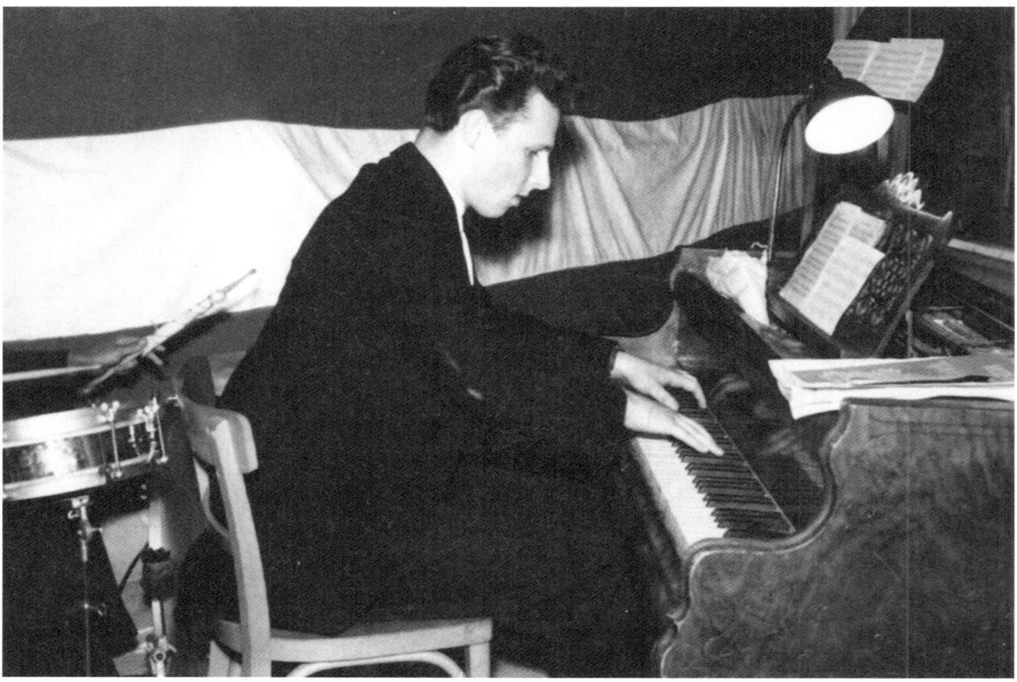

Hermann Schmid 1957 bei einer Faschingsfeier in der Schule: Er absolvierte das Gymnasium im Benediktinerstift in St. Paul im Lavanttal

St. Paul wieder aus. Ärmlich gekleidet, in groben Socken und Bergschuhen zog Hermann im Elitegymnasium ein.

Mehr als 450 Kinder tummelten sich in den Räumlichkeiten des Stifts, das unter den Nationalsozialisten als Napola – „Nationalpolitische Erziehungsanstalt" – gedient hatte. An die sechzig Buben waren in einem Schlafsaal untergebracht. Es war eine wechselvolle Zeit zwischen Gemeinschaftsgefühl und Abenteuer, einem strengen Regime und körperlicher Züchtigung. Wenn man im Unterricht „geschwätzt" hatte, wurde man zu einem Pater geschickt, der anordnete: „Neunzig Grad!" Das bedeutete, dass man sich bücken und die Hose herunterziehen musste. Dann schlug der Pater mit einer Rute zu.

Schon nach einem Jahr war Hermanns Eltern klar, dass sie das Schulgeld für ihren Sohn nicht weiter würden aufbringen können. Das ahnten auch die Patres. Einer von ihnen kam auf den Buben zu und machte ihm ein Angebot. Ob er nicht nach der Matura als Mönch ins Kloster eintreten und sodann Priester werden wolle? Das würde auch eine Reduktion des Schulgeldes bedeuten. Und der Elfjährige wollte. Er packte wieder seine Sachen und brachte sie vom Konvikt ins Juvenat, das sich im Kloster selbst befand. Dort waren zwölf Buben, die auf ihr Dasein als Ordensmänner vorbereitet werden sollten. Die religiösen Pflichten wurden streng eingehalten, jeden Tag feierten sie die Heilige Messe und beteten mehrmals. Dafür beliefen sich die jährlichen Kosten für die Schule nur noch auf 180 und nicht mehr auf 450 Schilling.

Doch nicht die katholischen Riten und das Leben der Patres faszinierten den heranwachsenden Hermann Schmid, sondern das Theater und der Deutschlehrer, der in der siebten und achten Klasse die Buben unterrichtete. Er studierte Stücke mit ihnen ein, und Hermann durfte meist die Hauptrolle spielen. Er hatte Präsenz, liebte es, sich zu verstellen, für kurze Zeit jemand anderer zu sein. Seine Stimme war gleichzeitig weich und stark. Die Mutter hatte ihn gelehrt, Verse aufzusagen und zu singen. Jedes Jahr zu Schulschluss reisten Hermanns Eltern zur Theateraufführung an und applaudierten ihrem Sohn.

Nach der Matura hielt Hermann Schmid sein Versprechen und trat in die Ordensgemeinschaft ein. Er legte die Mönchskutte an und hieß von nun an Frater Albert. Doch nicht lange. Bald stellte er fest, dass die moralischen Ansprüche der Kirche mit der Realität des Klosterlebens kaum in Einklang zu bringen waren; etwa, als ihm eine Zahnarztassistentin erzählte, dass sie immer zu einem bestimmten Pater beichten ginge, der am liebsten

Geschichten über das sechste Gebot – „Du sollst nicht ehebrechen" – hörte. Nach drei Monaten verließ Hermann Schmid das Kloster. Die Eltern waren enttäuscht. Ein Priester in der Familie hätte Eindruck gemacht.

Schmid zog nach Graz, beaufsichtigte Kinder in einem Heim und begann danach, Jus zu studieren. Die Eltern waren erleichtert. Wenn schon nicht Priester, so würde ihr Sohn als Rechtsanwalt reüssieren. Doch Schmid fiel drei Mal durch die Staatsprüfung.

Er wollte Schauspieler werden. Also nahm er Gelegenheitsjobs an und absolvierte die Ausbildung. 1963, Hermann Schmid war 24 Jahre alt, folgte er einem Freund nach Deutschland, nach Castrop-Rauxel im Ruhrgebiet. Sie hatten beide eine Stelle am dortigen Theater bekommen. In Deutschland löste sich Schmid endgültig von seiner konservativ geprägten Herkunft. Er spielte etwa in „Die Ermittlung" von Peter Weiss, einem Stück, das den Auschwitz-Prozess in Frankfurt am Main mit den Mitteln des dokumentarischen Theaters auf die Bühne brachte und die deutsche Nachkriegsgesellschaft in Aufruhr versetzte. Ein Freund, der sich der Kommunistischen Partei angeschlossen hatte, politisierte ihn, und für Schmid war klar: Der Westen war im Kalten Krieg der Böse.

Vier Jahre später, 1967, kehrte Schmid nach Österreich zurück. Am Landestheater Innsbruck inszenierte er „Publikumsbeschimpfung" von Peter Handke und gestaltete einen Tucholsky-Abend. Einige Hakenkreuzschmierereien blieben nicht aus, doch der Erfolg überwog. Schmid reiste weiter nach Wien und brachte das Stück im Theater im Palais Erzherzog-Karl im ersten Bezirk ein weiteres Mal auf die Bühne.

Im Publikum saß auch eine Kritikerin, die für eine kommunistische Jugendzeitschrift unter dem Pseudonym „topsy" einen Artikel schreiben sollte. Es war Elizabeth Toni Spira. Unter dem Titel „Tucholsky auf Tirolerisch" lobte sie einen „qualitativ hochwertigen Abend". Doch nicht nur die Beurteilung des Stücks interessierte Spira, sondern auch dessen Genese. Und sie schrieb: „Da gab es zunächst einen gleichwohl nachdenklichen wie ambitionierten Schauspieler namens Hermann Schmid, den das konventionelle Theater langweilte, einfach auf die Nerven ging." Also habe er sich in den Kopf gesetzt, das Innsbrucker Publikum „aus seiner spießbürgerlichen Ruhe zu schrecken". Und sie empfahl: „Für diejenigen Wiener, die die Aufführung verschlafen haben: im November wird der Abend wiederholt."

Es war eine freundliche erste Begegnung zwischen Toni Spira und Hermann Schmid. Sie liefen sich nun immer wieder über den Weg, im Hawelka,

Hermann Schmid als Liliom am Staatstheater Kassel im Jahr 1977

im Theater oder im Dobner, einem Café an der Wienzeile. Schmid trat im Theater an der Wien in „Anatevka" auf, veranstaltete Abende mit Liedern von Wolf Biermann und spielte am Wiener Volkstheater. Dann zog es ihn wieder nach Deutschland. Zuerst nach West-, dann nach Ostberlin. Das Theater der DDR begeisterte Schmid, er ging auf die Schauspielschule, studierte Brecht und die Verfremdungseffekte des epischen Theaters. Als er einmal mit der *Frankfurter Allgemeinen Zeitung* unter dem Arm unterwegs war, wurde er kurzzeitig festgenommen.

Zurück in Wien, besuchte er, wie so oft, das Café Dobner. Er stellte sich an die Bar, und als er sich umdrehte, saß da Toni Spira. Den Heimweg traten sie gemeinsam an.

Ein Mann – „Eine verrückte Sehnsucht nach Ruhe, Wärme, Heimat"

Die beiden verbrachten zwei unbeschwerte Jahre miteinander. Elizabeth Toni Spira festigte ihre Position im ORF, Hermann Schmid etablierte sich in der Wiener Theaterwelt. Doch 1976 kam ein Angebot vom Staatstheater Kassel – und Hermann Schmid zog wieder nach Deutschland.

Die Zeit bis zu seiner Rückkehr im Jahr 1978 gestaltete sich schwierig. Zwar blieben sie als Paar zusammen, schrieben sich Briefe und Spira besuchte ihren Partner zu den Premieren, doch Fremdheit schlich sich ein. „Und obwohl Kassel nicht sehr weit ist, ist's für mich, als läge es hinter der Chinesischen Mauer. Vielleicht ist es auch der Grund, warum ich plötzlich so viel Briefe schreibe: um Nähe zu suggerieren", schrieb Spira an Schmid. Die Distanz machte ihr zu schaffen, ließ ein gemeinsames Leben in der Zukunft immer unwahrscheinlicher erscheinen. „Grüß dich", beendete Spira den Brief. „Ich verkriech mich in Dich und für einen kurzen Augenblick denk ich, die Welt ist wieder heil."

Doch das war sie noch lange nicht. „Du bist schwer in Ordnung und ich ein Riesenarsch", schrieb Elizabeth Toni Spira einen weiteren Brief an Hermann Schmid. „Natürlich hast du recht, vor Umklammerung Angst zu haben. Ja, ich wollte dich umklammern, Liebe (ein scheußliches Wort) erzwingen. Ich wollte diese Beziehung mit dir, vielleicht auch aus einer verrückten Sehnsucht nach Ruhe, Wärme, Heimat." Doch müsste sie nicht zuerst in sich selbst Heimat finden? Aber was würde das bedeuten? „Aus diesem Uneins sein mit sich selbst, aus der Heimatlosigkeit, aus dem

Gefühl der Fremdheit schöpfe ich ja auch letztlich meine Potenzen, meine Kreativität."

Schmid hatte in Kassel eine andere Frau kennengelernt, Spira versuchte, damit fertig zu werden. „Ich reiß' mich zusammen", versprach sie. „Das teutonische Dramaspiel, das ich zurzeit abwickle, geht mir ja selbst schon am Nerv. Und noch eines: Ich finde Sabine sehr sympathisch – naja, warum auch nicht."

Doch das stimmte nicht. Der Zwang zu einer Toleranz, die ihr zuwider war, tat ihr nicht gut. Immer wieder schrieb sie an Schmid, setzte ihm Probleme auseinander, versuchte ihm zu erklären, was in ihr vorging. „Ich habe oft Angst in unseren Gesprächen." Denn ihr Partner hänge so oft nur an den Sätzen und Worten und würde sich nicht bemühen zu verstehen, was dahinterstecke. Doch bei ihr selbst sei das anders. Sie verwende Sprache oft, um sich einzumauern, sich eben nicht zu zeigen. „Ich schlage oft heimtückisch, nicht offen zu." Da seien „Irrwege, Stopp-Schilder, Umleitungen – und dann bricht plötzlich etwas aus mir, Worte, Begriffe, die nichts benennen, die auf etwas ganz anderes abzielen." Verletzlichkeit, die sich mit Verletzung wehrt. Es falle ihr schwer zu verkraften, dass Hermann Schmid mit einer anderen Frau zusammenlebe. „Ich weiß nur, dass ich nur in einem Raum voller Vertrauen, Wärme, Liebe, Toleranz mich aus mir schälen kann." Er solle sich entscheiden – „entweder ja – oder nein". „Eines noch: ach, ich mag nix mehr schreiben. Lass uns ganz zärtlich sein und dann über alles reden. Lass uns reden mit Rücksicht und Verständnis. Und ohne Angst."

Toni Spira ließ nicht locker. In seitenlangen Briefen analysierte sie die Beziehung zu Hermann Schmid und sich selbst. Und irgendwann schrieb sie: „Und noch etwas ist wichtig: dass ich da langsam aus meinem Panzer herauskrieche und, wenn auch noch sehr zaghaft, Vertrauen zu dir finde. Und überhaupt, dass du da bist, dass ich dich mag, dass ich Sehnsucht habe und dass du ganz anders bist als ich: dass du distanzierter, reservierter, zweifelnder bist. Und schließlich: auch die Konfrontation tut mir ganz gut und dass ich mich da nicht verkriechen kann, mich stellen muss. Und schließlich und endlich: weil ich dich sehr, sehr mag und mir ganz mies wäre bei dem Gedanken, dass es dich nicht gäbe."

Hermann Schmid kam nach Wien zurück. Ab da wohnten sie gemeinsam in ihrer Wohnung in der Baumannstraße im dritten Bezirk und gründeten wenige Jahre später eine Familie. Von 1980 bis 1989 war Schmid am

Elizabeth Toni Spira und Hermann Schmid auf Reisen in Sansibar (oben) und Ägypten

Volkstheater engagiert, danach zehn weitere Jahre Ensemblemitglied am Burgtheater. Bisweilen trafen die Eheleute auch beruflich aufeinander. 1983 schrieben sie gemeinsam das Theaterstück „Der große und der kleine Horizont – Zeitunglesen in Wien“. Dabei handelte es sich um eine „Collage von Originalzitaten aus *Kronen Zeitung* und *Presse*“. Der große *(Die Presse)* und der kleine Horizont *(Kronen Zeitung)* sitzen sich im Kaffeehaus gegenüber und sprechen unter anderem über Bruno Kreisky, die Frauen, Südafrika, den Antisemitismus und die Friedensbewegung – und sind sich in ihren rückwärtsgewandten Ansichten oft erstaunlich ähnlich.

Auch in der Sendereihe „Alltagsgeschichte“, die Elizabeth Toni Spira ab 1985 gestaltete, war Schmid in späteren Jahren oft als Sprecher dabei. 1996 präsentierten sie im Burgtheater eine Bühnenbearbeitung der „Alltagsgeschichte“, mit Hilke Ruthner, Hermann Schmid und Hermann Scheidleder in den unterschiedlichen Rollen. Als Schmids Vertrag am Burgtheater 1999 nicht verlängert wurde, schrieb Spira einen empörten Brief an den neuen künstlerischen Direktor Klaus Bachler. Ohne Erfolg.

Freundinnen, Freunde und russische Verse im Winter

Elizabeth Toni Spira hatte sich nie längere Zeit für einen Mann aus „ihrem Milieu“ interessiert, der so wie sie kommunistisch geprägt und jüdisch war. Sie genoss es, „das Fremde“ zu symbolisieren. „Die großen Blonden“[135] sahen in ihr „die Exotin, die Andere, die Frau mit den herumirrenden, herumeilenden Gedanken, mit der man nächtelang im Kaffeehaus reden, klären, diskutieren kann.“ Und sie habe nie einen Kochlöffel angerührt. „Das fanden die toll.“ Sie selbst wünschte sich ebenso das „Andere“. „Endlich keine Welterklärungen, sondern spannende neue Geschichten aus einer Welt, die ich nicht kannte.“[136] Toni Spira blieb zeit ihres Lebens ein politischer Mensch, aber sie war froh, dass das kommunistische Pathos ihrer Jugend hinter ihr lag. Als sie mit einem ihrer engsten Freunde, dem Journalisten Georg Hoffmann-Ostenhof, Anfang der 1970er-Jahre Rom besuchte, gerieten sie mitten in einen Demonstrationszug. Die Arbeiter von Rom marschierten, schwenkten die roten Fahnen und sangen das Partisanenlied „Bella ciao“. Hoffmann-Ostenhof, damals Student und bei den Trotzkisten engagiert, war begeistert. Er wollte dabei sein und reihte sich ein. Spira verdrehte die Augen und winkte ab. Sie setzte sich in ein Kaffeehaus und wartete, bis ihr Freund zurückkam.

Der Journalist Georg Hoffmann-Ostenhof gehörte zum engsten Freundeskreis von Elizabeth Toni Spira ...

... ebenso wie die Journalistin Barbara Coudenhove-Kalergi (unten rechts) ...

Elizabeth Toni Spira hatte einen kleinen, sehr engen Freundeskreis um sich geschart, der ihr Halt bot. Das waren neben Hoffmann-Ostenhof die Journalistin Barbara Coudenhove-Kalergi, der Journalist Franz Kössler und die Ärztin Almut Weiß. Sie fuhren gemeinsam auf Urlaub, feierten Feste und spielten Karten. Wenn eine neue „Alltagsgeschichte" auf dem Programm stand, lud Spira alle zu sich ein und freute sich über das Lob. Bei „Liebesg'schichten und Heiratssachen" waren die Reaktionen zurückhaltender. Aber nicht bei allen. Georg Hoffmann-Ostenhof schaute sich jede einzelne Folge an. „Man musste nachher anrufen und sagen, ‚Toni, es war wunderbar!'" erzählt er. „Und meistens war es auch wunderbar."[137]

Elizabeth Toni Spira war eine gute Freundin genauso wie eine egozentrische Diva. „Sie hat es gern gehabt, wenn sich alles um sie gedreht hat", sagt Coudenhove-Kalergi. „Aber auf eine charmante Art. Ich habe das nie als negativ empfunden." Spira war da, wenn jemand ein Problem hatte und reden wollte, aber sie sagte auch, wenn es genug war und man sich nicht in Selbstmitleid suhlen sollte. Sie tratschte und schimpfte über andere, gleichzeitig frönte sie der Selbstironie und spielte sich mit Klugheit und Humor in den Mittelpunkt jeder Unterhaltung. „Sie war warmherzig, voll Schalk und hinreißend boshaft", beschreibt Almut Weiß ihre Freundin. „Menschen und ihre Geschichten haben sie wirklich interessiert. Sie hatte ein treffsicheres Gespür für deren Schwachstellen, hat diese pointiert erfasst, ohne langweilig darüber zu psychologisieren."

Sie liebte es, ins Kaffeehaus zu gehen, wenn sie Zeit fand. „Das Kaffeehaus gehört zu meinem Leben", sagte sie dem Fotografen Sepp Dreissinger in einem Interview.[138] „Hier wird getratscht, gedeigetzt, gearbeitet, gelesen, gebosnigelt, befeindet, befreundet, Zeit verplempert, gestritten. Hier kann man als Halbgenie wunderbar leben." Hier käme sie endlich zu sich, sagte Spira. „Hier verlangsame ich."

Gemeinsam mit ihrem Mann lud sie Freunde und Verwandte zu köstlichem Essen und gutem Wein. Der Brunch jedes Jahr zu ihrem Geburtstag am 24. Dezember war obligatorisch. Sie liebte es zu reisen, war mutig und ließ sich nichts vorschreiben.

Auch nicht von einem sowjetischen Milizionär mitten in Moskau. Elizabeth Toni Spira reiste mit ihrer Tochter Hannah und Almut Weiß im Jahr 1986 nach Russland, um Franz Kössler zu besuchen, der dort als ORF-Korrespondent arbeitete. Der Reformer Michail Gorbatschow war bereits an der Macht. Es war Winter und die Sonne strahlte durch die klirrende Kälte, als

… die Ärztin Almut Weiß (oben links) und der Journalist Franz Kössler (rechts, mit Spira und Schmid in Äthiopien)

Im Jahr 1986 besuchte Spira Moskau. Über das Rauchverbot am Roten Platz setzte sie sich hinweg

sie den Roten Platz erreichten. Elizabeth Toni Spira zündete sich eine Zigarette an. Doch Rauchen war hier verboten. Ein Milizionär, der den Platz bewachte, kam auf sie zu und wies sie auf Russisch zurecht. Spira sah ihn an und begann zu lachen. Der Mann verzog keine Miene und wiederholte seine Aufforderung. Spira lachte und lachte und rauchte genüsslich ihre Zigarette zu Ende. „Ich rauche, wann ich will", sagte sie auf Deutsch. Unverrichteter Dinge ging der Milizionär wieder weg.

Doch der Besuch in der Sowjetunion provozierte nicht nur ihren Widerstand, er berührte sie auch. Eines Tages besuchte sie das Dichterdorf Peredelkino, etwa 25 Kilometer südwestlich von Moskau. Auf dem Friedhof liegt der Schriftsteller Boris Pasternak begraben. Bis zu seinem Tod im Jahr 1960 hatte er im Ort in einer Datscha gelebt. Zwei Jahre zuvor war ihm für seinen Roman „Doktor Schiwago" der Literaturnobelpreis zugesprochen worden, doch er lehnte – vom sowjetischen Regime unter Druck gesetzt – ab. Pasternaks kritische Auseinandersetzung mit der Russischen Revolution billigte das Regime nicht. Mit Gorbatschow setzte zwar eine Entspannung ein, aber Pasternaks Bücher waren dennoch vorerst nur unter der Hand zu bekommen.

Elizabeth Toni Spira mit einer Freundin am Grab des Schriftstellers Boris Pasternak auf dem Friedhof in Peredelkino

Der Schnee knirschte unter ihren Schuhen, als Spira mit Hannah und ihren Freunden den Friedhof betrat. Vom Dachgesims der orthodoxen Kirche hingen die Eiszapfen bis auf den Boden. Um Pasternaks Grab, das unter einer Birke angelegt worden war, hatten sich bereits an die vierzig Menschen versammelt. Es war der 10. Februar, der Geburtstag des Schriftstellers. Einem alten Mann um die achtzig mit Gamaschen über Schuhe und Hosensaum, damit der Schnee nicht in seine Schuhe fallen konnte, riefen die Umstehenden Titel von Pasternaks Gedichten zu. Er nahm sie alle auf und rezitierte die Verse mit Pathos, stand da, wie ein Besucher aus einer längst vergangenen Zeit. Spira, die sich sonst Sentimentalität verwehrte, zerdrückte eine Träne.

Mutter und Tochter – eine schwierige Liebe

Hannah rieb sich die Augen, als sie aus ihrem Kinderzimmer in Richtung Küche ging. Sie war noch etwas verschlafen. Im Vorzimmer auf dem Heizkörper unter dem Spiegel stand eine Tasse Kakao. Ihr Vater hatte sie, wie jeden Morgen, dort hingestellt. Die Eltern waren schon länger wach, der Vater richtete das Frühstück, die Mutter saß am Tisch und trank ihren Kaffee. Dann musste es schnell gehen. Anziehen, Schultasche packen und ab ins Lycée.

Hannah besuchte ab dem Kindergarten die französischsprachige Bildungseinrichtung im neunten Wiener Gemeindebezirk. Um 16.15 Uhr war der Unterricht vorbei. Frau Hilde, das Kindermädchen, holte sie ab. Sie blieb so lange, bis die Eltern von den Dreharbeiten oder der Theatervorstellung nachhause kamen.

Am Wochenende und in den Ferien unternahm die Familie viele Ausflüge, traf Freunde, wanderte durch den Wienerwald oder besuchte den Prater. Die Mutter auf dem Fahrrad mit einer Zigarette in der Hand ist eine von Hannahs ersten Erinnerungen an ihre Kindheit. Im Winterurlaub band sich der Vater ein Seil um den Bauch, setzte seine Tochter auf eine Rodel, die er am Seil befestigte und lief auf Langlaufskiern mit ihr durch den Wald. Sie reisten durch ganz Europa, aber auch nach New York, besichtigten Städte und Kulturdenkmäler. Etwas, das Hannah schnell änderte, als sie selbst über ihren Urlaub entscheiden konnte. Mit ihren Söhnen fährt sie heute lieber in einen All-inclusive-Club.

Als Kind malte Hannah gern, und ihre Mutter sah ihr zu. Später stritten sie oft, weil Hannah keine Lust hatte zu lernen. Doch die Mutter blieb konsequent. Ausbildung musste sein.

Wenn Hannah schlafen ging und der Vater abends zuhause war, las er ihr mit seiner Schauspielerstimme aus Büchern vor. Die Mutter strich ihr zärtlich mit der Hand über die Augen. Dann stand sie auf, schaltete das Licht aus und schloss die Tür hinter sich.

Nachdem Hannah Anfang des Jahres 1981 in ihr neues Zuhause gekommen war, standen die Eltern ein Jahr lang unter Beobachtung. War auch alles in Ordnung? Verhielten sie sich fürsorglich dem Kind gegenüber? Das Jugendamt kontrollierte regelmäßig. Elizabeth Toni Spira fühlte sich unter Druck gesetzt. Hatte sie früher gar kein Kind gewollt, so war sie nun in Angst, dass ihr die Tochter wieder weggenommen würde. Spira und ihr Ehemann wollten Hannah nie verheimlichen, dass sie nicht ihr leibliches Kind war. Im

Hannah und ihre Mutter Anfang der 1990er-Jahre auf Besuch bei Franz Kössler in Washington

Winter, Ende der 1980er: Hannah mit ihrem Vater im Wiener Stadtpark

Die Familie Schmid-Spira auf einem gemeinsamen Spaziergang in Hochegg in Niederösterreich

Mutter und Tochter in der Meierei im Wiener Prater (oben) und in Kenia

Gegenteil. Sobald es möglich war, klärten sie die Tochter auf. Nur über die Unsicherheit während Hannahs erstem Lebensjahr schwiegen sie.

Hannah Schmid, heute 41 Jahre alt und Mutter dreier Söhne, eine große, kräftige Frau mit kurzem, dunklem Haar, einer lauten Stimme und einem herzlichen Lachen, hat zwiespältige Erinnerungen an ihre Kindheit. Sie wusste, dass ihre Mutter sie wohl liebte, doch vermisste sie körperliche Zuneigung. In späteren Jahren schrieben sich Mutter und Tochter nach heftigen Auseinandersetzungen oft herzliche Nachrichten. Doch manchmal war es leichter, mit Geldgeschenken zu kommunizieren. „Kauf dir was Schönes“ hieß „Ich hab’ dich lieb“.

Wenn Hannah Schmid heute an ihre Pubertät denkt, erinnert sie sich an ein starkes Gefühl der Fremdheit. Es war ihr, als würde sie nicht zur Familie gehören. Dabei hatten ihre Eltern sie doch ausgesucht. Wie konnte das sein, fragte sie sich immer wieder. „Ich habe geredet und geredet, aber keiner hat mir zugehört.“ Die ständigen Gespräche über Politik interessierten sie nicht. Sie wollte Aufmerksamkeit. „Mama!“, rief sie. „Papa!“, niemand reagierte. Hannah stellte sich breitbeinig vor das Fernsehgerät. „Was soll das!“, riefen ihre Eltern. „Ihr seid das Allerletzte“, brüllte Hannah und rannte weg. Zu ihrer Freundin Liza, die im selben Haus wohnte. Liza war die Tochter von Karl Heinz Pfneudl, Spiras Jugendfreund. Gemeinsam bauten die beiden Mädchen Höhlen und wurden wie Schwestern.

Hannah versuchte Tag für Tag, aus ihrem Leben auszubrechen. Das Gefühl, nicht gewollt zu sein, wuchs in ihr. Bisweilen kam sie in der Nacht nicht nachhause oder drohte mit Suizid.

Elizabeth Toni Spira, eine der berühmtesten Journalistinnen des Landes, hatte es nun täglich mit einer scharfen Kritikerin zu tun. Eigentlich war sie es gewohnt, ihre Ziele zu erreichen und anerkannt zu werden. Wurden ihr Steine in den Weg gelegt, blieb sie stur und kämpfte bis zum Schluss. Das war nun der falsche Weg. Ihre Tochter teilte ihr mit, dass das, was sie tat, nicht genügte.

Mit Frau Hilde, dem Kindermädchen, sei alles anders gewesen, erinnert sich Hannah Schmid. Als Kind verbrachte sie mit ihr den Tag, sie gingen gemeinsam Eis essen, spielten, und Hannah erklärte Hilde die Welt. Hilde, 1943 geboren, war in einer armen Familie aufgewachsen. Die Schule hatte sie abgebrochen und danach als Reinigungskraft Geld verdient. Wenn Hilde auf Urlaub in die Steiermark fuhr, nahm sie Hannah oft mit, die dann mit den Kaninchen und den Nachbarskindern spielte. Auch in Wien übernachtete Hannah öfters bei ihrem Kindermädchen und durfte auch ihre Freunde mitnehmen. Sie schauten Filme mit Peter Alexander und Romy Schneider und bauten Häuschen aus Salzteig. Waren sie im Eislaufverein Schlittschuhlaufen, besuchte sie manchmal Hermann Schmid, wenn er gerade Probe im Akademietheater hatte.

Mit 16 Jahren wollte Hannah Schmid ihre leiblichen Eltern kennen lernen. Sie wollte herausfinden, ob es Erbkrankheiten in der Familie gab. Und woher sie kam. Die Adoptionsstelle organisierte ein Treffen. Hannah und ihre biologische Mutter verstanden sich auf Anhieb gut. Hannah sah Fotos von ihren Geschwistern, zwei älteren Brüdern, die früher bei Pflegeeltern gewesen waren, und zwei jüngeren Geschwistern. Sie solle zu einer Familienfeier kommen, alle würden sich auf sie freuen, man habe sie nie vergessen, versicherte ihr die Mutter. Doch als Hannah wenig später anrief, um zuzusagen, wusste niemand, wer sie war. Sie legte auf und suchte nie wieder den Kontakt. Ihren Vater hat sie nie kennengelernt. Er sei ein pakistanischer Teppichverkäufer gewesen, habe ihr die leibliche Mutter erzählt. Der habe sie dann wegen einer anderen Frau sitzen lassen.

In der Zwischenzeit hatte Hannah das Lycée verlassen. Sie hatte sich verliebt, in Gatien Gnagora, einen 19 Jahre älteren Angestellten der Schule. Die beiden wurden bald ein Paar. Er half Hannah in Mathematik, und als ihre Noten besser wurden, warf man ihm vor, er hätte ihr Prüfungsbeispiele verraten. Hannah wehrte sich gegen diese Unterstellung, entschloss sich aber, die Schule zu wechseln. Die Beziehung zu Gnagora dauerte an, für Hannahs Eltern war das eine Katastrophe. Nicht nur, dass er viel älter war als ihre Tochter, er war auch verheiratet und hatte drei Kinder. Hannah blieb stur. Die Beziehung, aus der mittlerweile eine Ehe geworden ist, hält bis heute.

Ihre Ausbildung schloss Hannah an der Tourismusfachschule Modul ab. Mit 18 zog sie von zuhause aus, um den Streitereien mit ihren Eltern zu entgehen. Das Verhältnis wurde besser. Ihre Mutter mietete eine Wohnung für sie und setzte sie unter Druck. Hannah müsse gute Noten schreiben und maturieren – solange würde sie für ihre Lebenshaltungskosten aufkommen. Hannah hielt sich an die Abmachung. Sie lernte für ihre Prüfungen und bat Hilde, ihr zu zeigen, wie man einen Haushalt führte. Wäsche waschen, Toilette putzen, den Tiefkühlschrank abtauen.

Mit Gatien Gnagora änderte sich in Hannah Schmids Leben vieles, mit ihren drei Söhnen alles. Als sie 26 war, kam Sammy auf die Welt. Nun hatte sie selbst ein Kind und wollte ihrer Mutter zeigen, wie man es besser machte.

Elizabeth Toni Spira und Hermann Schmid mit Tochter Hannah, Enkel Sammy und Schwiegersohn Gatien Schmid-Gnagora

Als sechs Jahre später Noah geboren wurde, schlossen Hannah Schmid und Elizabeth Toni Spira Frieden. Von nun an gingen sie oft ins Kaffeehaus, tratschten und arbeiteten auf, was hinter ihnen lag.

Im Jahr 2018 begannen Hannah Schmid und ihr Partner, ihre Hochzeit zu planen. Sie sollte im März des folgenden Jahres stattfinden. Elizabeth Toni Spira war zu diesem Zeitpunkt schon sehr krank. Sie kämpfte mit der Lungenkrankheit COPD. Am 9. März 2019 starb sie in einem Krankenhaus. Es war die Nacht nach der Trauung ihrer Tochter.

Leerstelle

In ihrer Kindheit war Hannah trotz aller Konflikte mächtig stolz auf ihre berühmte Mutter. Wenn Elizabeth Toni Spira auf der Straße erkannt wurde, strahlte die Tochter, während die Mutter versuchte, der Situation so schnell wie möglich zu entkommen. Sie wollte nicht überrascht und um ein Autogramm gefragt werden. Warum Spira die Filme machte, mit denen sie so großen Erfolg hatte, konnte sie Hannah jedoch nicht erklären. Und diese reagierte mit Unverständnis, wenn ihre Mutter über den Holocaust sprach, über ihr Selbstverständnis als Flüchtlingskind und ihr Jüdischsein, das nichts mit Religion, aber umso mehr mit der Zugehörigkeit zu einer Schicksalsgemeinschaft zu tun hatte. Ihre Mutter war doch im Exil geboren, weit weg von jeglicher Gefahr – warum war es ihr so wichtig, sich der Gruppe der Verfolgten und Vernichteten zuzurechnen? Und warum sollte sie, Hannah, die gar keine Jüdin war, dieses Narrativ übernehmen, wie es ihr die Familie suggerierte?

Der Holocaust und seine Bedeutung für Elizabeth Toni Spiras Leben blieb die unüberbrückbare Leerstelle zwischen Mutter und Tochter.

Aber nicht nur zwischen ihnen. Die Geschichte der Shoah lastete schwer auf Elizabeth Toni Spira. Den Kommunismus und die Indoktrinierung durch den Vater hatte sie abgeschüttelt. Doch so wie auch Leopold Spira erst viel später die Bedeutung seines Jüdischseins verstand, so kämpfte auch Elizabeth Toni Spira ihr ganzes Leben damit. Als sie mit ihrem Arbeitskollegen Peter Huemer Mitte der 1970er-Jahre eines Abends zusammensaß und Huemer von der „linken Gemeinschaft" redete, der sie doch alle angehörten, entgegnete ihm Toni Spira: „Die Geschichte deiner Kindheit und deines Heranwachsens ist eine ganz andere als meine." Man solle sich deshalb über Gemeinsamkeiten keine Illusionen machen. Denn es gäbe etwas grundsätzlich Verschiedenes zwischen ihnen. „Ich bin eine Jüdin", sagte sie. Das hindere sie nicht daran, miteinander befreundet zu sein. Aber es gäbe so etwas wie eine „unvermeidliche Identität". Und sie erzählte vom Vater und seinen kommunistischen Freunden, die, wie sie irgendwann bemerkte, alle Juden waren.

„In mir steckt die Geschichte eines zu Tode gemarterten Volkes", schrieb Elizabeth Toni Spira in eines ihrer Notizbücher im Oktober 1976. „Was haben sie uns gelassen, uns Nachgeborenen? Nichts, außer der Angst, zu den Lebenden zu gehören. Und was bleibt, ist der Zynismus, noch zu leben, noch zu hoffen."

Als Spira 1985 begann, die Sendereihe „Alltagsgeschichte" zu gestalten und in den folgenden Jahren ihr Hauptwerk schuf, sagte Peter Huemer zu ihr: „Ich finde es legitim, was du machst. Es ist deine immerwährende Antwort auf die straßenwaschenden Juden." Spira habe gelacht, erinnert sich Huemer und gemeint: „Naja, so arg ist es nicht." Wirklich widersprochen habe sie jedoch nicht.

Alltagsgeschichte: „Ich male keine heile Welt"

Bad Radkersburg, Frühjahr 1988. Der Vizebürgermeister spaziert aus dem Rathaus, der Kaufmann verlässt sein Geschäft und der Direktor im Ruhestand die Sparkasse. Auch der Arzt und der Unternehmer sind für heute mit ihrer Arbeit fertig. Sie alle haben ein gemeinsames Ziel, nämlich pünktlich zu ihrem Stammtisch zu erscheinen, der jeden Freitagabend in einem Gasthaus des südsteirischen Städtchens stattfindet. Nur der Pfarrer kommt zu spät.

Es ist ein Freitagabend wie in vielen anderen Wirtshäusern in der österreichischen Provinz. An den Stammtischen führen meist Männer das Wort, das Gespräch beginnt bei privaten Anekdoten und endet nicht selten bei der großen Politik.

Was diesen Stammtisch in Radkersburg zu etwas so Besonderem macht: Elizabeth Toni Spira und ihr Team sind dabei. Im Auftrag des ORF drehen sie für die Sendereihe „Alltagsgeschichte" einen Film über Stammtische. „Ich hab nix gegen die Juden", sagt der Vizebürgermeister nach dem Essen. „Aber ein Jude ist von der Christenheit her schon dazu ausersehen, nur verfolgt zu werden. Wenn er nicht verfolgt wird, dann setzt er halt irgendeinen Anlass, um verfolgt zu werden." Dies war eine der Szenen, derentwegen der Film damals nicht ausgestrahlt werden sollte. Erst 28 Jahre später machte der ORF ihn dem Publikum zugänglich. Die „Alltagsgeschichte" von damals war längst Zeitgeschichte, die nicht mehr wehtat.

Österreich und die Waldheim-Krise

Österreich befand sich 1988 in politischem Aufruhr. Im Juni 1986 wurde Kurt Waldheim, früherer Außenminister und UNO-Generalsekretär, zum österreichischen Bundespräsidenten gewählt. Schon in den Jahren davor waren Berichte bekannt geworden, wonach Waldheim der Öffentlichkeit über seine Rolle im NS-Regime nicht die Wahrheit gesagt hatte. Dem Politiker der ÖVP wurde vorgeworfen, Mitglied in NS-Verbänden und als Offizier der Wehrmacht an Kriegsverbrechen auf dem Balkan beteiligt gewesen zu sein. Er stritt alles ab. Er habe nichts gewusst und nichts gesehen, war seine Botschaft. In der Stichwahl gewann der damals 67-Jährige mit knapp 54 Prozent der Wählerstimmen gegen Kurt Steyrer, seinen Kontrahenten von der SPÖ.

„Am Stammtisch – ein Heimatfilm" aus dem Jahr 1988 wurde erst 28 Jahre später gesendet. Hier der Honoratioren-Stammtisch in Bad Radkersburg

Zu dieser Zeit war die Aufarbeitung des Nationalsozialismus in Österreich noch kaum vorangeschritten. Die These, dass man als Deutschlands südlicher Nachbar das erste Opfer Adolf Hitlers und nicht etwa Mittäter und Schuldiger gewesen sei, galt in weiten Kreisen der Bevölkerung nach wie vor als unbestritten. Dass man – noch dazu zum Teil von ausländischen Medien – aus dieser politischen Bequemlichkeit aufgeschreckt wurde, empfand man als Ungeheuerlichkeit. Die ÖVP setzte in ihrer Kampagne auf „Jetzt erst recht". Damit wollte sie ein „Wir-Gefühl" erzeugen und sich gegen die Kritik aus dem Ausland in Stellung bringen. Vor offenem Antisemitismus schreckte man nicht mehr zurück. Der damalige ÖVP-Chef Alois Mock sah in den Vorwürfen gegen seinen Parteifreund Waldheim eine „Kampagne des Jüdischen Weltkongresses", und diese würde „Gefühle wachrufen, die wir alle nicht wollen"[139]. Besonders einschneidend war die Aussage des

ÖVP-Generalsekretärs Michael Graff: „So lange nicht bewiesen ist, dass er [Waldheim; Anm.] eigenhändig sechs Juden erwürgt hat, gibt es kein Problem“, formulierte er.[140]

Eine internationale Historikerkommission, beauftragt von der Bundesregierung, förderte 1988 schließlich Folgendes zutage: Waldheim, der Mitglied des SA-Reiterkorps und Offizier der Wehrmacht am Balkan gewesen war, hatte zwar selbst keine Kriegsverbrechen begangen, jedoch von vielen gewusst und durch Weitergabe von Informationen ihre Durchführung erleichtert. Dazu gehörten auch die Terrorisierung und Deportation der jüdischen Bevölkerung in Griechenland. Waldheim blieb bis 1992 Bundespräsident. Einer Wiederwahl stellte er sich nicht.

Mit der Affäre Waldheim brach vieles in Österreich auf. Zum einen stellte vor allem die junge Generation lautstark die Opferthese infrage. Aber auch die Gegenseite rüstete auf: Der Antisemitismus wurde in der Öffentlichkeit wieder salonfähig, der Jüdische Weltkongress und die „Ostküste“ taugten in dieser aufgeheizten Atmosphäre als Feindbild.

Und wo sollte sich die Volksseele stärker offenbaren als im Wirtshaus? Also machte sich Elizabeth Toni Spira auf die Reise und besuchte Stammtische in ganz Österreich.

Die Reihe „Alltagsgeschichte“, die Spira von 1985 bis 2006 gestaltete, ist das Hauptwerk der Filmemacherin. Bekannt wurde die Journalistin vor allem durch ihre Sendungen in den 1990er-Jahren. Mit ihrem Team suchte sie meist Orte wie Schrebergärten oder Würstelstände auf und interviewte Passanten dort über ihren Alltag. Ihr Motiv war klar: Sie wollte herausfinden, wie diese Gesellschaft funktionierte. Wer waren die Menschen und ihre Nachkommen, die Spiras Familie vertrieben hatten? Wie viel Antisemitismus und Rassismus existierten in diesem Österreich, dem sie misstraute und dem sie sich gleichzeitig verschrieben hatte? Verknüpft waren die Filme mit zwei politischen Entwicklungen: der Wahl Kurt Waldheims zum Bundespräsidenten und dem Aufstieg Jörg Haiders und seiner FPÖ.

Mit der Kamera fühlte sich Spira sicher. Die vielen Schimpftiraden gegen Juden und Ausländer, die sie oft zu hören bekam, konnten sie nun nicht mehr verletzen. Sie waren in Bild und Ton festgehalten, der öffentlich-rechtliche Rundfunk sendete sie im Hauptabendprogramm. Die Kamera wurde zu einer Waffe.

Die frühe „Alltagsgeschichte"

Bis zur Sendung „Stammtisch – ein Heimatfilm" hatten die Filme der „Alltagsgeschichte" mit Tagesaktualität nichts zu tun. Nach Spiras Rauswurf aus der politischen Berichterstattung im Jahr 1984 hatte der damalige Informationsintendant Franz Kreuzer der Journalistin die Sendereihe überantwortet. Die ersten Filme beschäftigten sich mit Alltäglichem aus der Vergangenheit. Politisch waren sie dennoch. Die erste Folge aus dem Jahr 1985 trug den Titel „Spiel nicht mit den Gassenkindern – Kindheit in der Kaiserstadt". Menschen unterschiedlicher Herkunft erzählten, wie sie in Wien zur Zeit der Monarchie aufgewachsen waren. Gleich zu Beginn stellt Spira die Geschichten zweier Frauen einander gegenüber. Die eine erzählt, wie sehr sie sich als Kind eine Puppe gewünscht, sie aber nie bekommen habe. Die andere, dass sie eine ganze Sammlung besessen, aber immer nur mit einer, „mit der schiachsten", gespielt habe.

Eine alte Frau mit verhärmtem Gesicht, in sich zusammengesunken, aber mit leichtem Trotz in der Stimme, erzählt von ihrer Kindheit im Waisenhaus. Sie wurde geschlagen und musste sich dafür auch noch bedanken. „Danke für die Strafe." 1905 „ging ich in den Dienst", wie sie berichtet, und es kam zu einer „unehelichen Mutterschaft". Sie sei damals einfach nur froh gewesen, dass sich „einmal ein Mensch um mich gekümmert hat". Doch als der Mann von der Schwangerschaft erfuhr, ließ er sie mit dem Kind sitzen.

Es sind zärtliche und gleichermaßen grausame Porträts, die Spira hier präsentierte. Über Menschen, die zur Kaiserzeit geboren wurden, im Ersten Weltkrieg heranwuchsen und 1918 vor den Trümmern ihrer Welt standen. Die damaligen Themen hatten nichts mit den späteren Reportagen auf der Straße zu tun, jedoch war Spiras einzigartiger Stil schon erkennbar. Sie beließ es nicht bei den Erinnerungen zufällig ausgewählter Zeitzeuginnen und Zeitzeugen. Ihr ging es um das große Ganze. Sie erzählte Geschichte anhand der Geschichten einfacher Leute.

Bezogen sich die frühen „Alltagsgeschichte"-Sendungen auf vergangene Epochen, so charakterisierte Spira später durch die Antworten ihrer Interviewpartner die Gegenwart. Ihre Fragen gingen in eine ähnliche Richtung. Wovon die Menschen träumten, wollte sie wissen, welche Wünsche sie hatten, was ihnen wehgetan hat. Die Kamera zeigte die Gesichter der Menschen in Großaufnahme, leuchtete aus, was man gern verstecken wollte, und blieb trotzdem respektvoll. Die Presse nahm die Reihe „Alltagsgeschichte" mit

Wohlwollen auf. Man lobte die „ausgezeichneten“ Sendungen und „einfühlsamen Reportagen“.

Es waren nicht nur die Lebensbedingungen armer Menschen in der Zeit der Monarchie, die Spira interessierten. Sie bat ehemalige Dienstboten – unter anderen jene Frau, die für ihre Großeltern in Wien gearbeitet hatte – vor die Kamera sowie Menschen, die als Mägde und Knechte ihr Leben im Elend fristen mussten. Oder sie ließ Männer erzählen, die in der Zwischenkriegszeit auf die Walz, also auf Wanderschaft gingen, um zu überleben und ihren Familien nicht auf der Tasche zu liegen.

Mit Oberflächlichkeiten gab sich Spira nicht zufrieden. Der Lack musste ab, wie sie immer wieder betonte. Ihren Interviewpartnerinnen und -partnern begegnete sie mit einem feinen Lächeln und ihrer tiefen, rauen Stimme. Mühelos wechselte sie zwischen Wiener Dialekt und Hochsprache, traf den Ton, den das Gegenüber hören wollte. Menschen öffneten sich. Zu ihrem Guten oder Schlechten.

Das Aufspüren von Ewiggestrigen, Neonazis und Alltagsrassisten spielte in den späteren Sendungen eine zentrale Rolle. Beschäftigt hatte das Spira aber schon früh.

Etwa in „Jugend unterm Hakenkreuz“ aus dem Jahr 1987. Spira suchte nach Menschen, die davon erzählten, wie die Nationalsozialisten ihr Heranwachsen geprägt hatten. Wie sie sich – freiwillig oder gezwungenermaßen – der Hitlerjugend oder dem Bund deutscher Mädel angeschlossen hatten. In einem Interview mit den *Oberösterreichischen Nachrichten* sagte Spira: „Als Aussage des Films ergibt sich, dass alles nur deshalb passieren konnte, weil die meisten Kinder und Jugendlichen damals in autoritären Familien aufwuchsen, also nicht gelernt hatten, sich aufzulehnen. Zudem herrschte entsetzliche Armut.“

Wenn Spira das Gefühl hatte, dass jemand noch immer der nationalsozialistischen Ideologie verhaftet war, hörte sie nicht auf nachzubohren. Oft behielt sie recht mit ihrer Vermutung. Spiras damaliger Kameramann, Willi Lindenberger, erinnert sich besonders an einen Vorarlberger Landwirt. Der Mann erzählte der Journalistin von der Erleichterung, als die Nationalsozialisten an die Macht kamen, weil plötzlich alle Schulden getilgt waren. Wie er als junger Bub zu den Heimabenden der Hitlerjugend gehen durfte und nicht dauernd am väterlichen Hof arbeiten musste. Später wurde er in die Wehrmacht eingezogen und meldete sich zur Waffen-SS. Weder beim Militär noch in der Gefangenschaft habe er von der Vernichtung der Juden

„Spiel nicht mit den Gassenkindern“, 1985: Diese Frau erzählt von ihrer Kindheit im Waisenhaus um 1900. Sie wurde geschlagen und musste sich für die Strafe auch noch bedanken

oder den Konzentrationslagern gehört, beteuerte er im Interview. Spira gab nicht auf und fragte weiter, bis sie hörte, was sie vermutete: „Und man sagt heute, die SS hat das alles gemacht. Da ist ein Hass vorhanden. Ich kann es ja verstehen, da wurden Millionen Juden vernichtet. Aber die kann man nicht mehr lebendig machen. Ich weiß nicht, warum die heute so einen Zorn haben auf uns. Und ich verstehe das ganz gut, dass heute ein Jude verfolgt wird. Er gibt nirgends eine Ruhe, gell.“

Aber nicht nur das Thema Nationalsozialismus habe Spira in erhöhte Alarmbereitschaft versetzt, erzählt Lindenberger. Generell bei Worten wie „Heimat“, „Ausländer“ oder „Abgrenzung“ habe Spira „wie ein Bluthund Witterung aufgenommen. Da wurde ihr Lächeln gefährlich“. Und dann fragte sie so lange, bis sie wusste, was dahintersteckte. Ein Nazi, ein Spießbürger oder doch gar nichts von beidem?

„Am Stammtisch“ – ein Stück österreichische Geschichte

Es war nur eine Frage der Zeit, bis Spira sich in ihren Filmen wieder mit aktuellen Themen auseinandersetzte. Die Wahl Kurt Waldheims zum Bundespräsidenten, der anschwellende Antisemitismus waren Anlass genug. Konnte sie in den historischen „Alltagsgeschichten“ zeigen, wie Menschen über ihre Vergangenheit dachten, so wollte sie nun wissen, welchen Blick sie auf die Gegenwart hatten. „Am Stammtisch“ sollte ihr erster derartiger Film werden. Spira recherchierte, wählte unterschiedliche Orte aus und holte Interviewgenehmigungen ein. Über drei Wochen hinweg besuchte sie mit ihrem Team verschiedene Stammtische: in Tirol Jäger und Schützen, in Kärnten einen Pfeifenklub, in Wien die Floridsdorfer Arbeiterfischer und einen Sparverein, in der Steiermark einen Kameradschaftsbund sowie Grazer Beamte und die Honoratioren in Bad Radkersburg.

Im Rückblick ähnelt der Film vielen anderen Sendungen der „Alltagsgeschichte“. Ein paar einfache Fragen genügten, und die Gesprächspartner – Frauen waren am Stammtisch selten anzutreffen – legten in Anwesenheit eines Fernsehteams ihren Antisemitismus, ihre Ausländerfeindlichkeit und ihren Sexismus offen. Vor allem der Pfeifenstammtisch tat sich in puncto Frauenfeindlichkeit hervor. Ein beleibter Herr rief laut: „Das Weib sei dem Mann untertan, steht schon in der Bibel. Haben wir jetzt einen neuen Herrgott, oder was?“

Im Unterschied zu späteren Sendungen wussten die Interviewten lange im Voraus, dass der ORF sie filmen würde. Zudem waren es einige von ihnen von Amtswegen gewohnt, in der Öffentlichkeit zu stehen und Worte mit Bedacht zu wählen. Im Jahr 1987, als der Vorarlberger Landwirt am Bildschirm erschien, war Kurt Waldheim schon Bundespräsident. Seine antisemitischen Aussagen stellten für den ORF kein Problem dar. Doch in „Am Stammtisch“ handelte es sich nun auch um Menschen, die eine Gruppe, eine Gemeinde oder gar einen Berufsstand repräsentierten.

Der Film sollte ursprünglich am 1. Juli 1988 auf Sendung gehen. Peter Rabl, zu dieser Zeit Leiter der Hauptabteilung Dokumentation, befand den Film für gut und nahm ihn ab. Doch ein Kollege war anderer Meinung. So kam es, dass der damalige Intendant der Fernseh-Information, Johannes Kunz, „Am Stammtisch“ noch vor der Ausstrahlung zu sehen bekam. Und Kunz war dagegen, den Film in dieser Fassung zu senden. Sollte Spira zustimmen, die antisemitischen Äußerungen herauszuschneiden, würde er sein Einverständnis geben. Kraft seines Amtes konnte er das allerdings nicht verfügen. Nur die Sendung als Ganzes abzusetzen war ihm möglich.

Neben dem Honoratiorenstammtisch in Radkersburg ging es auch um Aussagen beim Kameradschaftsbund in Kainach („die sollen einmal Ruhe geben, die auf der ganzen Welt um das Geld raufen. Das ist der Jud, wenn man es deutlich sagt, der bis heute nur schaut, dass er Unfrieden stiftet") und der Beamten in Graz („dass der Waldheim das Verbrechen begangen hat, was ihm angekreidet wird, das stimmt bestimmt nicht. Das ist von den Juden irgendwie aufgepulvert, möcht ich sagen"). Nur an einem der drei Stammtische wurde einmal eine abweichende Meinung geäußert, nämlich in Bad Radkersburg. Da versuchte der Pfarrer dem Vizebürgermeister ins Wort zu fallen und sagte dann: „Jede Ideologie, die uns von der Nazi-Zeit noch in den Knochen steckt, diese Extreme, die lehne ich ab."

Warum lag Kunz so viel daran, diese Szenen nicht auf Sendung zu bringen? „In Waldheim-Zeiten konnte jede Fernsehstation alles übernehmen, was bei uns auf Sendung ging", erklärt der ehemalige Intendant seine damalige Sichtweise. „Es handelte sich um den internationalen Programmaustausch." Er habe nicht Kurt Waldheim schonen wollen. Man sei mit dem Bundespräsidenten immer kritisch umgegangen. „Aber es war uns bewusst, dass aus diesem Film nur diese gewissen Ausschnitte gezeigt worden wären. Und dann hätte es geheißen: ‚Des san die Österreicher.'" Diesem Pauschalurteil wollte Kunz in dieser sensiblen Zeit seine Landsleute nicht aussetzen. „Der öffentlich-rechtliche ORF hat auch eine gewisse staatspolitische Verantwortung in der Außenwirkung."

Spira weigerte sich, an dem Film etwas zu verändern. Als „Am Stammtisch" im Jahr 2016 doch noch ausgestrahlt wurde, sagte sie im Interview mit dem *Kurier*: „Ich kann es mir nicht aussuchen, was die Leute reden. Wenn man sich in ein Wirtshaus setzt, kommen solche Sachen heraus. Jedes Volk, das einen Kopf hat, muss auch seine Schwächen und Ekelhaftigkeiten aushalten. Man kann nicht ständig nur Walzer tanzen."[141]

An den Rändern der Waldheim-Affäre kam es im ORF so zu einer „Stammtisch"-Affäre, die von den heimischen Medien, aber auch vom deutschen Nachrichtenmagazin *Der Spiegel*, aufgegriffen wurde. „Solch intime Einblicke in die alpenländische Seele will der ORF seinen sensiblen Sehern offenbar doch nicht zumuten", war dort zu lesen. „Viermal wurde der Film angesetzt – und immer wieder aus dem Programm geschmissen."[142]

Eiertanz im ORF – Eine Chronologie

Zum ersten Mal verschoben wurde „Am Stammtisch“ aufgrund eines Tennismatches. Auf dem nächsten vorgesehenen Sendeplatz im September 1988 setzte der ORF ein Konzert an. Mittlerweile hatte Spiras Chef, Peter Rabl, den ORF verlassen, sein Nachfolger für die Hauptabteilung Dokumentation war Franz Hlavac. Im Herbst 1988 arbeitete Elizabeth Toni Spira schon an einem neuen Film, „Und draußt bist du“. Sie interviewte Menschen, die in ihrer Kindheit zur Zeit des Nationalsozialismus als U-Boote leben mussten. Dass zum nächsten Sendetermin nun dieser Beitrag Vorrang hatte – im November jährten sich die landesweiten Pogrome gegen Jüdinnen und Juden zum 50. Mal – war Spira einsichtig. „Am Stammtisch“ wurde für den 2. Dezember angekündigt.

Am 7. und 8. November kam es mittels interner Mitteilungen zu einem Schlagabtausch zwischen Hlavac und Spira. Sie warf ihm vor, keine nachvollziehbaren Begründungen für die Absetzung der Sendung genannt zu haben – diverse Dialekte und Witze seien unverständlich gewesen –, er habe ihr mitgeteilt, dass der „Film nun überhaupt nicht gesendet“ werde, wegen einer Dokumentation über J. F. Kennedy. Hlavac entgegnete, er habe nur gesagt, die Sendung werde „aus aktuellen Gründen“ – wegen einer Doku zum 25. Jahrestags des Attentats auf Kennedy – „aus dem Programm genommen“. Zudem finde er die Sendung unstrukturiert und mittlerweile auch nicht mehr aktuell. „Peter Rabl, mein Vorgänger, erklärte mir zur damaligen Abnahme des Filmes, er halte die Dokumentation nicht für hervorragend, sondern für ein Konzert von Rülpsern.“ Rabl reagierte am 15. November über eine externe Mitteilung: „Der zitierte Absatz steht in keinem wie auch immer gearteten Verhältnis zur Wahrheit. Eine Aussage dieser Art habe ich weder wörtlich noch sinngemäß Dir oder jemand anderem gegenüber gemacht.“

Mittlerweile hatte das Nachrichtenmagazin *Profil*[143] über den Fall berichtet und zitierte seinerseits Hlavac: „Die Geschichte wird sicher gesendet.“ Davor werde Spira diese noch aktualisieren. Spira kam am Ende des Artikels vom 14. November 1988 zu Wort: „Ich hab mir den Film nochmals angeschaut. Ich ändere daran keinen Millimeter.“ Ihr sei aufgefallen, dass die historischen „Alltagsgeschichten“ „nie aus aktuellen Gründen verschoben wurden. ‚Am Stammtisch‘ ist mein erster aktueller gesellschaftspolitischer Film seit Jahren.“ Der *Arbeiter-Zeitung*[144] sagte

Spira: „Mir teilte Herr Hlavac am Telefon mit, dass mein Film nun endgültig gestorben sei." Der Film werde „selbstverständlich ausgestrahlt", zitierte die *AZ* wiederum den Hauptabteilungsleiter, jedoch erst nach den Aktualisierungen.

In zwei Leserbriefen an die beiden Medien echauffierte sich Hlavac unter anderem über Spira – sie habe den Zeitungen die internen Mitteilungen zugespielt, und das „wirft eher ein Bild auf diese Mitarbeiterin und nicht auf die Taktik der Führungscrew". Zudem stehe er, Hlavac, seit 15 Jahren für kritische Berichterstattung im ORF, „und wenn ich gegen die Ausstrahlung eines Beitrags bin, dann nicht, weil er kritisch ist, sondern weil er schlecht ist". In einem Aktenvermerk vom 15. November 1988 gibt Spira zu Protokoll, dass sie die internen Mitteilungen weder an *Profil* und *Arbeiter-Zeitung* noch an jemand anderen weitergegeben habe, „weil mir bekannt ist, dass derartiges nicht statthaft ist". Zehn Tage später wurde sie vom Personalbüro über ihre Beurlaubung bis zum 2. Dezember informiert: „zur Sondierung ihrer zukünftigen Verwendung im Unternehmen".

Betriebsrat, Gewerkschaft und auch die Grazer Autorenversammlung schalteten sich ein, um vom Informationsintendanten eine Erklärung für die Vorgänge zu bekommen. Dieser teilte Spira am 25. November mit, dass die Sendereihe „Alltagsgeschichte" eingestellt werde. „Da in keiner anderen Hauptabteilung meiner Intendanz eine Verwendungsmöglichkeit für Sie besteht, habe ich den Generalintendanten ersucht, einen Einsatz Ihrer Person samt Dienstposten in einer anderen Intendanz des ORF zu veranlassen." Nach einem weiteren kritischen Artikel im *Profil* über seine Intendanz am 23. Jänner 1989 reagierte Kunz mit einem Leserbrief, in dem er noch einmal bekräftigte, dass es für Spira keine Verwendung mehr in seinem Bereich gebe. Unter den Brief setzte nicht nur er, sondern auch alle ihm unterstellten Hauptabteilungsleiter ihre Unterschrift.

Hilfe kam von ganz anderer Seite. Während Kunz als SPÖ-nah galt, eilte nun der schwarze Programmintendant Ernst Wolfram Marboe zu Hilfe. „Alltagsgeschichte" sollte nun der Hauptabteilung Kultur zugeordnet werden, die Karl Löbl verantwortete. Die Tageszeitung *Die Presse* war neben vielen anderen voll des Lobes: „Denn seine [Marboes; Anm.] Ankündigung, die von Johannes Kunz am liebsten gekündigte Dokumentarfilmerin Toni Spira in seinem Bereich arbeiten zu lassen, zeugt von jener seltenen Geisteshaltung, die es ermöglicht, ideologische Differenzen – die zwischen Spira und Marboe fraglos bestehen und die sicher auch noch zu Problemen führen werden –

- 2 -

6

nur zwei Möglichkeiten: hätte sich keine anderweitige Verwendung für Frau Spira gefunden, wäre eine Kündigung - wie in jedem anderen Unternehmen auch - die logische Konsequenz gewesen. Von dieser Situation unterrichtete der Informationsintendant den Generalintendanten.

Wir erwarten, daß diese Klarstellung im Sinne eines Mindestmaßes an journalistischer Fairneß den "Profil"-Lesern zur Kenntnis gebracht wird.

Mit besten Grüßen

Johannes Kunz, Informationsintendant Fernsehen

Dr. Horst Friedrich Mayer, Hauptabteilungsleiter Aktueller Dienst

Walter Schiejok, Hauptabteilungsleiter Service-Sendungen

Franz Krynedl, Hauptabteilungsleiter Sport

Dr. Franz Hlavac, Hauptabteilungsleiter Dokumentation

Alfred Payrleitner, Hauptabteilungsleiter Wissenschaft und Bildung

Leserbrief von Johannes Kunz im Jänner 1989 an Profil: Für Spira gäbe es in seiner Intendanz keine Verwendung. Auch alle Kunz unterstellten Hauptabteilungsleiter unterschrieben den Brief

hinter professionellen Überlegungen zurückstellen zu können." „Am Stammtisch – ein Heimatfilm" ging allerdings auch hier nicht auf Sendung.

Die Zeit der Skandale war damit nicht vorbei.

„Das Leben hinter Klostermauern"

Neben „Am Stammtisch" landete noch ein weiterer Film – jedoch erst nach seiner Ausstrahlung – im „Giftschrank" des ORF. Jahrelang durfte er nicht mehr gezeigt werden. Es handelte sich dabei um „Das Leben hinter Klostermauern" aus dem Jahr 1992.

Spira und ihr Team besuchten ein Franziskanerinnen-Kloster in Vöcklabruck in Oberösterreich. Dort lebten damals hundert Schwestern. Der Fokus des Films lag auf den alltäglichen Tätigkeiten der Nonnen und auf der Frage, warum sich junge Frauen für ein solches Leben entschieden hatten. Wer hier Elitäres und Hochgeistiges erwartete, wurde enttäuscht.

So sieht man gleich zu Beginn die betagte Schwester Agnelle, die auf einer Mundharmonika einen Marsch trötet, um den Arbeitstag einzuleiten. In der Hostienbäckerei, in der einige Nonnen seit Jahrzehnten Hostien unterschiedlicher Größe backen und ausstechen, singt eine Schwester dabei „Hänschen klein".

Eine Nonne spricht über ihre Berufung und ihren Glauben, während sie in der Kirche abstaubt. Ein Zwischenschnitt zeigt eine von einem Schwert durchbohrte Statue, deren Gesicht skurril verzerrt ist.

Die Interviews mit den Schwestern führt Spira behutsam. Doch man merkt, dass es ihr schwerfällt, in diese ihr fremde Welt einzutauchen. Statt die Frage nach dem Glauben zu vertiefen, will Spira wissen, ob die Nonnen auch einmal verliebt gewesen seien. Die einen wirken im Gespräch sehr vergeistigt, andere bodenständig und amüsiert, wieder andere haben Schwierigkeiten, sich auszudrücken.

Man sieht eine Nonne, die auf einem Traktor sitzt und mit hoher Geschwindigkeit Schnee räumt. Eine ältere Schwester hält stolz dicke Wollsachen in die Kamera, die sie für die Mission in Afrika strickt. Während des Mittagsgebets nicken ein paar der Frauen ein.

Wie in den meisten ihrer Filme war Spira vor allem an älteren Menschen und deren Schicksalen interessiert. Kameramann Peter Kasperak filmte auch bettlägerige Nonnen im Pflegeheim – aber auch das war, wie jede andere Aufnahme, nur mit Genehmigung des Klosters möglich.

„Das Leben hinter Klostermauern", 1992: Der Film landete nach seiner Erstausstrahlung im „Giftschrank" des ORF. Heute ist der Beitrag wieder zu sehen

Am Ende versammeln sich drei ältere Schwestern zum Abendgebet. Spira fragt nach dem Sterben, eine der drei versteht nicht gleich. „Ob Sie sich freuen aufs Sterben!", ruft ihr die andere zu. „Naja, fürchten tu ich mich nicht", antwortet die Angesprochene lakonisch. Und eine andere beschwört: „Geben tut es sicher einen Himmel. Da wären wir arm dran, wenn es keinen Himmel gäbe. Wenn wir unser ganzes Leben so arbeiten, ohne Lohn, ohne Einkommen." – „Der Himmelvater zahlt", bekräftigt ihre Mitschwester. „Das hoffen wir."

Der Film löste einen Proteststurm innerhalb der Kirche aus. Ganze Orden, Priester, Mitarbeiterinnen unterschiedlicher Institutionen der Schulschwestern sowie viele Zuseherinnen und Zuseher zeigten sich empört und enttäuscht. Die Generaloberin Maria Thoma, die auch im Film vorkommt, bezeichnete den Film als „skurrile Verzerrung des Lebens und der Tätigkeit der Schulschwestern"[145]. Man sehe die Schwestern nur „beim Schrubben und Beten"[146], die Arbeit der „aktiven Schwestern" in Kindergärten oder Schulen sei nicht berücksichtigt worden. In oberösterreichischen Medien sprach der Nationalratsabgeordnete Helmut Kukacka von der ÖVP davon, dass hier nahezu nur „Banalitäten, Skurrilitäten und Verschrobenheiten“[147] gezeigt würden. Der Wiener *Kurier* sah das in einer Kolumne anders. „Dass Frau Spira es geschafft hat, auch ein so stark mit religiösen und sonstigen Gefühlen aufgeladenes Thema abzuhandeln, ohne die Reportage-Arbeit gegen besinnliche Hochglanz-Dummheiten einzutauschen, ist bewundernswert.“[148]

In einem Brief an den ORF forderte der betroffene Franziskanerinnen-Orden eine Wiedergutmachung. Der damalige Generalintendant Gerd Bacher sicherte zu, dass der Film nicht mehr gesendet werde.

Spira beantwortete viele der kritischen Briefe, die sie nach der Ausstrahlung des Films erhielt. Einer Ordensfrau schrieb sie: „Nichts lag mir ferner als zu verletzen oder zu beleidigen. Vielleicht ist der Blick von ‚außen‘ ein anderer als der ‚von innen‘.“ Einer Frau, die ihr vorwarf, sie hätte die Schwestern „als einfältig hingestellt“, entgegnete Spira: „Wie Sie wissen, war dieser Film eine Reportage und kein Spielfilm – ich habe niemanden hingestellt, sondern vielmehr die Schwestern im Mutterhaus zu Vöcklabruck interviewt. Viele Schwestern, die dort leben, kommen aus einfachen Verhältnissen – doch sind sie weder dumm noch einfältig.“ In einer allgemeinen Stellungnahme betonte Spira, dass „bei allen Aufnahmen und Interviews eine Schwester der Ordensleitung anwesend“ war, und skizzierte ihr Interesse. Die Sendung sollte „kein Religionsfilm“ werden, sondern „den Alltag der Schwestern im Mutterhaus zeigen“.

Mittlerweile ist „Das Leben hinter Klostermauern“ wieder zu sehen. Die Schwestern in Vöcklabruck bedauern dies. „Es war sicherlich ein Fehler, Frau Spira damals in allen Bereichen drehen zu lassen“, formuliert es die Generaloberin Sr. Angelika Garstenauer heute. „Die damaligen Verantwortlichen haben wohl nicht damit gerechnet, dass das Fernsehteam nicht sehen konnte oder wollte, wo die Grenzen des Anstands sind.“ Sie sehe die Grenzen dort, wo „der Respekt vor den Menschen verloren geht. Wo Menschen trotz Demenz, Krankheit oder Verwirrung der Öffentlichkeit präsentiert werden, ohne zu erklären und Kontexte aufzuzeigen.“ Das sei in diesem Film passiert.

Heimat und Exil

Zwischen den historischen und den aktuellen Sendungen der „Alltagsgeschichte“ gab es noch eine dritte Gruppe. Sie bestand nur aus drei Filmen, und doch berührten sie zentrale Lebensthemen der Journalistin, Heimat und Exil: In „Heimkehr ohne Ankunft“ (1990) befragte Spira politische Dissidenten aus der Tschechoslowakei, wie ihr Leben nach dem Fall des Eisernen Vorhangs weitergehen würde. „Leben im Wartesaal“ (1994) stellte Flüchtlinge aus Bosnien-Herzegowina in den Mittelpunkt, und in „Man gewöhnt sich“ bat Spira Bewohnerinnen und Bewohner des Maimonides-Zentrums, des Seniorenheims der Israelitischen Kultusgemeinde, vor das Mikrofon. Sie erzählten ihr von ihrem Umgang mit ihrer Vergangenheit, vom Holocaust.

Einer der Protagonisten des Films „Heimkehr ohne Ankunft“, der tschechische Schriftsteller Petja Podhrasky, war schon in der „teleobjektiv“-Sendung „Ich möchte so gern da sein – Ich möchte so gern fort“ ein Interviewpartner gewesen. Damals war es um sein Wiener Exil gegangen. Das hatte nun ein Ende. Denn jetzt konnte er heimkehren. Aber wollte er das? Spira begleitete ihn auf seiner Fahrt in die alte Heimat.

„Das Exil ist vorbei“, sagt Podhrasky. Jetzt beginne die Emigration. „Man ist Exilant aus politischen Gründen. Jetzt bin ich ein Österreicher, und jetzt kann ich zurückgehen. Das politische Regime hat sich verändert.“ Doch erst jetzt komme das Unglück, formuliert es der bärtige Schriftsteller mit den müden Augen. In der Tschechoslowakei gäbe es nun Pläne und Zukunft, aber er habe das Gefühl, dass er dort keine Zukunft habe. „Ich hänge im Vakuum. Zwischen den Grenzen.“ Am Ende fragt Spira Podhrasky: „Petja, du bist zurückgekommen, bist du heimgekommen?“ – „Ich kann heimkehren, aber nicht ankommen“, antwortet er.

Dies ist einer der sensibelsten Momente in Spiras Filmen. Er berührt das Leben der Journalistin und wirft jene Fragen auf, die sie sich ein Leben lang selbst stellte. Flüchtlingen, Exilanten, Dissidenten und Emigranten gehörte ihr Herz. Hier war sie ihren Interviewpartnern ganz nah. In vielen anderen Sendungen mimte Spira zwar die Verständnisvolle, hielt aber dennoch professionelle Distanz. Mit der Kamera sah sie sich Orte an, die sie privat nie aufgesucht hätte. Doch ging es um das Misstrauen gegenüber der Heimat, der alten wie der neuen, und sprach sie mit Menschen, die nicht wussten, wohin sie gehörten, dann wurde sie zur Verbündeten ihrer Gesprächspartner.

So auch in „Leben im Wartesaal“ (1994). „Das Exil ist für Schriftsteller inspirierend“, sagt darin der bosnische Autor Kemal Mahmutefendić. „Aber für den Menschen ist es schwierig.“ Jasminka Princip, eine Bosniakin, die mit dem Serben Sergej Princip verheiratet ist, dem Enkel des Attentäters von 1914, Gavrilo Princip, erzählt von ihren Träumen. Dass sie sich fürchte, nicht vor schlechten, sondern vor den schönen Träumen. „Ich träume von den Tauben auf den Dächern meines Geburtshauses. Ich höre sie sogar turteln.“ Wenn sie nach dem Erwachen auf die Straße gehe, beginne sie wie ein Tier die Luft zu schnuppern, um die Gerüche von Sarajevo aufzuspüren. „Doch ich finde sie nicht.“ Wenn Spira im Schneideraum saß und mit ihrer Cutterin alle Szenen wieder und wieder begutachtete, hatte sie bisweilen Tränen in den Augen. Vor allem, als eine junge Frau sprach: „Ich bin zwischen meiner Heimat und meiner neuen Heimat geblieben. Die Seele bleibt in der Luft.“

„Wie geht es Ihnen?“

Die Sendungen der „Alltagsgeschichte“, denen die Journalistin auch heute noch ihre Bekanntheit verdankt, waren jedoch andere. Sie sprach mit Menschen auf der Straße, besuchte das Tröpferlbad, U-Bahn-Stationen, die Donauinsel und Kaffeehäuser, sie interviewte Hunde- und Vogelbesitzer zu ihrem Leben mit den Tieren.

Spira ging es nicht um Dokumentation oder eine möglichst objektive Darstellung dieser Soziotope. Sie war auf der Suche nach guten Geschichten, und dafür brauchte sie Interviewpartnerinnen und -partner, die sich ihr öffneten. Hatte sie früher nach Personen gesucht, die über eine bestimmte historische Epoche sprechen konnten, so wollte sie nun spontane Wortmeldungen von Passantinnen auf der Straße aufzeichnen oder Beislbesuchern Fragen zu deren Leben stellen. „Was denkt, was fühlt jemand?“[149], wollte sie wissen. „Welche Wut hat er?“ Zur Auswahl ihrer Interviewpartner vermerkte sie: „Bei einem Angestellten und Beamten wird's schwierig, weil der anfängt nachzudenken: Wie wirke ich?“ Diese Menschen hätten Angst, etwas von sich preiszugeben. „Auch Intellektuelle oder sehr gescheite Leute sind für solche Filme unbrauchbar.“ Film sei ein emotionales Medium, man wolle Menschen lachen und weinen sehen. „Alles andere will ich eigentlich durchs Fernsehen nicht vermittelt bekommen, alles andere möchte ich lesen.“

„Wie geht es Ihnen?“ oder „Wie geht es Ihnen heute?“ war Spiras klassischer Einstieg, um mit Menschen ins Gespräch zu kommen. In der Sekunde schien sie mit dem Befragten auf Augenhöhe zu sein. Ein Trugschluss. Denn Spira wollte nicht nur Geschichten über den Alltag hören, sondern sie war interessiert am inneren Kompass ihrer Gesprächspartner. Wovon träumten sie? Wonach suchten sie? Welche Enttäuschungen hatten sie erlebt? Welche Verletzungen? Die Antworten waren oft ernüchternd. Im Film „Im Bad“ (2001) sagte eine Frau auf die Frage, ob sie einen Wunsch habe: „Nein. Muss i net haben. Wunsch brauch ich keinen.“ „Dass i bald stirb“, antwortete eine Jugendliche in „Liebling, ich bin im Prater“ (1995) auf die Frage nach ihrem Lebenstraum. „Mir macht das Leben keinen Spaß. Ich habe immer Fehler gemacht.“

Zu diesen großen Fragen kam Spira geschickt über „Wie gefällt es Ihnen da?“, „Wo ist denn Ihre Frau heute?“ oder „Sind Sie ganz allein da?“. Schnell

Elizabeth Toni Spira mit ihrem Team beim Drehen einer „Alltagsgeschichte“

Drei Wochen, zwölf bis 14 Stunden am Tag dauerte es durchschnittlich, bis die Dreharbeiten für eine „Alltagsgeschichte“ abgeschlossen waren. Dann folgten weitere vier Wochen im Schneideraum

eröffneten sich ihr Ehedramen, Scheidungskriege, große und zerstörte Lieben sowie das, was ihre Protagonisten über „die Ausländer“ dachten und, wenn sie alt genug waren, was sie im Zweiten Weltkrieg gemacht hatten. So wie beim Vorarlberger Landwirt hörte sie nicht auf zu fragen, wenn sie vermutete, dass diesbezüglich etwas zu holen war.

„Und die Juden, mögen Sie die?“, fragt sie einen Österreicher im Zug Richtung Bratislava im Film „Kleiner Grenzverkehr“ (1992). „Na, die mog i goar net“, antwortet dieser. „Jeder Jud’ hat zusätzlich die israelische Staatsbürgerschaft. Hean S’, i frog Sie, was ist das für ein Mensch, der zwei Heimats hat? Man kann nur eine haben, so wie man nur eine Mutter hat. Die tun so, als ob sie schon immer da gewesen wären. Wahrscheinlich sagt derselbe Jud’ woanders, ja, da gehört er auch hin. Der hat eben mehrere Heimats. Ein anderer hat nicht zwei, der hat nur eine!“ – „Die anderen sind auch nicht vergast worden", entgegnet Spira. „Wissen Sie, was ich Ihnen als Techniker sag? Ich habe mich mit der Frage beschäftigt. Diese Massengaskammern sind technisch bis heute nicht möglich."

Was eine gute Geschichte war, wen Spira vorführte, wessen Biografie sie kunst- und liebevoll in wenigen Sätzen auffächerte und über wen sie sich nur lustig machen wollte, hing ganz von ihren persönlichen Maßstäben ab. Und von jenen ihres Kameramanns Peter Kasperak. Denn was wären die „Alltagsgeschichten" ohne die amüsanten bis boshaften Zwischenschnitte, die die Interviews begleiteten. Kasperak arbeitete von 1992 bis 2003 mit Spira zusammen. Noch länger war die Cutterin Angela Kauf an der Seite der Filmemacherin: ab 1991 18 Jahre lang. Kasperak und Kauf zeichneten auch längere Zeit gemeinsam mit Spira für die erfolgreiche Sendung „Liebesg'schichten und Heiratssachen" verantwortlich, die ab 1997 jährlich in zehn Folgen ausgestrahlt wurde.

Die Arbeit für eine „Alltagsgeschichte" war aufwändig und langwierig, dementsprechend eng die Zusammenarbeit. Drei Wochen, zwölf bis 14 Stunden am Tag dauerte es durchschnittlich, bis die Dreharbeiten für eine Sendung abgeschlossen waren. Dann folgten weitere vier Wochen im Schneideraum.

Die meiste Zeit brachte das Team, bestehend aus Spira, Kasperak und den beiden Assistenten, mit Warten zu. Sie begaben sich etwa in ein Beisl, in dem sie drehen wollten, stellten ihre Ausrüstung ab, bauten das Licht auf, setzten sich mitten ins Lokal und packten die Karten aus. Bauernschnapsen war das ideale Spiel, denn dafür brauchte man vier Personen. Es konnte Stunden dauern, bis etwas Interessantes passierte – oder bis jemand auf sie zukam. „Und es passiert immer irgendetwas", sagte Spira.[150] „Es kommt immer einer vorbei und fängt an zu singen oder hält eine Volksrede oder fängt an zu schimpfen. Also am besten ist es, wenn wir einfach nur stumm dort stehen und unschlüssig die Leute anschauen. Irgendwas entsteht immer."

Die meisten Menschen kannten „die Spira" und ihre Sendungen. Sie wollten ein Interview geben und aus ihrem Leben erzählen. In anderen Fällen ging sie selbst auf die Menschen zu, wenn sie ihr bemerkenswert erschienen. Danach unterschrieben die Interviewten eine Vereinbarung, dass sie mit der Ausstrahlung des Materials einverstanden waren. Das galt auch für zufällige Passanten, denen Kasperak ins Gesicht filmte, oder Menschen, die aus dem Fenster schauten. Auch vor Betrunkenen machten Spira und Kasperak nicht Halt.

„Das Glück ist ein Vogerl" aus dem Jahr 1995 gehört zu den berühmtesten Folgen der „Alltagsgeschichte". Spira interviewte Menschen, deren Lebensinhalt ihre gefiederten Haustiere sind

Die Extreme, zwischen denen sich die Interviews abgespielt hatten, zeigen sich etwa in der Sendung „Am Würstelstand" aus dem Jahr 1995. „Es ist mir ein Bedürfnis, Ihnen sehr herzlich dafür zu danken, dass ich Gelegenheit hatte, in Ihrer Sendung vom 28.12.1995 meine Meinung einmal vor großem Publikum zum Ausdruck zu bringen", schrieb ein – im Film nüchterner – Herr an Toni Spira. „Wie Sie Menschen zum Sprechen bringen, das ist einfach großartig – Man erlebt hautnah mit, wie die Menschen im Gespräch sich selber und ihr Innenleben erkennen." Ein anderer – er war einer der Betrunkenen – forderte vom ORF ein Honorar in der Höhe von 7000 Schilling. Er finde es „nicht korrekt, dass ich nächtens am Würstelstand betrunken gefilmt werde, und bin damit nicht unbedingt einverstanden, so gesendet zu werden. Es wäre zumindest nötig gewesen, vorher mein

Elizabeth Toni Spira und Kameramann Peter Kasperak mit ihrem gemeinsamen Buch „Alltagsgeschichten“, das 1999 erschien

Einverständnis einzuholen, das ich angesichts der unvorteilhaften Situation nicht gegeben hätte.“ Doch das hatten Spira und ihr Team wohl verabsäumt. Die Einverständniserklärung, die ihm beim Interview offenbar nicht gegeben wurde, unterschrieb der Mann drei Monate später. Im Gegenzug erhielt er die von ihm verlangte Entschädigung.

Häufiger waren jedoch Reaktionen von Menschen, die nicht in einem von Spiras Filmen vorkamen, aber sich einer bestimmten Gruppe zugehörig und von Spira falsch dargestellt fühlten. Zum Beispiel Schrebergärtner. Am 6. September 1992 wurde der Film „Das kleine Glück im Schrebergarten“ ausgestrahlt. Neben den Geschichten über Vereinsmeierei, die bösen Nachbarn und eine Frau, die ihre Gartenzwerge behandelt, als wären sie ihre Kinder, schimpfen viele Interviewpartnerinnen und -partner auf

„die Ausländer". Am Ende trifft Spira auf einen alten Mann. Er sei immer „oben geschwommen", erzählt er, hatte Parteibücher von den Roten wie den Schwarzen. Dann streicht er sich die Haare nervös zurück. „Was war denn da noch, da war noch ein Verein." Bei den Kommunisten sei er nie gewesen. „Und die Nazis?" Ja, da sei er dabei gewesen. Wobei, „ein so starker Nazi" sei er nicht gewesen, ein Mitläufer eben. Spira glaubt ihm nicht und behielt recht. „Bei welchem Verein der Nazis waren Sie denn?", fragt sie. „Bei der SA", sagt der Mann. „Da war ich bei der Reiterstandarte." Noch dazu in derselben Abteilung wie Kurt Waldheim.

Kleingartenvereine meldeten sich nach der Sendung und waren empört. Spira habe bestimmte Typen gezeigt, „die sicher nicht zur Regel gehören. Es entstand der Eindruck, als gäbe es in den Kleingartenanlagen nur alte, verschrobene, primitive Menschen", schrieb ein Verein. Ein weiterer hoffte am Ende seines Briefs, dass Spira in der nächsten Sendung „auch die andere Seite eines Gartenlebens" zeigen würde. Wenige Monate später flog Spira mit ihrem Team nach Mallorca, um ältere Menschen zu interviewen, die dort den Winter verbrachten.[151] Sie traf auf zwei Ehepaare, die Kleingärten besaßen. Die Sendung über die Schrebergärten sei „eine Schweinerei" gewesen, echauffierten sie sich. Und: „Wir sind doch keine Ausländerfeinde." Spira machte den Ehepaaren ein Angebot: „Sie können jetzt das Bild der Österreicher richtigstellen." Als die Kamera lief, stellte sie eine ihrer vermeintlich belanglosen Fragen. Ob sie sich denn auf Mallorca wohlfühlten? Die Antwort kam prompt: „Im Prinzip ja, aber es gibt hier viel zu viele Ausländer."[152]

Spira wurde immer wieder vorgeworfen, fast ausschließlich Menschen zu befragen, die am vielzitierten „Rand der Gesellschaft" lebten, die Armut und andere Katastrophen erfahren hatten sowie wahlweise skurril oder nicht sehr gebildet wären. „Mich langweilt die bürgerliche Welt zu Tode", pflegte sie zu entgegnen.[153] Da werde sie „feindselig". „Glückliche Menschen sind wunderbar, aber für den Berichterstatter uninteressant. Menschen, die wenig Hoffnung und Geld besitzen, straucheln halt manchmal: Drogen, Alkohol, Raufereien, manchmal auch Gefängnis. Ich male keine heile Welt, denn zum Unterschied von Grillparzer bin ich der Meinung, dass Armut kein schöner Glanz von innen ist. Wenn die Zukunft und die Hoffnung stirbt, bleibt Bitterkeit und Einsamkeit."[154]

Dennoch fand sich in Medienberichten immer wieder der Vorwurf, Spiras Filme seien sozialpornografisch. „Gute Pornografie ist doch was Schö-

„Das kleine Glück im Schrebergarten", 1992: Nach der Sendung meldeten sich viele empörte Kleingartenbesitzerinnen und -besitzer und beschwerten sich über den Film

nes", antwortete Spira darauf im *Falter*.[155] Was sie dazu sage, dass man bei vielen Interviewpartnern das Gefühl habe, die wüssten nicht, was sie tun? Spira reagierte empört. „Ihr seid ja so viel klüger als die Menschen da draußen", schalt sie die Journalisten. Das gehe ihr auf die Nerven. „Ihr haltet alle, die keine *Falter*-Redakteure sind, für Idioten. Das ist ja zu blöd!" Jeder wisse, was eine Kamera und ein Interview sei. „Viele haben Angst davor und sagen: ‚Ich will das nicht.'" Man könne niemanden überreden. „Entweder er freut sich, oder er freut sich nicht."

Menschen vor sich selbst zu schützen, wie es Journalistinnen und Journalisten bisweilen tun – davon hielt Spira nichts.

Und bei all der Kritik gab es mindestens so viele Lobeshymnen, in den Medien wie auch in Briefen von Zuschauerinnen und Zuschauern. Nach zehn Jahren „Alltagsgeschichte" war etwa im *Kurier* zu lesen: „Oft wird Spira vorgeworfen: So sind wir ja gar nicht." Aber das habe Spira auch nie behauptet. „Sondern nur, dass wir *auch* so sind. Dass das Ergebnis informativ *und* unterhaltend *und* schockierend *und* lustig ist, ist wahrscheinlich das Beste, was man einer Sendung nachsagen kann."

„In der Großfeldsiedlung"

Besonders hinterfragt wurde die Spira'sche Art, Menschen zu zeigen, im Jahr 2002. Im Dezember ging der Film „In der Großfeldsiedlung" auf Sendung. Spira drehte in Floridsdorf mit ihrem Team Szenen in einer der größten Gemeindebauanlagen von Wien. Die Journalistin tat das, was sie bisher immer getan hatte. Sie suchte sich die Gestrandeten, die vom Leben in eine Ecke gedrängten – und jene, die etwas zu erzählen hatten. Es kommen Menschen zu Wort, die an Drogen- oder Alkoholsucht leiden, die im Gefängnis waren, einer, der mit einer Messerstecherei prahlt. Ein alter Mann erscheint mit einem blauen Auge im Beisl und berichtet, mit traurigem Blick, dass ihn seine Frau ständig schlage. Eine junge Frau erzählt, dass sie mit zwölf Jahren vergewaltigt worden sei. Niemand habe ihr geholfen und sie habe auch niemanden angezeigt.

Im Film war zu sehen, was die „Alltagsgeschichte" seit Jahren ausmachte. Eine subjektive Auswahl von Schicksalen an einem spezifischen Ort. Viele Sendungen wurden bis dahin mit wütenden Protestbriefen und überschwänglichen Lobeshymnen quittiert. Doch dieses Mal sprangen Politiker, wie der Nationalratsabgeordnete Ferry Maier von der ÖVP und der Bezirksvorsteher Heinz Lehner von der SPÖ, sowie die *Kronen Zeitung* den Kritikern bei. Alle witterten sie eine pauschale Verunglimpfung der Großfeldsiedlung. „Aufschrei: So nicht Frau Spira!", titelte das Kleinformat am 19. Jänner 2003. „Heute, Sonntag, wird der aufgestaute Dampf der kochenden Floridsdorfer Volksseele in Richtung der Druckverursacherin ventiliert", beginnt der zugehörige Artikel. Spira und ihr Kameramann Peter Kasperak stellten sich an diesem Tag wütenden Bewohnern der Großfeldsiedlung im Theater im Rabenhof.

Auch der linksliberale *Standard* berichtete über die Veranstaltung und die hitzige Debatte.[156] Spira verteidigte im Rabenhof ihr Werk. „Es sind Filme über Menschen", sagte sie am Podium. „Jeder Mensch ist einmalig – und das sind zwanzig einmalige Menschen, die stehen nicht stellvertretend für andere.“ *Standard*-Redakteur Thomas Rottenberg sah das anders. Immerhin stehe „Großfeldsiedlung“ im Titel: „Genauso könnte man einen Film über Afrikaner in Wien drehen und dann nur Dealer in der U6 zeigen, weil das ja auch eine Facette der Wahrheit ist.“ Auch der Künstler Hermann Nitsch meldete sich zu Wort: „Erst die pseudobürgerliche Arroganz diskriminiert diese Menschen“, sagte er. Spira halte der Gesellschaft einen Spiegel vor. „Aber einen, der immer nach unten gehalten werde“, entgegnete Rottenberg. „Ich würde gern auch einmal einen Bericht vom Jägerball sehen, wenn das b'soffene Komtesserl durch die Logen gereicht wird.“

Das Ergebnis der Podiumsdiskussion: Spira lehnte eine Wiedergutmachung ab. Kameramann Kasperak bot einen Universum-Film über seltene Tiere in der Großfeldsiedlung an, und die Bewohnerinnen und Bewohner der Großfeldsiedlung blieben wütend.[157]

Die Sendereihe „Alltagsgeschichte“ bot dem Publikum ein großes Sammelsurium an Szenerien und eine Vielfalt an Möglichkeiten, diese wahrzunehmen. Als pure Unterhaltung, als politische Gesellschaftsreportage, als Studie über die Einsamkeit, als Sozialporno oder als Bösartigkeit gegenüber Menschen, die nicht wussten, was sie taten. Die meisten Sendungen beinhalten all diese Aspekte. Doch der Schlüsselsatz lautet: „Meine Filme, das bin schon ich.“ So formulierte es Elizabeth Toni Spira selbst. Ihre Kategorien, ihre Sympathien zählten. Machos und Geizhälse wurden vorgeführt und der Lächerlichkeit preisgegeben. Eine verhärmte Fabriksarbeiterin oder ein verarmtes Schaustellerehepaar erhielten Zeit, ihre Geschichte zu erzählen. Die Nazis, Rassisten und Antisemiten trieb Spira in die Ecke, bis sie sich offenbarten.

Und dann gab es immer wieder diese kleinen Szenen, die eine Verbindung zu Spiras Familiengeschichte herstellten. Etwa wenn im Film „Meine Oma fährt im Winter nach Mallorca“ (1995) neben all dem peinlichen Klamauk eines bunten Abends plötzlich ein 85-jähriger Spanienkämpfer zu Wort kommt. „Der Mensch stirbt, das Tier verendet, der Faschist verreckt“, sagt er, der nach seiner Teilnahme am Spanischen Bürgerkrieg ins Konzentrationslager Dachau verschleppt worden war. „Faschismus ist der Mist der Menschheit.“ Gleich in der nächsten Szene kommt ein Mann aus Berlin zu Wort. Wenn Hitler die Spanier damals nicht unterstützt hätte, „wären sie nicht da, wo sie heute sind. Spanien hat unserem damaligen Führer den Fremdenverkehr zu verdanken.“ Dann geht es wieder weiter mit Tanzen am Strand.

„Beim Heurigen", 1995: Mit den beiden Frauen sprach Spira über ihre Lieblingsthemen Beziehungen, verlorene Lieben und Sehnsüchte

Oft gelang es Spira, Menschen, denen die Gesellschaft ihre Würde absprach, selbstbewusst und stark zu zeigen. Wie die Prostituierte Cynthia im Prater (1993). „Ich genier mich nicht, ich will nix anderes", sagt sie. „Mir macht Sex Spaß. Es stört mich nicht, wenn mich ein Mann angreift." Einer Kellnerin werde für zwei Schilling fünfzig auf den Hintern gegriffen. „Mir nicht unter 300."

Und dann kamen jene zu Wort, denen ohnehin niemand zuhörte. Eine Roma-Familie zum Beispiel.[158] Ein Mann und eine Frau sitzen neben ihrem Auto und bereiten ein Gulasch zu. „Eigentlich sind wir aus Jugoslawien, aber jetzt leben wir in Schweden", sagt der Mann. Die Frau fragt: „Wie ist die Situation in Jugoslawien? Wir haben lange nicht ferngesehen. Haben wir uns schon versöhnt?" Beide waren sie als Kinder in Konzentrationslager verschleppt worden. „Wir haben viele Tote gesehen. In eine einzige Grube warfen sie tausend Menschen. Alle nackt, sie waren so mager. Lass uns nicht mehr davon sprechen."

Wenn Spira Menschen vorführen wollte, dann tat sie es, indem sie ihre Gesprächspartner einfach reden ließ. Etwa Swoberl, den Herrn Swoboda in der Sendung „Schauplatz Kaisermühlen" aus dem Jahr 1994. Ein übergewichtiger, ungepflegter jüngerer Mann kommt ins Kaffeehaus. Sein Hund heißt Adolf, „weil er keine Ausländer mag". Swoberl erzählt, dass er einen Bauchstich erlitten hatte und sechs Monate im Krankenhaus war. „Der Kaisermühlen Blues ist ein Blödsinn", sagt er. Früher habe es mehr Tote und Schwerverletzte gegeben. Aber jetzt sei es nicht mehr so arg wie früher. „Da kann dir halt passieren, dass du einen Bauchstich kriegst oder einen Lungenschuss."

Für „Neun Flugstunden von zuhause" reiste Spira in die Dominikanische Republik. In der Sendung präsentierte sie alte Männer, die, aus Europa kommend, glauben, für attraktive einheimische Frauen tatsächlich interessant zu sein, vom Finanziellen einmal abgesehen. Die Kamera folgt den ebenso tollpatschigen wie widerlichen Annäherungsversuchen. Tags darauf fragt Spira die Männer mit geheucheltem Mitgefühl, ob sie traurig seien, da sie ja bald abreisen müssten.

Zwischenschnitt

Berühmt waren die „Alltagsgeschichte"-Filme auch für ihre Zwischenschnitte, die oft witzig, meist aber wenig schmeichelhaft ausfielen. Zum Beispiel „Beim Heurigen" (1995). Zwei ältere, gepflegte Frauen sitzen an einem Tisch, und Spira fragt nach einem ihrer Lieblingsthemen, den Beziehungen und den Sehnsüchten. „Nein, wir haben hier noch nie jemanden Alleinstehenden kennengelernt", sagt die eine, etwas Rundlichere und Verschmitztere von den beiden. „Es gibt nur verwitwete ältere Herren, aber die wollen wir ja auch nicht. Wir sind ja noch jung geblieben." Nächstes Bild: Zwei prall aufgeblasene längliche Luftballons, die vom rebenbedeckten Dach des Heurigen-Gastgartens hängen. „Es hätte mehrere gute Menschen gegeben", erzählt die andere, Schlankere und Strengere. Aber die seien halt im Krieg geblieben. Die Kamera zeigt zwei runde, pralle Luftballons. Die erste Gesprächspartnerin, im orangen Kleid mit schwarzen Punkten, erwähnt, dass auch jüngere Männer auf ältere Frauen aus sind. „Ist das finanziell, oder auch, weil's ihm gefällt. Da muss man vorsichtig hantieren. Für eine Frau ist das gefährlich, wenn sie sich entscheidet für einen jüngeren Mann. Ob man das alles durchsteht?“ Zwischenschnitt: Ein oranger Luftballon, aus dem schon die Luft ein wenig gewichen ist, hängt recht traurig herunter. Die Freundin entgegnet, dass sie noch nie einen Jüngeren gehabt hätte und mit ihrem Mann immer zufrieden gewesen sei. Auch nach dessen Tod wollte sie keinen anderen. Nächstes Bild: Ein zerplatzter blauer Ballon hängt nur noch in Fetzen an einer Schnur. Die Szene endet damit, dass sich die Freundinnen nicht einigen. „Ich war schon neugierig auf andersartige Sachen“, sagt die eine. „Na, i net.“ – „I schon.“

Eine neue Sendereihe

Der Grundton in Spiras Filmen ist die Einsamkeit. Viele Menschen, die sie befragte, verbrachten ihre Tage allein. Für die Journalistin hatte das einen großen Vorteil: Ihre Gesprächspartnerinnen und -partner waren froh, dass ihnen jemand zuhörte. Die meisten mussten nicht groß überzeugt werden, vor der Kamera zu sprechen. Zugleich machte Spira damit ein allgegenwärtiges Phänomen sicht- und hörbar. Aus den dunkelgrauen Ecken der Gesellschaft tönten plötzlich Stimmen. „Mit wem redet man?“[159], fragt Spira einen ehemaligen Lkw-Fahrer. „Früher hat man mit dem Lastwagen geredet. Hat dir auch keine Antwort gegeben.“ – „Sie leben ohne Antworten?“ – „Ja.“ Wobei auch das Gegenteil bisweilen vorkam. „I gfrei mi heit, dass er tot is und i leb. Tschuldigung, dass ich loch dazua“, sagt eine ältere Frau in der Sendung „Im Park“ (1991), als Spira sie auf ihren Ehemann anspricht.

Manche Gesprächspartner nutzten die „Alltagsgeschichte“ für eine mündliche Heiratsannonce, wie in „Am Bahnhof“ (1997): „I bin 35 Joahr und i hob no nie a richtige Partnerin troffen“, sagt ein Friedhofsgärtner, der mit einem Bier in der Hand am Stehtisch lehnt. „Oba, wenn's das vielleicht amol im Fernsehen bringen, vielleicht find si amol a Freindin. I bin der Herr Weiß Kurt, i werde am 26. Mai 35 Joahr, bin von Beruf a Gärtner. Meine Hobby san die Eisenbahn, Wandern, von Sternzeichen bin i a Zwilling. Wem des gfoit, des weibliche Wesen soll si melden! Und dann Prost! Danke sehr für das schöne Interview!“ Begegnungen wie diese wurden im Jahr 1997 zur Initialzündung für eine neue Sendereihe: „Liebesg'schichten und Heiratssachen“.

Liebesg'schichten und Heiratssachen: Gesichter der Einsamkeit

Man nehme ein Herz aus Plastik, festgemacht an einem Reifen, male es rot an und lasse es schwingen. Dazu spiele man Coverversionen des Hits von Paul Anka „Lonely Boy" aus dem Jahr 1959: zu Sendungsbeginn jene von Peter Kraus, zu Sendungsende jene von Hans Krankl. Dazwischen befrage man einsame Menschen, welchen Partner oder welche Partnerin sie gern an ihrer Seite sähen. Die Interviews leite man jeweils mit unterschiedlichen Kussgeräuschen und einer kunstvoll verzierten Marzipantorte ein, auf der der Name des Suchenden zu lesen ist. Um der Sendung einen Namen zu geben, entlehne man den Titel einer Posse von Johann Nepomuk Nestroy aus dem Jahr 1843, „Liebesg'schichten und Heiratssachen".

Was auf einer guten Idee beruhte und aus recht viel Selfmade-Kitsch bestand, wurde zu Kult. Von 1997 bis zu ihrem Tod präsentierte Elizabeth Toni Spira jedes Jahr eine neue Staffel von „Liebesg'schichten und Heiratssachen". Die letzte musste ihr Team ohne sie fertigstellen. Spira starb am

Die erste Staffel der „Liebesg'schichten und Heiratssachen" ging im Jahr 1997 auf Sendung

9. März 2019. Mittlerweile hat die ORF-Journalistin Nina Horowitz Spiras Rolle übernommen. Das erfolgreiche Format mit knapp einer Million Zuschauern pro Sendung wird weitergeführt.

Das Konzept war simpel und wurde binnen kurzer Zeit zum Selbstläufer. Pro Sendung präsentierten sich fünf bis sieben Personen, meist in ihren eigenen vier Wänden. Sie saßen an ihrem Esstisch oder auf dem Sofa und beantworteten Spiras Fragen. Warum sie allein waren? Wie sich das anfühlte? Wie der neue Partner sein sollte? Was sie der neuen Partnerin zu bieten hätten? Ob sie schon einmal verheiratet waren? Warum das schiefgegangen ist? Spira selbst war, ebenso wie in der „Alltagsgeschichte", nie zu sehen. Zu Beginn und am Ende jeder Staffel präsentierte sie die Erfolgsgeschichten. Wer hatte jemand Neues an seiner Seite? Wie viele Briefe waren eingetrudelt? Und wie fühlte man sich jetzt? Und tatsächlich traten dem Fernsehpublikum in diesen Sendungen nun nicht mehr vergrämte und traurige, sondern gelöste und fröhliche Menschen gegenüber, egal, ob sie nun jemand gefunden hatten oder nicht. Allein die Aufmerksamkeit, die sie genossen hatten, gab ihrem Leben eine positive Wendung. Der Preis für einen Auftritt in Spiras Erfolgsformat waren eine gute Geschichte und die Bereitschaft, Privates oder gar Intimes aus dem eigenen Leben zu erzählen.

Berühmt wurden die „Liebesg'schichten" dank vieler Kandidatinnen und Kandidaten, die schon allein durch ihr Erscheinungsbild Interesse weckten. Wie zum Beispiel Richard[160], 63, aus Oberösterreich. Er präsentiert sich dem Publikum mit einem mächtigen blauen Federschmuck, der sein Gesicht einrahmt. Er lebe „sehr gut von der Natur, von Naturheilmitteln, und ich bin Schwimmteichbauer". Aber im Winter könne er nicht arbeiten, da sei er dann fünf, sechs Monate in Lateinamerika „zum Schutz der Indianer, zum Schutz des Regenwaldes, zum Schutz der Tiere", deklamiert er mit ausladenden Gesten. Wieso er denn eine Frau suche, fragt Spira. Seine letzte Partnerin habe sich nach zwanzig Jahren von ihm getrennt.

Man sieht Richard auf einem Pferd reitend und singend, der Federschmuck kippt immer wieder von der Stirn ins Gesicht. Bei einem Baum bleibt er stehen und pflückt Blätter, die er sich in den Mund stopft. Dann gibt er dem Pferd zu fressen. Die Kamera zoomt auf den Hosensaum, man erkennt braune Socken und Crocs an den Füßen. So reitet Richard in den Sonnenuntergang.

Spira wahrte Distanz durch ihre ruhige Art zu fragen, gleichzeitig ließ sie sich – mit leisem oder lauterem Spott – auf die Lebenswelt ihrer Kandi-

Richard (Staffel 18, Folge 176) erzählt, dass er einige Monate im Jahr in Lateinamerika verbringe, „zum Schutz der Indianer, zum Schutz des Regenwaldes, zum Schutz der Tiere"

daten ein. „Ich war ein Indianer im letzten Leben", erzählt ihr also Richard. „Waren Sie ein Häuptling?", fragt sie zurück. „Schamane", sagt Richard. Man sieht eine Schlange, Äffchen, düstere Masken, Richard meditierend. Er wünsche sich eine Frau zwischen vierzig und fünfzig, die mit ihm wieder gemeinsam im Bett schlafe und ihn umarme. Kochen solle sie können, denn diese Kunst beherrsche er nicht.

Richard brachte vieles mit, was Spira für ihre Sendung brauchte: ein ungewöhnliches Erscheinungsbild – Federschmuck –, ein aufregendes Umfeld – Schlangen, Affen –, ein nichtalltägliches Hobby – Reiten, Reisen nach Lateinamerika. Dennoch hätte die Sendung von Typen wie Richard nicht leben können. Was er bot, war ein buntes Spektakel. Wirklich Einblick in sein Innenleben gab er jedoch nicht.

„Was stellen Sie sich unter Liebe vor?“, fragt Elizabeth Toni Spira den Kandidaten Erich (Staffel 2, Folge 14). „Ich kenn's eben nicht“, antwortet er. „Ich müsste es erst kennenlernen“

Ganz im Gegenteil zu einem rüstigen, gepflegten Herrn an die achtzig, der noch nie in einer Partnerschaft gelebt hatte. Er stellt sich als Erich[161] vor, ist von Beruf Erfinder und hat ein schüchternes, warmherziges Lächeln um die Lippen. Er sitzt in einem einerseits kargen, andererseits unaufgeräumten Büro. „Sie waren nie mit einer Frau zusammen?“, fragt Spira. Der Mann schüttelt den Kopf. „Als Junger nie verliebt gewesen, nie tanzen gegangen, nie geflirtet?“ „Nie. Nur immer einsam und unzufrieden mit der Welt. Man versucht halt, der Einsamkeit zu entkommen. Weil sonst halte ich es nicht aus.“ – „Wieso nicht?“ – „Ich weiß nicht, ich glaube, ich würde mich aufhängen.“ – „So bedrückend?“ – „Man sucht halt ständig nach einem Daseinszweck.“ – „Was stellen Sie sich unter Liebe vor?“ – Der Mann holt tief Luft, richtet sich etwas auf. „Ich kenn's eben nicht. Ich müsste es erst kennenlernen.“ – „Sind

Sie offen, es kennenzulernen?" – „Ich möchte." Nach der Sendung kamen viele Zuschriften, aber er beantwortete keine einzige. „Vielleicht hat es ihn getröstet, dass er es hätte schaffen können", sagte Spira.[162]

Unterschiedliche Biografien, ähnliche Geschichten

„Wie fühlt man sich, wenn man so einsam lebt?", war eine von Spiras Standardfragen. „Furchtbar", war eine der Standardantworten. Die Menschen saßen in ihren Wohnzimmern, hatten sich zurechtgemacht oder erschienen einfach in Jogginghose und Unterhemden. Die einen waren aufgeregt und präsentierten sich möglichst schrill, die anderen wirkten unscheinbar und bedrückt. Allen gemeinsam war die Einsamkeit, die von einem Gefühl zur Krankheit geworden war.

Ina, 52, Hausfrau aus Wien[163], war eine jener Frauen, die für viele Kandidatinnen und Kandidaten steht. Sie habe vor eineinhalb Jahren ihren Lebenspartner verloren, erzählt sie. „Ich bin nicht einsam. Ich bin mehr als einsam." Eine schlechte Ehe, eine miese Beziehung und eine schöne, kurze Zeit mit ihrem Traummann, der an einem Herzinfarkt starb. Die Kamera zeigt Ausschnitte aus einem bedrückenden Leben. Ein Sofa in Beigetönen, ein paar Vasen, Keramikfiguren, ein Snoopy-Stofftier, auf dessen Bauch „Love me" steht. „Ich geh einkaufen um halb sieben, mach für meine Mutter und mich das Frühstück, das Frühstücksgeschirr gebe ich nie in den Geschirrspüler, das wasch ich ab. Dann tu ich zsammräumen, dann tu ich kochen und damit hat sich's", beschreibt Ina ihr Leben. „Dann kommt meine Freundin, Gott sei Dank, so um zwei herum, und das ist der ganze Tagesablauf. Dann mach ich die Jause für meine Mutter, dann richte ich das Nachtmahl her. Naja, dann schau ich halt irgendeinen Videofilm, und dann geh ich halt schlafen. Was soll ich denn machen."

Auf Ina folgte Roberta-Robert. Zwei komplett unterschiedliche Biografien offenbaren dieselbe Einsamkeit. Zu dem Lied „Wenn ich mir was wünschen dürfte", sieht man Roberta-Robert eine triste Straße im Regen hinuntergehen und ein hölzernes Gartentor öffnen. Auf den ersten Blick eine schlanke Frau mit blonden Haaren, stellt sie sich als Roberta-Robert vor, „1933 geboren, 1,76 groß, eher naturliebend, romantisch, und ich suche eine Partnerin. Körperlich bin ich nicht männlich, aber auch nicht weiblich, also halb. Das klingt seltsam. Ich könnte mich operieren lassen, wie ich es schon oft im Fernsehen gesehen habe. Dann hätt ich's einfacher. Das hab ich aber noch nicht gemacht." Roberta-Robert erzählt, dass sie als Robert nach wie vor mit einer Frau verheiratet sei, die sich nur noch telefonisch melde. „Wenn ich jetzt eine Freundin habe, die mich so akzeptiert, ist das ja der Himmel auf Erden", sagt Roberta-Robert.

Das Missverständnis mit den „Liebesg'schichten"

Als Elizabeth Toni Spiras Vater vom neuen Betätigungsfeld seiner Tochter erfuhr, war er entsetzt. „Was is denn der Toni da eing'falln?", fragte Leopold Spira. Was war nur aus dem politischen Kopf seiner Erstgeborenen geworden?

Die These, dass „Liebesg'schichten und Heiratssachen" einen Bruch zur „Alltagsgeschichte" darstellt, ist zumindest zu hinterfragen. Denn weder war Spiras Streifzug durch das tägliche Leben ihrer Protagonisten eine klassische politische Sozialreportage noch diente die neue Sendung ausschließlich der Partnervermittlung. Diese war vielmehr ein hilfreicher Rahmen, der wesentlich zur Vermarktung beitrug. Ebenso Spiras Titulierung in den Medien als „Königin der einsamen Herzen" oder „Kupplerin der Nation" – Bezeichnungen, die die Journalistin vehement ablehnte. „Sie war eine Chronistin von Einsamkeit und Sehnsüchten", formuliert es eine ihrer Assistentinnen, Jennifer Rezny[164]. Und Spira suchte – als eine Vertreterin der 68er – das Politische im Privaten. Wenn auch auf andere Weise als in der „Alltagsgeschichte": „Wenn jemand ein Hitlerbild in der Wohnung hat, ist er trotzdem ein armes Schwein, weil er einsam ist." Man versuche zwar, dieses Bild zu zeigen, „aber man fragt nicht danach."[165]

Spira brach mit ihrer Sendung Tabus. Nicht nur, weil sie durch ihre einfachen Fragen das Intimleben von Menschen offenlegte, sondern auch, weil sie kaum Interesse an jungen, sportlichen, normschönen Männern und Frauen hatte, also jener Gruppe, die in der inszenierten Welt des Fernsehens viel Platz bekam. Spira wollte Menschen mit Geschichten vor der Kamera haben. Wie auch schon in der Reihe „Alltagsgeschichte" traten viele alte Menschen auf. „Wenn einer zwanzig ist, dann kann er nur über seine Träume sprechen", sagte Spira. „Die Älteren haben ein Stück gelebt, und wenn man sie halbwegs intelligent fragt, können sie darüber erzählen."[166] Zudem hatte Spira für junge Menschen, die keinen Partner fanden, weniger Verständnis. Die sollen doch ins Kaffeehaus oder tanzen gehen, pflegte sie zu sagen. „Wenn man älter wird und die Partner sich scheiden lassen oder jemanden anderen finden, dann muss ich über Partnerschaft nachdenken."[167]

Liebe und Zärtlichkeit im Alter: Dass man das auch im Hauptabendprogramm besprechen darf, ist wohl eines von Spiras großen Verdiensten. Für einen der ergreifendsten Momente in der Geschichte der Sendung sorgten Rosa Maria und Alfred, beide 95. Rosa Maria war eine der Kandidatinnen der zwanzigsten Staffel. Sie sei seit acht Jahren Witwe und suche „einen Freund zum Kaffeetrinken, Sprechen, Spazierengehen". In der Sendung sitzt sie auf einem Samtsofa, trägt ein violettes Kleid. Einerseits wirkt die Wohnung mit vielen Bildern und Kerzenhaltern gediegen, anderseits sympathisch unordentlich und gemütlich, mit einigen Engelfiguren und Nippes. Sie erzählt von ihrem ersten Mann, den sie mitten im Krieg an der Straßenbahnhaltestelle kennengelernt hat, und auch von den anderen beiden, die sie sehr geliebt hat. „Gott hat mich gesegnet mit den Männern", sagt sie.

Und das sollte so bleiben. Denn Rosa Maria lernte über Spiras Sendung Alfred kennen, rüstig wie sie selbst und auf der Suche nach einer Partnerin.

Als das ORF-Team für die Erfolgssendung filmt, kommt Alfred auf Besuch, groß, sportlich, im T-Shirt und mit Sonnenbrille. Da er an diesem Tag Geburtstag feiert, hat Rosa Maria einen Apfelstrudel für ihn gebacken und erzählt: „Ich hab geträumt, ich hab den Strudel gemacht und ess den Strudel. Und unterm Essen wach ich dann auf – jössas – halb neun is es. Um zwölf kommt die Frau Spira! Na, da bin ich aufgesprungen. Hab ich im Traum den Strudel gegessen." „Na siehst", kommentiert Alfred. „Träumst vom Apfelstrudel, statt dass d' von mir träumst!" Die beiden essen den Strudel, Alfred lobt ihn, „selber gmacht is selber gmacht!". Plötzlich ruft Rosa Maria aufgeregt: „Der is g'salzen!" – „Na, warum hast ihn versalzen?" – „Vielleicht statt dem Staubzucker gesalzen." – „Das ist möglich. Aber i hab des net ... Momenterl ... Na, passt schon", sagt Alfred und isst genüsslich weiter.

Fünf Monate später sind die beiden ein Paar. Spira kommt wieder auf Besuch. „Es ist so eine große Liebe. Seit fünf Monaten hab ich ein neues Leben." Dass sie nur Kaffeetrinken und plaudern wollte, dass seien nun alles leere Worte. „Es ist alles anders geworden. 95 ist nur eine Zahl. Man fühlt sich so wie früher." – „Kann man genauso lieben wie als Junger?", fragt Spira. „Es ist überhaupt nix anders."

Von Anfang an legte Spira zudem Wert darauf, dass Homosexuelle und Transgender-Personen Teil der „Liebesg'schichten" waren. Wie Herbert in der Folge vier, ein 51-jähriger Angestellter aus Wien. Er suche einen „Freund, so um die vierzig, der tierliebend ist, das andere wird sich dann alles ergeben." Er habe 25 Jahre einen Partner gehabt, der aber mit seinem Geld und seinem

Rosa Maria und Alfred, beide 95, lernten sich über „Liebesg'schichten und Heiratssachen" kennen und verliebten sich ineinander

Hund durchgebrannt sei. Über Inserate konnte er bisher niemanden finden. Die Kandidaten seien entweder „zu jung", suchten nur das Geld oder seien „verheiratet und wollen Abwechslung".

Rosalinde, 31, von Beruf Kellnerin, trat in Folge 23 auf. Sie finde es mutig, dass Rosalinde in einer steirischen Kleinstadt offen lesbisch lebe, sagt Spira zu ihrer Interviewpartnerin. „Ich stehe voll dazu", antwortet diese nur. Sie habe auch eine Lebensgefährtin gehabt, doch die habe dann eine Jüngere gefunden. Sie suche was Fixes, Aussehen sei nicht wichtig, auch Kinder könne ihre zukünftige Partnerin haben, erzählt Rosalinde, während die Kamera das Bett, ein Kreuz, Pokale und Bilder von nackten Frauen mit großen Brüsten zeigt.

Über mehrere Jahre begleitete Spira das Leben von Hilde, einer Pensionistin aus der Steiermark, die sich mit sechzig entschloss, durch eine

H lde entschloss sich mit sechzig, durch eine Geschlechtsangleichung auch körperlich vom Mann zur Frau zu werden; Spira begleitete sie über mehrere Jahre

Geschlechtsangleichung auch körperlich vom Mann zur Frau zu werden. „Die Gefühle sind seit der Kindheit da", erzählt sie, die braunen Haare elegant frisiert, die Fingernägel lackiert. Aber sie habe es für sich behalten. Denn in ihrer Generation gab es keine Möglichkeit, sich zu verwirklichen. In den 1960er- und Siebzigerjahren wäre sie in der Psychiatrie gelandet, sagt Hilde. Also blieb sie Arnold und arbeitete im Stollenbau. Als Frau suche sie allerdings eine Frau, „weil eine Frau zärtlichere Gefühle hat. Männer sind schwanzgesteuerte Monster. Mit so was will ich nicht zusammenleben." Jetzt gehe sie auch gern auf FKK-Strände. Als Mann hätte sie das nicht gewollt, „da stört was". Aber jetzt, wo sie auch aussehe wie eine Frau, sei das möglich.

Acht Monate später hat Hilde eine Partnerin gefunden, Erika, wie sie eine Trans-Frau. Mit tiefer Reibeisenstimme singt sie für Hilde „Wonderful World“. Die Stimme verändere sich nicht, stellt sie fest. „Der böse Wolf hat im Märchen Kreide gegessen“, sagt Spira. „Hamma schon probiert, hilft nicht“, entgegnet Erika.

In Folge 183 trifft Spira Hilde mit einem Mann, Robert, an. Er habe ihr gezeigt, dass Männer auch anders sein können, beteuert sie. Sie werde verwöhnt und gerade seien sie dabei, sich ein gemeinsames Heim einzurichten. Doch auch diese Beziehung ist nicht von Dauer. Zwanzig Folgen später ist das ORF-Team bei Hildes Hochzeit zu Gast. Sie heiratet die Trans-Frau Carola. Es wird getrommelt, das Paar, beide im Dirndl, wird mit Rauch gesegnet, in einem Steinkreis erklären sich die beiden ihre Liebe. Zu Gast sind auch Erika und Robert. Sie überreichen Geschenke.

Von den „Gemeindebauwitwen“ zum Mittelstand

Zu Beginn meldeten sich vor allem Kandidatinnen und Kandidaten, die entweder nicht gut situiert waren oder auf eine vorteilhafte Inszenierung keinen Wert legten. Der allererste Kandidat, Johann, 43, erinnerte in seiner Erscheinung an Edmund „Mundl“ Sackbauer: weißes Unterhemd, Goldkette, kurze Hosen, Schlapfen, Zigarette in der Hand. „Angefangen hat das alles mit dem Problem Igittigitt“, konstatierte Spira.[168] „Die Sendung hat schlechten Mundgeruch gehabt.“ Spira wusste, dass besonders linke und gebildete Kreise – also das Milieu, aus dem sie kam – die „Liebesg'schichten“ als „Freakshow“ wahrnahmen. Als ein Kuriositätenkabinett, das den Zusehern mit mehr oder weniger peinlichen Momenten vorgeführt wurde. Gestand man den „Alltagsgeschichten“ noch einen politischen Anspruch zu, so sah man Spira mit ihrer neuen Sendung gänzlich in der Klatsch-und-Tratsch-Ecke angekommen. „Wenn sich eine sehr bürgerliche Dame gemeldet hat, waren wir schon ganz aufgeregt. Gott sei Dank, endlich“[169], erinnerte sich Spira in einem Interview. Doch die Verbürgerlichung ging schnell. Menschen in kostbaren Kleidern mit teuren Gemälden in der Wohnung blieben zwar die Ausnahme, aber der Mittelstand wurde bald zum Durchschnittskandidaten der „Liebesg'schichten“. Die Wohnungen waren schön aufgeräumt und dekoriert, vor allem die Kandidatinnen hübsch gekleidet und geschminkt. „Heute ist es eher so, dass mir die Gemeindebauwitwen fehlen“, erklärte Spira zum zwanzigjährigen Jubiläum ihrer Sendung.

Auch das Frauen- und Männerbild veränderte sich über die Jahrzehnte. War es in den frühen Sendungen noch eher die Regel, dass von Frauen erwartet wurde, den Haushalt zu führen – und Frauen dies auch gern tun wollten –, nahm das mit der Zeit ab. Doch gewisse Stereotypen wiederholten sich immer wieder. Ältere Männer, für die eine jüngere Partnerin eine Selbstverständlichkeit darstellte, und Frauen jeder Altersklasse, die den Kavalier der alten Schule suchten, der ihnen die Welt zu Füßen legte. Als geschlechtsspezifisch stellten sich nur zwei Erfahrungen heraus: Gewalt in Beziehungen, über die nahezu nur Frauen sprachen. Bis ins hohe Alter ohne sexuellen Kontakt und Partnerschaft zu bleiben, war eine Sache, die in den „Liebesg'schichten" nur von Männern erwähnt wurde.

Eine Staffel, ein Jahr

Die Arbeit an einer Staffel „Liebesg'schichten und Heiratssachen" dauerte das ganze Jahr über. Nach Kandidatinnen und Kandidaten musste nicht gesucht werden, sie meldeten sich in großer Zahl beim ORF. Doch wer würde im kommenden Sommer auf dem Bildschirm erscheinen? Die Vorauswahl war Aufgabe von Spiras Assistentinnen. Ab Herbst, nach dem Ende der vorangegangenen Staffel, nahmen sie mit den Bewerberinnen und Bewerbern Kontakt auf. In längeren Telefongesprächen sollten sie herausfinden, wer denn für die Sendung geeignet war. Konnte sich die Person artikulieren, was hatte sie für eine Lebensgeschichte, wie waren ihre Beziehungen bisher verlaufen und war sie bereit, diese Geschichten vor der Kamera zu erzählen? Zudem versuchten Spiras Mitarbeiterinnen Menschen von vornherein auszuschließen, die unlautere Absichten hatten und eine Gefahr darstellen könnten. Hatte jemand Vorstrafen, thematisierte Spira das im Interview, hatte sie selbst kein gutes Bauchgefühl, konnte es passieren, dass sie das Interview lieber nicht in ihre Sendung aufnahm.

Waren die Ausschließungsgründe „fad" und „möglicherweise gefährlich" nicht gegeben, hatte jeder und jede eine Chance. So traf das Team eines Tages bei einem älteren Herrn ein, der ein Leben als Messie führte. Seine Wohnung war bis obenhin mit allem Möglichen vollgestopft, in einer kleinen Küche standen Flaschen mit undefinierbaren Flüssigkeiten. Und es stank fürchterlich. Durfte man so jemanden vermitteln? Elizabeth Toni Spira fand, man durfte, wenn man zeigte, wie er lebte und seine Wohnsituation auch thematisierte.

Nach den Vorgesprächen der Assistentinnen wählte Spira aus, wen sie nun tatsächlich interviewen wollte. Die Mischung musste passen. Männer,

Spira mit Assistentin Rezny (2. Reihe, 4. v. l.), den Kameramännern Mussil (2. R., 5. v. l.) und Neumüller (ganz r.), ORF-Kulturchef Martin Traxl (2. R., 6. v. l.) und Cutterin Lesowsky (l. neben Spira)

Frauen, wenn möglich eine Trans-Person, sexuelle Orientierung, Bundesländer, Herkunft, Berufe. Wer sich lustig präsentierte, hatte gute Karten. Oder auch, wer wirklich einsam und traurig war. „Diese Menschen mochte sie besonders. Das hat etwas in ihr berührt", erinnert sich eine von Spiras Cutterinnen, Tanja Lesowsky.

Dann machte sich das Team auf den Weg. Kameramann, Tonassistent, Regieassistentin und Spira. Sie fuhren durch ganz Österreich, in Landeshauptstädte und kleine Dörfer, in Wiener Gemeindebauten und Villen. Im Auto wurde Spira noch einmal gebrieft. Was war das Besondere an dem Kandidaten, was waren die wichtigsten Eckpunkte seiner Geschichte?

Nach der Ankunft hatte die Assistentin die Aufgabe, die Kandidaten von Spira fernzuhalten. Solange Kamera, Licht und Ton nicht eingestellt waren, sollte kein Gespräch stattfinden. Zu groß war die Gefahr, dass die Antworten im Interview lauteten: „Wie ich Ihnen vorhin schon gesagt habe ..." Die

Aufnahme wäre unbrauchbar geworden. Spira wollte ein authentisches erstes Gespräch.

Waren in der fertiggestellten Sendung die einzelnen Interviews nur einige Minuten lang, hatten sie ursprünglich oft über eine Stunde gedauert. Die Außenaufnahmen, in denen man die Kandidatinnen und Kandidaten beim Schwimmen, Fahrrad- oder Motorradfahren sieht, wurden erst im Frühjahr und Sommer gedreht, mit den Interviews kombiniert und fertiggestellt. Eine „Liebesg'schichten"-Staffel nahm also ein ganzes Jahr Arbeit in Anspruch. Zwischen Herbst und Sommer entstanden 56 Kurzporträts, die auf jeweils acht Sendungen verteilt wurden. Die erste und zehnte Folge einer Staffel waren immer den Erfolgsgeschichten gewidmet.

Einer von Spiras Kameramännern, Stephan Mussil, erzählt: „Ich wollte Toni unterstützen und für sie das Set in eine psychoanalytische Couch verwandeln. Dort kann sie ihre Befragung durchführen. In der Hoffnung, dass die Kandidatin das Filmszenario vergisst. Ich habe wenig geleuchtet, damit ja keine Verhörsituation entsteht. Das hat ganz gut funktioniert."

War alles aufgebaut, setzte sich Spira direkt neben die Kamera. „Dann hat sie einen ganz speziellen Blick aufgesetzt: zugewandt, aufmerksam, freundlich, liebevoll, mütterlich", berichtet Assistentin Jennifer Rezny. Damit schuf Spira eine vertrauliche Atmosphäre, die es ihr auch erlaubte, schnell die Schwächen und Eitelkeiten ihres Gegenübers zu finden und, wenn sie wollte, diese auch auszustellen.

Wie schon in der „Alltagsgeschichte" frönte Spira ihrer Kunst der einfachen Frage: „Es gibt sehr viele Journalisten, die in unglaublichen Schachtelsätzen fragen, damit jeder weiß, dass sie auch wirklich gebildet sind", formulierte es die Journalistin in der Sendung „Willkommen Österreich"[170]. „Ich bin wirklich gebildet. Daher brauche ich das nicht." Und bisweilen zelebrierte sie die Stille. „Man neigt dazu, in die Stille hineinzufragen, um dem Gesprächspartner zu helfen", sagt Rezny. Aber wenn man diese Stille aushält, kommt plötzlich etwas, womit man nicht gerechnet hat."

Meistens ließ Spira ihre Kandidatinnen und Kandidaten so, wie sie sein wollten, im T-Shirt, Ballkleid oder einer beliebigen Verkleidung. So trat einmal eine Frau als Turandot auf, eine andere nannte sich Anima und war ganz schwarz geschminkt. Bei welchen Lieblingsbeschäftigungen sich die Menschen filmen ließen, blieb ebenfalls ihnen überlassen. „Wir haben den Kandidatinnen und Kandidaten nicht aufgetragen, das zu tun. Das war Teil ihres Lebens, und sie haben es vor der Kamera gezeigt", sagt Natalie Wimberger, die für Spira als Assistentin tätig war. So ließ sich Wilfried beim Nacktbaden filmen[171], Karin beim Bauchtanzen am Fluss[172], Werner bei einer Falco-Improvisation[173] und Barbara beim Turnen zuhause[174], erinnert sich Wimberger, die ab 2015 Spiras Assistentin war.

Auch dem Zoom auf Wohnungseinrichtungsgegenstände oder kitschige kleine Figuren ging kein Arrangement voraus. Diese abzufilmen sei „aber keine Ironie“ [175], sagte Spira. „Damit zeigt man, woran sich ein Mensch festhält. Ich finde es auch nicht kitschig, wenn jemand Nippes hat, das gibt Kraft. Jeder Mensch braucht das.“ Im Laufe der vielen Jahre, in denen sie in unzählige Häuser und Wohnungen Einlass gefunden hat, habe sich viel verändert. „Anscheinend haben die Menschen mehr Geld als früher“, kommentierte Spira. „Sie kaufen sich in Möbelhäusern die ganze Wohnung, mitsamt Bildern.“ Früher seien die Möbel teurer gewesen, weil sie ein ganzes Leben und für die Nachkommen halten mussten. „Übrigens“, bemerkte Spira, „gibt es in achtzig Prozent der Wohnungen den ‚Kuss‘ von Klimt. Als Bild, als Trinktasse. Den Zoom auf den ‚Kuss‘ machen wir immer, wenn wir ihn sehen.“

Selten überredete Spira jemanden, etwas anderes anzuziehen; etwa eine Frau, ihr hochgeschlossenes Oberteil gegen eine tief dekolletierte Bluse zu tauschen. Aber es kam vor, erzählt Stephan Mussil, der von 2002 bis 2013 immer wieder als Kameramann für Spira arbeitete, in den Jahren 2013 und 2014 dann regelmäßig. „Ein Mann sollte uns ein Lied vorsingen, obwohl er das nicht wollte, eine Frau einen Blusenknopf aufmachen, weil sie ‚was zum Herzeigen‘ hätte.“ Peter Kasperak hingegen, der die ersten acht Jahre der „Liebesg’schichten und Heiratssachen“ filmte, kann sich an solche Vorfälle gar nicht erinnern. „Wir haben die Menschen gefragt, was sie am liebsten machen wollen. Sie wurden zu nichts gedrängt.“ Kameramann Robert Neumüller – er arbeitete von 2014 bis 2017 für die Sendung – war oft erstaunt, dass Menschen bereit waren, so viel von sich herzuzeigen. „Eine Frau hat extra Reizunterwäsche auf der Wäscheleine aufgehängt, damit wir sie filmen“, erinnert er sich.

Mit der Arbeit verheiratet

Für Elizabeth Toni Spira stand die Arbeit an erster Stelle. Und das verlangte sie auch von ihren Mitarbeiterinnen und Mitarbeitern. Erreichbarkeit rund um die Uhr war selbstverständlich. Und sie bestand auf absoluter Aufmerksamkeit. Saß man ohnehin den ganzen Tag bis spät am Abend im Schneideraum zusammen, war es ratsam, auch gemeinsam Mittagessen zu gehen. Tat man das nicht, sank man in Elizabeth Toni Spiras Gunst. „Sie wollte immer, dass man ihr zuhört", erinnert sich Cutterin Lesowsky. „Sie wollte immer Geschichten erzählen und Publikum, das ihr zuhört. Man sollte immer bei ihr sein."

Fuhr man mit ihr auf Dreh, mussten die Abende für Toni Spira reserviert sein. Was bisweilen anstrengend sein konnte, war meistens auch angenehm. „Manchmal sprühte sie förmlich vor Witz, war eine Meisterin im Anekdotenerzählen", formuliert es Rezny. „Manchmal war sie ängstlich, grantig oder verwirrt. Manchmal war sie bösartig, manchmal liebevoll,

Elizabeth Toni Spira im Sommer 2018 im Schneideraum: Die Arbeit stand für sie an erster Stelle

solidarisch, mütterlich. Manchmal war sie pingelig, aber niemals kleinlich. Wenn sie besonders gut gelaunt war, konnte sie ganz schön kokett sein." Auf der einen Seite witzig, großzügig und hilfsbereit, auf der anderen Seite egozentrisch und fordernd. „Wenn sie jemanden verstoßen hatte, konnte sie sehr ungerecht sein", erinnert sich Lesowsky, und Rezny bestätigt: „Manchmal bohrte und grub sie in den Seelenwelten der anderen, bis es wehtat. Bei manchen Menschen machte sie sich sogar lautstark und offen über ihre Schwächen lustig, bei anderen war sie gnädiger. Selten, aber doch, war sie berührt und konnte dann doch unfassbar empathisch mit dem Schicksal eines anderen umgehen." Das galt sowohl für ihre Kandidaten als auch für ihr Team. Sie sei eine Frau voller Widersprüche gewesen, sagt Rezny, die vier Jahre mit ihre zusammenarbeitete. Nach Spiras Tod notierte sie: „Wien war ihre selbsternannte Lieblingsstadt, und doch betonte sie immer wieder mal, lieber in London oder New York leben zu wollen. Seit mehr als dreißig Jahren wohnte sie in ein- und derselben Wohnung im dritten Bezirk, aber eigentlich wollte sie immer wieder weg von dort. Mit ihrem Mann, dem Schauspieler Hermann Schmid, war sie seit Ewigkeiten zusammen, und doch träumte sie vom Alleinsein. Aber kaum war sie auch nur eine Nacht allein, wollte sie schon wieder zurück zu ihrem Liebsten. Menschen und deren Nähe gingen ihr phasenweise furchtbar auf die Nerven, und dennoch spitzte sie sofort die Ohren, wenn ihr ein interessantes Exemplar dieser Gattung über den Weg lief."

An den Abenden nach getaner Arbeit und ein paar Gläsern Wein erzählte Elizabeth Toni Spira bisweilen aus ihrer Kindheit, über das Glück, in Glasgow geboren zu sein, über ihr Aufwachsen in Wien als eine, die nicht dazugehörte – und von ihrem Vater. Dass er sie nie gelobt hatte. Sie erzählte es immer und immer wieder. Und dass sie ihn auf dem Sterbebett darauf angesprochen hatte, warum sie nie Lob von ihm bekommen hatte.

Spira selbst fiel das Loben ebenfalls schwer. Ein spontanes gutes Wort für ihre Assistentin oder ihren Kameramann kam ihr kaum über die Lippen. Sie verschenkte lieber Karten, wenn ein Jahr gut vorbeigegangen war. „Ich danke dir für alle genialen Ideen von dir, für die ich gelobt werde", schrieb sie etwa an ihre langjährige Cutterin Angela Kauf. Oder an Rezny: „Ich bin froh, dass du bei uns bist, du bist einfach wunderbar."

Ihr Verhältnis zu ihren wichtigsten Mitarbeiterinnen und Mitarbeitern war unheimlich eng. Man verbrachte Woche um Woche gemeinsam, traf sich auch privat. Und irgendwann war Schluss.

Elizabeth Toni Spira im Jahr 2010 in der Wiener Hofburg

„Sie war bunt, sie war sprühend, sie war so vieles auf einmal", sagt die Cutterin Tanja Lesowsky über Elizabeth Toni Spira. „Meistens war es ein großes Vergnügen, mit ihr zu arbeiten"

Toni Spira hasste es, verlassen zu werden. Wenn eine Arbeitsbeziehung ihrem Ende zuging, zog sie es vor, den Kontakt selbst zu kappen – oder kappen zu lassen. Manchmal von einem Tag auf den anderen. Wer ihr zuvorkam, hatte zu kämpfen. „Ich habe gewusst, dass es schwierig wird und dass sie mir böse sein wird. Ich habe es lange mit mir herumgetragen", erinnert sich Lesowsky. Als sie Spira eröffnete, dass sie sich gern mit neuen Projekten beschäftigen möchte, arbeiteten die beiden zwar noch einige Monate zusammen. Nach Lesowskys Weggang sprach Spira kein Wort mehr mit ihrer ehemaligen Cutterin. „Nach immerhin acht Jahren bester Zusammenarbeit und großen Erfolgen. Ich glaube, sie hat es nicht für möglich gehalten, dass ich das wirklich durchziehe", meint Lesowsky im Rückblick. „‚Toni verlässt man nicht' war die klare Botschaft." Dennoch möchte sie die Zeit mit Spira nicht missen. „Toni Spira war bunt, sie war sprühend, sie war so vieles auf einmal", sagt Lesowsky. „Meistens war es ein großes Vergnügen, mit ihr zu arbeiten."

Rezny wollte gern selbst Filme machen und nicht nur der großen Regisseurin zur Hand gehen. „Das Erste, was sie gesagt hat, war: ‚Du bist noch nicht so weit.' Sie war sehr böse auf mich." Am Ende kam es doch noch zur Versöhnung. „Sie hat mir ein Tuch geschenkt, und auf einem Zettel stand, dass da ihre Tränen drin seien, weil ich gehe." Die beiden blieben bis zu Spiras Tod in Kontakt.

Krankheit, eine Zumutung

Lange Zeit ging alles gut. Elizabeth Toni Spira führte ein Leben, wie sie es wollte. Die Arbeit aufzugeben kam für sie auch als über Siebzigjährige nicht infrage. Hatte sie einen harmlosen Infekt oder erkrankte sie tatsächlich schwer, war sie erbost. Wenn der Körper nicht funktionierte, empfand sie dies als Belästigung, erinnert sich ihre Freundin und Hausärztin Almut Weiß. „Sie wollte nicht, dass man ihr Diagnosen oder Medikamente erklärte. Sie sagte: ‚Ich nehme alles, was du mir gibst, aber lass mich in Ruhe.'"

Anfang der 2000er-Jahre erkrankte Spira an Brustkrebs. Dem Nachrichtenmagazin *Profil* sagte sie damals: „Für mich ist der Mensch wie eine Maschine, die geölt und gewartet werden muss."[176] Deshalb gehe sie auch regelmäßig zur Mammografie. „Aber Krebs, so dachte ich, bekomme ich höchstens in der Lunge – bei all den Zigaretten." Sie hatte Glück. „Das Ding war verkapselt, und ein kleiner Schnitt genügte. Jetzt nehme ich für ein paar Jahre Hormone." Die Sache sei für sie erledigt. Sie wolle leben und sich nicht den Kopf zerbrechen. Dafür habe sie schließlich einen Arzt, dem sie vertraue.

Das blieb auch einige Jahre so. Doch dann wurde bei Spira die chronische Lungenkrankheit COPD diagnostiziert. Sie hatte Schwierigkeiten zu atmen, musste immer wieder ins Krankenhaus. War sie zuhause, zog sie ein Sauerstoffgerät an einem langen Schlauch hinter sich her. Doch sie hörte nicht auf zu arbeiten. Bis zuletzt führte sie Interviews für „Liebesg'schichten und Heiratssachen" und saß wochenlang im Schneideraum. Auf eine Frage des *Falter* im Sommer 2018, ob das nun ihre letzte Staffel sei, antwortete sie bestimmt: „Ich sage nie, dass es die letzte Staffel ist. Es ist bei uns verboten, darüber zu reden."

Bisweilen gab sie sich stark. Ihrer Freundin Almut Weiß erzählte sie von einem Bekannten, der sich bei ihr beklagt hatte, an COPD erkrankt zu sein. Ob er denn nicht gewusst habe, dass Rauchen schädlich sei, gab sie zurück. Sie habe gern geraucht, betonte sie. Trotzdem schrieb sie ihrer ehemaligen Assistentin Jennifer Rezny aus dem Krankenhaus: „Ich bereue jede Zigarette, die ich geraucht habe."

Ein großes Projekt, über das sie schon viele Jahre nachgedacht hatte, konnte sie nicht mehr umsetzen. Einen Heimatfilm. Noch einmal wollte sie ganz tief in dieses Österreich eintauchen und „schauen, was da los ist"[177], vertraute sie ihrem Kameramann Robert Neumüller an, der über Spira den Film „Ich bin nicht wichtig" drehte. Dass das „österreichische Nazi-Gen" auch viele Jahrzehnte nach dem Zweiten Weltkrieg nach wie vor existierte, davon war die Journalistin überzeugt. „Es gibt Länder, die in Krisenzeiten immer politisch nach rechts driften", und dazu gehöre auch Österreich. Was hatte es mit diesem Land auf sich, an dessen „normalen Menschen" sie sich ihr ganzes Leben lang abgearbeitet hatte. „Wie ticken Menschen, die nicht verfolgt worden sind?" Zwar habe sie nun einige Jahre Pause gemacht und in ihren Sendungen nicht mehr nach dem „Nazi-Gen" gegraben. Aber jetzt wollte sie es noch einmal wissen. „Wie die Anständigen ticken, kann ich mir vorstellen, aber darüber, wie unanständige Menschen ticken, weiß ich noch immer nicht genug", sagte sie zu Neumüller. „Ich erzähl's dir dann im Himmel, wenn wir uns auf einen Kaffee treffen."

Ein Projekt, über das Elizabeth Toni Spira viele Jahre nachgedacht hatte, konnte sie nicht mehr umsetzen: einen Heimatfilm zu drehen

Stammbaum

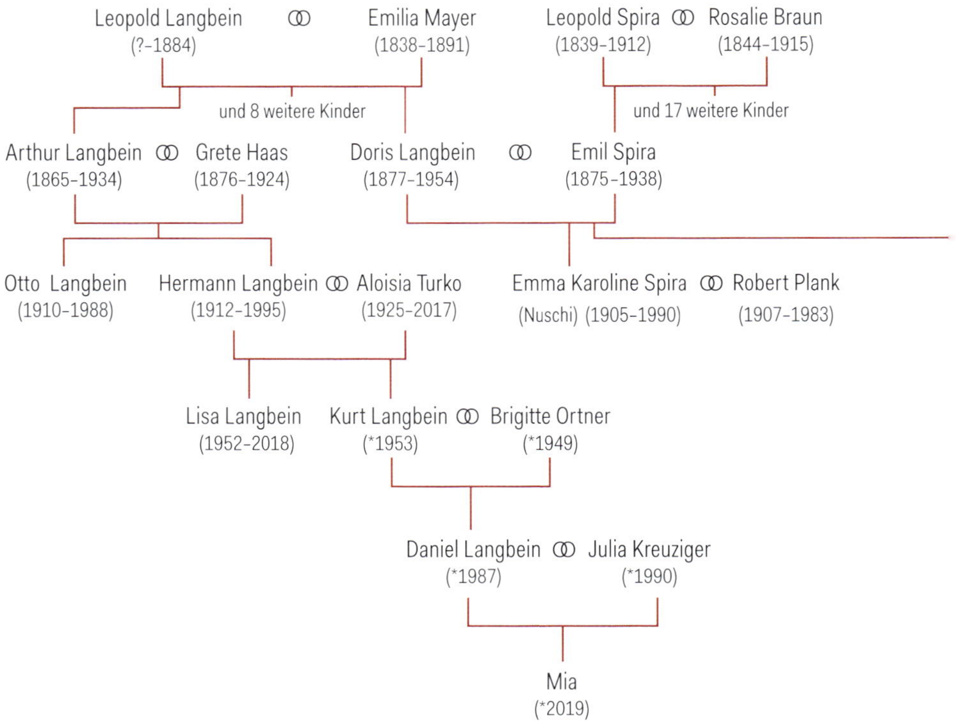
Leopold Langbein
(?-1884)
Emilia Mayer
(1838-1891)
Leopold Spira
(1839-1912)
Rosalie Braun
(1844-1915)
und 8 weitere Kinder
und 17 weitere Kinder
Arthur Langbein
(1865-1934)
Grete Haas
(1876-1924)
Doris Langbein
(1877-1954)
Emil Spira
(1875-1938)
Otto Langbein
(1910-1988)
Hermann Langbein
(1912-1995)
Aloisia Turko
(1925-2017)
Emma Karoline Spira
(Nuschi) (1905-1990)
Robert Plank
(1907-1983)
Lisa Langbein
(1952-2018)
Kurt Langbein
(*1953)
Brigitte Ortner
(*1949)
Daniel Langbein
(*1987)
Julia Kreuziger
(*1990)
Mia
(*2019)

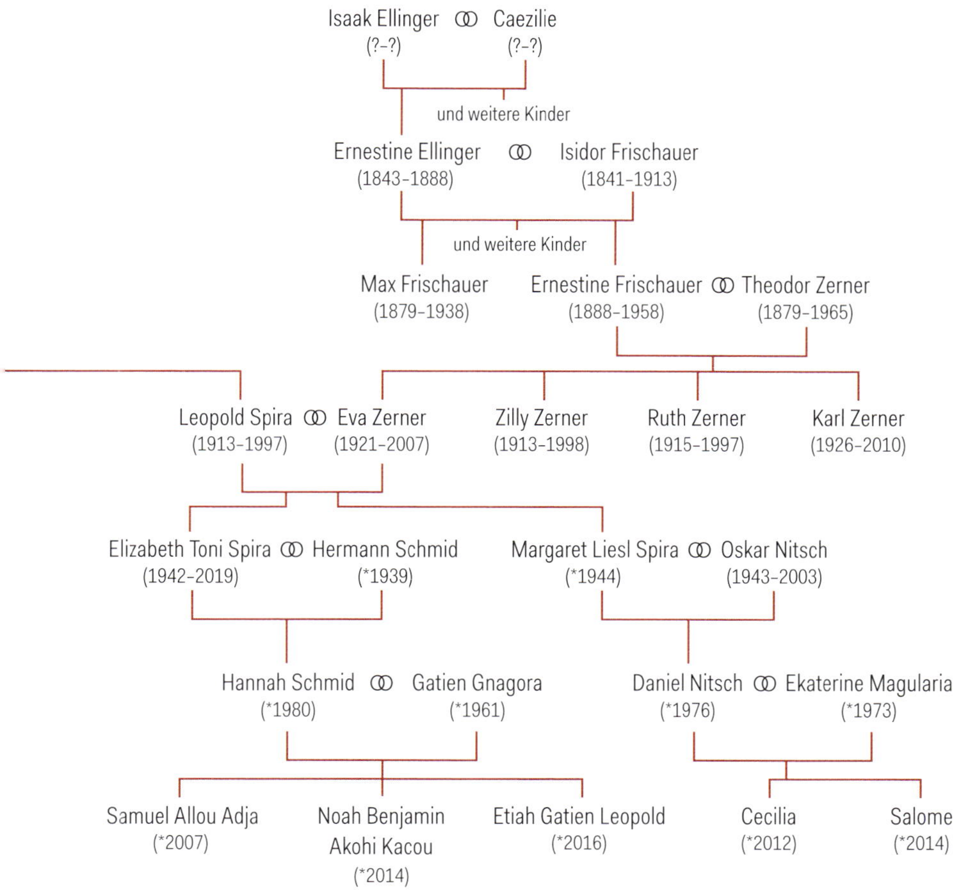

Der Stammbaum ist stark vereinfacht und berücksichtigt vor allem Personen, die im Buch vorkommen

Anmerkungen

1 Nach einer Idee von Elizabeth Toni Spiras Ehemann Hermann Schmid. Viele Zitate wurden veröffentlicht, einige wenige stammen aus einer privaten Sammlung der Familie.
2 Kleine Zeitung, 15.7.2012.
3 Die Zeit, 21.9.2017, zeit.de/2017/39/elizabeth-t-spira-fernsehjournalistin-dokumentation-kult, 9.1.2022.
4 Süddeutsche Zeitung, 10.1.2004.
5 Die Zeit, 21.9.2017, zeit.de/2017/39/elizabeth-t-spira-fernsehjournalistin-dokumentation-kult, 9.1.2022.
6 Elizabeth Toni Spira: Selbstbiografie, o. J.
7 Private Zitatensammlung der Familie.
8 „Dorfer spricht mit …", 29.6.2009, ORF 2.
9 Private Zitatensammlung der Familie.
10 Laudatio von Franz Kössler bei der Verleihung des Lessing-Preises für Kritik an Elizabeth T. Spira, 13.5.2018.
11 Interview Robert Neumüller (s. Fn. 19).
12 Ebd.
13 Ebd.
14 Spira, Selbstbiografie.
15 1986 wurde Kurt Waldheim zum Bundespräsidenten gewählt. Im Vorfeld wurde ihm unter anderem vom Jüdischen Weltkongress vorgeworfen, als Offizier der Wehrmacht von NS-Verbrechen Kenntnis gehabt zu haben und auch an Verbrechen beteiligt gewesen zu sein. Waldheim bestritt alle Vorwürfe. Eine Kommission fand heraus, dass er zwar selbst keine Verbrechen begangen, aber von ihnen gewusst und ihre Durchführung zum Teil erleichtert hatte. Während der Waldheim-Affäre äußerten sich Politiker offen antisemitisch, und auch quer durch die Bevölkerung wurde der Antisemitismus wieder salonfähig.
16 O5 steht für O und den fünften Buchstaben im Alphabet, E, ergibt also zusammen das Kürzel OE für Österreich.
17 Interview Robert Neumüller.
18 Eine Auflistung aller Gesprächspartnerinnen und -partner findet sich auf Seite 220.
19 Unveröffentlichte Zitate aus den Gesprächen, die Robert Neumüller mit Elizabeth T. Spira für seinen Film „Elizabeth Toni Spira – ‚Ich bin nicht wichtig'" geführt hat, sind mit „Interview Robert Neumüller" gekennzeichnet. Zitate, die im Film vorkommen, mit „Robert Neumüller: ‚Ich bin nicht wichtig' (Film, 2015)".
20 Helen Liesl Krag: Unsere Schulklasse. Erwachsen werden nach dem Krieg. Wien, Köln, Weimar: Böhlau, 2005, S. 384.
21 Robert Neumüller: „Ich bin nicht wichtig" (Film, 2015).
22 Leopold Spira: Das Jahrhundert der Widersprüche. Eine Wiener-jüdische Familienchronik. Wien, Köln, Weimar: Böhlau, 1996.
23 Ebd., S. 23.
24 Ebd., S. 161.
25 Ebd., S. 25.
26 Ebd., S. 56.
27 Leopold Spira: Kommunismus adieu. Eine ideologische Biographie. Wien, Zürich: Europaverlag, 1992, S. 9.
28 Wolfgang Maderthaner: Von der Zeit um 1860 bis zum Jahr 1945. In: Peter Csendes, Ferdinand Opll (Hg.): Wien. Geschichte einer Stadt. Bd. 3: Von 1790 bis zur Gegenwart. Wien, Köln, Weimar: Böhlau, 2006, S. 412.

29 L. Spira, Kommunismus adieu, S. 11.
30 Maderthaner, Von der Zeit um 1860 bis zum Jahr 1945, S. 451.
31 L. Spira, Kommunismus adieu, S. 13.
32 L. Spira, Das Jahrhundert der Widersprüche, S. 64.
33 Ebd., S. 66.
34 Ebd., S. 69.
35 Ebd., S. 71.
36 Angaben laut World Jewish Relief Archive, London.
37 Ebd.
38 Rohfassung des Interviews von Felicitas Kruse mit Leopold Spira für das Buch Felicitas Kruse: Schieß gut, aber freu dich nicht! Österreicherinnen und Österreicher im Spanischen Bürgerkrieg 1936 – 1939. Innsbruck: Haymon, 1998.
39 Interview F. Kruse mit L. Spira.
40 Film: Die internationalen Brigaden – Freiwillige im spanischen Bürgerkrieg, ARTE/SDR 1996, von Ute Bönnen und Gerald Endres.
41 Interview Felicitas Kruse.
42 George Orwell: Mein Katalonien. Bericht über den Spanischen Bürgerkrieg. Zürich: Diogenes, 1975.
43 Hermann Langbein: Pasaremos. Briefe aus dem Spanischen Bürgerkrieg. Köln: Bund, 1982, S. 21.
44 L. Spira, Kommunismus adieu, S. 31.
45 Vgl. Langbein, Pasaremos.
46 L. Spira, Kommunismus adieu, S. 36.
47 Georg Pichler: Gegenwart der Vergangenheit. Die Kontroverse um Bürgerkrieg und Diktatur in Spanien. Zürich: Rotpunktverlag, 2013, S. 150.
48 L. Spira, Das Jahrhundert der Widersprüche, S. 75.
49 Ebd., S. 76.
50 L. Spira, Kommunismus adieu, S. 36.
51 Robert Neumüller: „Ich bin nicht wichtig" (Film, 2015).
52 BBC German Service, 24.12.1942, youtube.com/watch?v=dV4IOnN6hxE, 9.1.2022.
53 Vgl. Marietta Bearman, Charmian Brinson, Richard Dove, Anthony Grenville, Jennifer Taylor: Wien – London, hin und retour. Das Austrian Centre in London 1939 bis 1947. Aus dem Englischen von Miha Tavčar. Wien: Czernin, 2004, S. 15.
54 L. Spira, Das Jahrhundert der Widersprüche, S. 103.
55 L. Spira, Kommunismus adieu, S. 50.
56 Ebd., S. 51.
57 Dokumentationsarchiv des österreichischen Widerstandes: Österreicher im Exil in Großbritannien 1938 – 1945. Wien: Österreichischer Bundesverlag, 1992, S. 494.
58 Vgl. Bearman et al., Wien – London, hin und retour, S. 60 f.
59 Falter, 27.6.2018.
60 Interview Robert Neumüller.
61 Krag, Unsere Schulklasse, S. 379.
62 Robert Knight (Hg.): „Ich bin dafür, die Sache in die Länge zu ziehen." Die Wortprotokolle der österreichischen Bundesregierung von 1945 bis 1952 über die Entschädigung der Juden. Frankfurt am Main: Athenäum, 1988, S. 197, Dokument 17.
63 Interview Robert Neumüller.
64 Krag, Unsere Schulklasse, S. 380.
65 Interview Robert Neumüller.
66 Vgl. L. Spira, Das Jahrhundert der Widersprüche, S. 121.
67 Freie Österreichische Jugend.
68 Elizabeth T. Spira: Geburtslinke ohne Parteilokal. In: Raimund Löw (Hg.): Die Fantasie und die Macht. 1968 und danach. Wien: Czernin, 2007, S. 73.

69 Berichte der Staatspolizei von u. a. diversen KPÖ-Veranstaltungen, bei denen Leopold Spira anwesend war, befinden sich im Österreichischen Staatsarchiv. Akten mit Notizen über das Privatleben von Personen, sogenannte Spitzelakten, waren zur Vernichtung vorgesehen.
70 E. T. Spira, Geburtslinke ohne Parteilokal, S. 74.
71 Interview Robert Neumüller.
72 Ebd.
73 Krag, Unsere Schulklasse, S. 20.
74 E. T. Spira: Selbstbiografie.
75 mdr.de, 5.3.2021, mdr.de/geschichte/pionierrepublik-wilhelm-pieck-ddr100.html, 9.1.2022.
76 E. T. Spira, Geburtslinke ohne Parteilokal, S. 74.
77 Interview Robert Neumüller.
78 Ebd.
79 E. T. Spira, Geburtslinke ohne Parteilokal, S. 75.
80 Krag, Unsere Schulklasse, S. 381.
81 Ebd., S. 377.
82 Ebd., S. 386.
83 Möglicherweise bezieht sie sich auf die Ereignisse in Köln, wo im Dezember 1959 die Synagoge mit antisemitischen Parolen beschmiert worden war.
84 E. T. Spira, Geburtslinke ohne Parteilokal, S. 75.
85 Robert Neumüller: „Ich bin nicht wichtig" (Film, 2015).
86 Nach dem Ende des Krieges entdeckte der Autor Henri Calet Mareks Nachricht über seinen eigenen Tod in der Zellenwand und veröffentlichte sie im Buch „Les Murs de Fresnes", vgl. L. Spira, Das Jahrhundert der Widersprüche, S. 130.
87 Maximilian Graf: Frühstart des „Eurokommunismus"? Das Experiment der KPÖ und die Konferenzen westeuropäischer kommunistischer Parteien im Kontext der europäischen Reformkommunismen der 1960er-Jahre. In: Jahrbuch für Historische Kommunismusforschung 2017, Berlin: Metropol, S. 217–232, kommunismusgeschichte.de/jhk/article/detail/fruehstart-des-eurokommunismus-das-experiment-der-kpoe-und-die-konferenzen-westeuropaeischer-kommunistischer-parteien-im-kontext-der-europaeischen-reformkommunismen-der-1960er-jahre, 9.1.2022.
88 L. Spira, Das Jahrhundert der Widersprüche, S. 156.
89 Ebd., S. 158.
90 Ebd.
91 Erich Hackl: Verlustanzeige. In: Mit der Ziehharmonika. Literatur/Widerstand/Exil, 14. Jahrgang, Nr. 4, Dezember 1997.
92 L. Spira, Kommunismus adieu, S. 120.
93 Interview Robert Neumüller.
94 Hackl, Verlustanzeige.
95 Robert Neumüller: „Ich bin nicht wichtig" (Film, 2015).
96 Interview Robert Neumüller.
97 ORF „Menschen und Mächte", 15.11.2012, https://tvthek.orf.at/history/Der-Fall-Borodajkewycz/9427047/Uni-Professor-Es-gibt-keine-oesterreichische-Nation/9440271, 3.4.2022.
98 Fiktives Interview mit Taras Borodajkewycz, 23.12.1994, tvthek.orf.at/history/Der-Fall-Borodajkewycz/9427047/Fiktives-Interview-mit-Taras-Borodajkewycz/9462767, 9.1.2022.
99 Todesopfer bei Demonstration, 29.3.2005, tvthek.orf.at/history/Der-Fall-Borodajkewycz/9427047/Todesopfer-bei-Demonstration/9440204, 9.1.2022.
100 Profil, 21.3.2015, profil.at/oesterreich/zeitgeschichte-die-affaere-borodajkewycz/400873094, 9.1.2022.

101 Filmarchiv Austria: Austria Wochenschau, 2.4.1965: „Demonstration wegen Prof. Borodajkewycz".
102 E. T. Spira, Geburtslinke ohne Parteilokal, S. 75.
103 Ein großes Wiener Kaufhaus auf der Mariahilfer Straße.
104 Eine Art Karneval.
105 Dreieckige Teigtaschen, traditionell mit Mohn gefüllt.
106 E. T. Spira, Geburtslinke ohne Parteilokal, S. 76.
107 Interview Robert Neumüller.
108 Ebd.
109 E. T. Spira, Geburtslinke ohne Parteilokal, S. 76.
110 Ebd., S. 77.
111 Interview Robert Neumüller.
112 Interview mit Elizabeth T. Spira, 2007, gatterer9030.info/de/mediathek/zeitzeugen-ueber-claus-gatterer, 9.1.2022.
113 Interview mit Gerd Bacher, 2007, gatterer9030.info/de/claus-gatterer/zeitungskarriere/item/425-gerd-bacher, 9.1.2022.
114 Kurt Langbein, Thomas Hanifle: Claus Gatterer – Im Zweifel auf Seiten der Schwachen (Film, 2007).
115 Interview Robert Neumüller.
116 Thomas Hanifle (Hg.): Claus Gatterer. Ein Einzelgänger, ein Dachs vielleicht. Tagebücher 1974 – 1984, Bozen: Edition Raetia, 2011, S. 13.
117 Elizabeth Toni Spira: „Er zwang uns zu hinterfragen". In: Thomas Hanifle (Hg.): Claus Gatterer. Ein Einzelgänger, ein Dachs vielleicht. Tagebücher 1974 – 1984, Bozen: Edition Raetia, 2011, S. 461.
118 Langbein, Hanifle: Claus Gatterer (Film, 2007).
119 Interview mit Elizabeth Toni Spira, 2007, gatterer9030.info/de/mediathek/zeitzeugen-ueber-claus-gatterer/item/363-spira, 9.1.2022.
120 Susanne Krejsa MacManus, Christian Fiala, Tara Pire: Riskant, lukrativ – ärztliche Abtreibungen 1945 – 1974. CliniCum 6/18, 20.6.2018, medonline.at/10006926/2018/riskant-lukrativ-aerztliche-abtreibungen-1945-1974, 9.1.2022.
121 Langbein, Hanifle: Claus Gatterer (Film, 2007).
122 Thomas Hanifle: „Im Zweifel auf Seiten der Schwachen". Claus Gatterer. Eine Biographie. Innsbruck, Wien, Bozen: Studienverlag, 2005, S. 207.
123 Ebd.
124 Ebd., S. 463.
125 Gemeint war wohl teleobjektiv, „Zur Führung verurteilt – Portrait zweier Manager", 27.1.1981.
126 Prisma, „Großmütter – Mütter – Töchter", 13.10.1981.
127 Nachruf auf Elizabeth T. Spira, ORF, „Thema", 11.3.2019.
128 Robert Neumüller: „Ich bin nicht wichtig" (Film, 2017).
129 Interview Robert Neumüller.
130 Woman, 1.10.2004.
131 Ebd.
132 Nachruf auf Elizabeth T. Spira, ORF, „Thema", 11.3.2019.
133 Ebd.
134 Hermann Schmid: Notizen zu meinem Leben, 23.4.1979.
135 Nu, Ausgabe 19, November 2002.
136 Ebd.
137 Claudia Linzer, Stefanie Speiser, Natalie Wimberger: Elizabeth T. Spira und ihre ‚Liebesg'schichten und Heiratssachen' – Streifzüge durch 23 Jahre (Film, 2019).
138 Sepp Dreissinger: Im Kaffeehaus. Gespräche. Fotografien. Wien: Album Verlag, 2017, S. 309

139 Ruth Beckermann: Waldheims Walzer (Film, 2018).
140 Der Spiegel, 22.11.1987, spiegel.de/politik/graffs-letzter-rettungsversuch-a-a6ca1940-0002-0001-0000-000013527074, 9.1.2022.
141 Kurier, 28.8.2016.
142 Der Spiegel, 18.12.1988, spiegel.de/politik/eiertanz-um-antisemitismus-a-1d42a382-0002-0001-0000-000013531953, 9.1.2022.
143 Profil, 14.11.1988.
144 Arbeiter-Zeitung, 14.11.1988.
145 Kathpress, 7.5.1992.
146 Vöcklabrucker Rundschau, 7.5.1992.
147 Neues Volksblatt, 21.5.1992.
148 Kurier, 5.5.1992.
149 Programmheft „Alltagsgeschichte" am Burgtheater, Gespräch zwischen Hermann Beil und Elizabeth T. Spira, Dezember 1996.
150 Ebd.
151 „Meine Oma fährt im Winter nach Mallorca", 7.3.1993.
152 Phettbergs Nette Leit Show, Folge 10, 2.10.1995, sowie private Erzählungen.
153 Der Standard, 27.12.2002.
154 Ebd.
155 Falter, 27.6.2018.
156 Der Standard, 27.1.2003, derstandard.at/story/1193874/einmalige-menschen---und-nicht-das-bsoffene-komtesserl, 9.1.2022.
157 Kronen Zeitung, 20.1.2003.
158 „Rast an der Autobahn", 1994.
159 „Im Bad", 2001.
160 Staffel 18, Folge 176.
161 Staffel 2, Folge 14.
162 Film „20 Jahre Liebesg'schichten und Heiratssachen".
163 Staffel 1, Folge 7.
164 Claudia Linzer, Stefanie Speiser, Natalie Wimberger: Elizabeth T. Spira und ihre ‚Liebesg'schichten und Heiratssachen' – Streifzüge durch 23 Jahre (Film, 2019).
165 Interview Robert Neumüller.
166 Falter, 27.6.2018.
167 Ebd.
168 Film „20 Jahre Liebesg'schichten und Heiratssachen".
169 Ebd.
170 Sendung „Willkommen Österreich", 9.4.2009
171 Staffel 22, 20.8.2018.
172 Staffel 22, 23.7.2018.
173 Staffel 21, 29.8.2017.
174 Staffel 22, 20.8.2018.
175 Falter, 27.6.2018.
176 Profil, 31.7.2006.
177 Interview Robert Neumüller.

Danksagung

Nach der Fertigstellung dieses Buches habe ich vielen Menschen zu danken:

für das Redigat Ruth Eisenreich, Wolfgang Rössler und Sonja Harter sowie für das Lektorat Armin Thurnher und Helmut Gutbrunner;

für ihre Erzählungen meinen Interviewpartnerinnen und -partnern Margaret Liesl Nitsch, Hermann Schmid, Hannah Schmid, Daniel Nitsch, Tony Frischauer, Almut Weiß, Franz Kössler, Barbara Coudenhove-Kalergi, Georg Hoffmann-Ostenhof, Helen Liesl Krag, Karl Heinz Pfneudl, Amalia Pölzl, Daniel Teferra, Raimund Löw, Peter Weinberger, Tony Scholl, Lena Rothstein, Ute Wachsen, Ursula Pasterk, Kurt Langbein, Robert Dornhelm, Peter Huemer, Peter Rabl, Willi Lindenberger, Angela Kauf, Peter Kasperak, Ferdinand Cibulka, Dinah Czezik-Müller, Johannes Kunz, Stefan Daubrawa, Jennifer Rezny, Natalie Wimberger, Sharon Nuni, Tanja Lesowsky, Robert Neumüller, Stephan Mussil, Claudia Linzer, Georg Pichler und Christoph Reinprecht;

für die Transkription der Interviews Maria Motter.

Margaret Liesl Nitsch und Hermann Schmid möchte ich besonders für die vielen Dokumente danken, die sie mir zur Verfügung gestellt haben, Felicitas Kruse und Robert Neumüller dafür, dass sie mir Rohfassungen von Interviews mit Leopold Spira bzw. Elizabeth Toni Spira überlassen haben.

Barbara Tóth unterstützte mich bei der Erstellung des Konzepts der Biografie, Helene Maimann gab mir wichtige Recherchehinweise, Thomas Riegler half mir bei der Überprüfung einiger Informationen und Helmut Opletal übersetzte einen Visumseintrag aus dem Chinesischen ins Deutsche.

Ich bedanke mich beim Archiv des ORF, dem Österreichischen Staatsarchiv, dem Archiv der Universität Wien, der Österreichischen Nationalbibliothek, dem Archiv der Israelitischen Kultusgemeinde in Wien, dem World Jewish Relief Archive in London und dem Stasi-Unterlagen-Archiv in Berlin (genauer: dem Bundesbeauftragten für die Unterlagen des Staatssicherheitsdiensts der ehemaligen Deutschen Demokratischen Republik).

Ich danke meinen Eltern Hermine und Rupert Panzenböck, meinem Schwiegervater Hans-Erich Schmitt sowie meinem Partner Oliver Schmitt, die meinen Schreibprozess zwei Jahre hindurch unterstützt und begleitet haben.

Quellen

Filme von Elizabeth Toni Spira

1. ORF-Sendung teleobjektiv

Drohen Streiks in Österreich (Heißes Eisen – Unruhe in Betrieben), 28.3.1974
Rücktritt von Landeshauptmann Sima. Die Last der Grenze Kärnten, 25.4.1974
Sinowatz' Kulturreise, 5.9.1974
Armut in Wien, 31.10.1974
Fristenlösung (Das Leben und die Lüge), 16.1.1975
Kleine Krise für kleine Leute (Die Angst im Nacken), 19.3.1975
Behinderte in Osttirol, 16.4.1975
Angst vor Jugoslawen – Angst an der Grenze, 16.4.1975
Streiks und Demonstrationen – Klassenkampf, 16.5.1975
Großgrundbesitz in Österreich – Herren unserer Berge und Seen, 9.7.1975
Ältere Arbeitslose – Fertig mit fünfzig?, 29.10.1975
Antisemitismus in Österreich, 26.11.1975
Fristenlösung – Kritik (Fristenlösung: Kulturkampf lohnt sich nicht), 24.3.1976
Gastarbeiter in Österreich – „Du, Kolaric, geh!", 21.4.1976
Prügelnde Lehrer in Aigen – Eine Schule im Böhmerwald, 2.6.1976
Gefräßige Gleichmacher, 6.10.1976
Sind wir fad, 8.9.1976
Seit Böhmen nicht bei Österreich ist, 14.12.1977
Die Kumpel von Fohnsdorf, 26.1.1977
Groll und Ohnmacht – Leben mit 6000 Schilling, 12.1.1977
Kolaric jun., 18.1.1978
Der Kongreß, der nicht tanzte, 15.2.1978
Zum Entwurf des Beamtendienstrechts, 20.11.1978
Rauschgift in Oberösterreich, 17.1.1979
Marek Edelmann, 31.1.1979
Zigeuner in Österreich, 23.5.1979
Unsere Kroaten, 10.10.1979
Die kleine Gleichheit, 26.9.1979
Erinnerungen unter Bohrtürmen, 22.4.1980
Zur Führung verurteilt – Portrait zweier Manager, 27.1.1981
Attentate in Österreich – Politische Morde in Österreich, 16.6.1981
Ein Äthiopier in Wien, 15.9.1981
Arbeitslos – Augenschein in der Grenzregion Fürstenfeld, 9.2.1982
Genossenschaften: Verlust einer Idee?, 21.4.1982
Wer leistet sich einen Urlaub, 13.7.1982
„Zehn Brüder sind wir gewesen ..." Jüdische Identitätssuche in Wien, 7.9.1982
Das Schießen ist des Mannes Lust, 18.1.1983
Teures Heim – Menschen im Schatten der Delogierung, 7.6.1983
Das Gänsehäufel, 30.8.1983
Archipel Mauthausen, 1.11.1983
Ich möchte so gern da sein – Ich möchte so gerne fort, 20.12.1983
Letzte Folge von teleobjektiv, 31.1.1984

2. ORF-Sendung Prisma
Entlassungsgrund Frau, 24.7.1977
Mutter, heut' kannst schlafen, 13.5.1979
Raymonda Tawil, 2.9.1980 Israel
Partnerschaft erst nach dem Tod, 25.11.1980
Sarah Kirsch – Über Deutschlands weißem Schnee, 17.3.1981
Großmütter – Mütter – Töchter, 13.10.1981
Rossana Rossanda – Grenzgängerin zwischen Marxismus und Feminismus, 2.11.1982

3. ORF-Sendung Inlandsreport
Der Fall Theodor Kery, 1984
Homosexualität, 1984
Die g'sunde Watschen, 1984
Der SS-Bürgermeister in Mayrhofen, 27.11.1984
Reprivatisierung, 27.3.1984

4. ORF-Sendung Alltagsgeschichte
Spiel nicht mit den Gassenkindern – Kindheit in der Kaiserstadt, 1985
Keine Zeit für Zärtlichkeit: Kindheit auf dem Lande, 1.3.1986
Ein Leben für die Herrschaft: Vom Glück und Elend der dienstbaren Geister, 20.7.1986
Schulg'schichten aus der Kaiserzeit, 28.9.1986
Knechte und Mägde: Um vier Uhr früh begann der Tag, 14.1.1987
Auf der Walz, 25.3.1987
Erste Liebe und Heiratssachen, 23.8.1987
Jugend unterm Hakenkreuz, 23.10.1987
Es lebe der Trotz und die Kraft, 12.2.1988
Am Stammtisch – Ein Heimatfilm, 28.8.2016
Und draußt bist du, 4.11.1988
Du nix Faschist, du Charascho: Nachkriegsjugend in Wien, 5.5.1989
Auf Sommerfrische, 1989
Heimatlieb und deutscher Sang: Kärntner Impressionen, 3.11.1989
Himmelsboten und Erdenjammer, 11.1.1990
Heimkehr ohne Ankunft: Wien – Prag und retour, 23.2.1990
Vorwärts und Vergessen, 18.5.1990
Holiday am Campingplatz, 31.8.1990
Wien – Am Gürtel, 25.1.1991
Denn Hundeherzen schlagen treu, 5.5.1991
Circus, mein Leben, 25.8.1991
Im Park, 27.10.1991
Kleiner Grenzverkehr, 9.2.1992
Das Leben hinter Klostermauern, 3.5.1992
Das kleine Glück im Schrebergarten, 6.9.1992
Die verflixten Nachbarn, 22.11.1992
Meine Oma fährt im Winter nach Mallorca, 7.3.1993
Liebling, ich bin im Prater, 25.7.1993
Treffpunkt U-Bahn, 5.9.1993
Im Caféhaus, 2.1.1994
Leben im Wartesaal, 14.4.1994
Schauplatz Kaisermühlen, 30.6.1994
Rast an der Autobahn, September, 22.9.1994
Frauen in der Fabrik, 22.1.1995
Markthalle Wien-Mitte, 22.3.1995

Alltagsgeschichten aus Wien – Eine Collage, 1995
Das Glück ist ein Vogerl, 15.6.1995
Beim Heurigen, 15.8.1995
Am Würstelstand, 28.12.1995
Im Waschsalon, 10.3.1996
An der Haltestelle, 7.6.1996
Die Donauinsulaner, 4.10.1996
Man gewöhnt sich ..., 20.12.1996
Am Bahnhof, 4.4.1997
In der kleinen Konditorei, 30.5.1997
Niederhofstraße – Untermeidling, 28.11.1997
Im Bad, 6.3.1998
Grenzbummel, 15.5.1998
Brigittaplatz, 18.12.1998
Neun Flugstunden von zu Hause, 4.6.1999
Die Desperados vom 10. Bezirk, 18.12.1999
Im Versatzamt, 22.4.2000
Menschen im Hotel, 2.3.2001
Im Espresso, 26.5.2001
An der Brünnerstraße, 13.3.2002
In der Großfeldsiedlung, 27.12.2002
Meldemannstraße, 21.3.2003
Am Brunnenmarkt, 12.3.2004
Tätowiert, 29.12.2004
Bundesstraße, 2.3.2006

ORF-Sendung Liebesg'schichten und Heiratssachen
Staffel 1 (1997) bis Staffel 23 (2019)

Weitere Filme
Beckermann, Ruth: Waldheims Walzer, 2018.
Bönnen, Ute/Endres, Gerald: Die internationalen Brigaden – Freiwillige im spanischen Bürgerkrieg, 1996.
Dutzler, Klaus/Jelinek, Gerhard/Winkler, Wolfgang: Kurt Waldheim – der einsame Präsident, 2016.
Kaminski, Hartmut: Stalin, 1993.
Langbein, Kurt/Hanifle, Thomas: Claus Gatterer – Im Zweifel auf Seiten der Schwachen, 2007.
Lesowksy, Tanja/Rezny Jenny: 20 Jahre Liebesg'schichten und Heiratssachen – Das Geheimnis des Erfolgs, 2016.
Linzer, Claudia/Speiser, Stefanie/Wimberger, Natalie: „Elizabeth T. Spira und ihre ‚Liebesg'schichten und Heiratssachen' – Streifzüge durch 23 Jahre", 2019.
Neumüller, Robert: „Ich bin nicht wichtig", 2015.

Interviewpartnerinnen und -partner
Margaret Liesl Nitsch, Hermann Schmid, Hannah Schmid, Daniel Nitsch, Kurt Langbein, Tony Frischauer, Almut Weiß, Franz Kössler, Barbara Coudenhove-Kalergi, Georg Hoffmann-Ostenhof, Helen Liesl Krag, Karl Heinz Pfneudl, Amalia Pölzl, Daniel Teferra, Raimund Löw, Ursula Pasterk, Peter Weinberger, Tony Scholl, Lena Rothstein, Ute Wachsen, Christoph Reinprecht, Georg Pichler, Robert Dornhelm, Peter Huemer, Peter Rabl, Willi Lindenberger, Angela Kauf, Peter Kasperak, Ferdinand Cibulka, Dinah Czezik-Müller, Johannes Kunz, Stefan Daubrawa, Jennifer Rezny, Natalie Wimberger, Sharon Nuni, Tanja Lesowsky, Claudia Linzer, Robert Neumüller, Stephan Mussil

Weitere Interviews

Interview von Felicitas Kruse mit Leopold Spira für das Buch: Felicitas Kruse: Schieß gut, aber freu dich nicht! Österreicherinnen und Österreicher im Spanischen Bürgerkrieg 1936 – 1939. Innsbruck: Haymon, 1998.

Interviews von Robert Neumüller für den Film: Robert Neumüller: „Ich bin nicht wichtig" (2015) mit Elizabeth Toni Spira: unveröffentlichte Transkripte.

Literatur

Bearman, Marietta/Brinson, Charmian/Dove, Richard/Grenville, Anthony/Taylor, Jennifer: Wien – London, hin und retour. Das Austrian Centre in London 1939 bis 1947. Aus dem Englischen von Miha Tavčar. Wien: Czernin, 2004.

Csendes, Peter/Opll, Ferdinand (Hg.): Wien. Geschichte einer Stadt von 1790 bis zur Gegenwart. Wien, Köln, Weimar: Böhlau, 2006.

Coudenhove-Kalergi, Barbara: Zuhause ist überall. Erinnerungen. Wien: Zsolnay, 2013.

Dokumentationsarchiv des österreichischen Widerstandes: Österreicher im Exil in Großbritannien 1938 – 1945. Wien: Österreichischer Bundesverlag, 1992.

Frank, Sonja (Hg.): Young Austria. ÖsterreicherInnen im britischen Exil 1938 – 1947. Wien: Theodor Kramer Gesellschaft, 2014.

Graf, Maximilian/Knoll, Sarah/Markova, Ina/Ruzicic-Kessler, Karlo: Franz Marek – Ein europäischer Marxist. Die Biografie. Wien, Berlin: Mandelbaum, 2019.

Hanifle, Thomas: „Im Zweifel auf Seiten der Schwachen". Claus Gatterer. Eine Biographie. Innsbruck, Wien, Bozen: Studienverlag, 2005.

Hanifle, Thomas (Hg.): Claus Gatterer. Ein Einzelgänger, ein Dachs vielleicht. Tagebücher 1974 – 1984. Bozen: Edition Raetia, 2011.

Halbmayr, Brigitte: Zeitlebens konsequent. Hermann Langbein. Eine politische Biografie. Wien: Braumüller, 2012.

Knight, Robert (Hg.): „Ich bin dafür, die Sache in die Länge zu ziehen." Die Wortprotokolle der österreichischen Bundesregierung von 1945 bis 1952 über die Entschädigung der Juden. Frankfurt am Main: Athenäum, 1988.

Krag, Helen Liesl: Unsere Schulklasse. Erwachsen werden nach dem Krieg. Wien, Köln, Weimar: Böhlau, 2005.

Kunz, Johannes: Licht und Schatten. Erinnerungen. Wien: Amalthea, 2014.

Kruse, Felicitas: Schieß gut, aber freu dich nicht! Österreicherinnen und Österreicher im Spanischen Bürgerkrieg 1936 – 1939. Innsbruck: Haymon, 1998.

Lackner, Herbert: Rückkehr in die fremde Heimat. Die vertriebenen Dichter und Denker und ernüchternde Nachkriegs-Wirklichkeit. Wien: Ueberreuter, 2021.

Landauer, Hans (in Zusammenarbeit mit Erich Hackl): Lexikon der österreichischen Spanienkämpfer 1936 – 1939. Wien: Theodor Kramer Gesellschaft, 2008.

Langbein, Hermann: Pasaremos. Briefe aus dem Spanischen Bürgerkrieg. Köln: Bund, 1982.

Löw, Raimund (Hg.): Die Fantasie und die Macht. 1968 und danach. Wien: Czernin, 2007.

Maimann, Helene: Politik im Wartesaal. Österreichische Exilpolitik in Großbritannien 1938 – 1945. Wien, Köln, Graz: Hermann Böhlaus Nachf., 1975.

Neugebauer, Wolfgang/Schwarz, Peter: Der Wille zum aufrechten Gang. Offenlegung der Rolle des BSA bei der gesellschaftlichen Integration ehemaliger Nationalsozialisten. Wien. Czernin, 2005.

Orwell, George: Mein Katalonien. Bericht über den Spanischen Bürgerkrieg. Zürich: Diogenes, 1975.

Schwarz, Werner/Spitaler, Michael Georg/Wikidal, Elke (Hg.): Das Rote Wien 1919 – 1934, Sonderausstellung des Wien Museums. Basel: Birkhäuser, 2019.

Spira, Leopold: Ein gescheiterter Versuch. Der Austro-Eurokommunismus. Wien, München: Jugend und Volk, 1979.

Spira, Leopold: Kommunismus adieu. Eine ideologische Biographie. Wien, Zürich: Europaverlag, 1992.
Spira, Leopold: Das Jahrhundert der Widersprüche. Eine Wiener-jüdische Familienchronik. Wien, Köln, Weimar: Böhlau, 1996.

Zeitschriftenartikel

Graf, Maximilian: Frühstart des „Eurokommunismus"? Das Experiment der KPÖ und die Konferenzen westeuropäischer kommunistischer Parteien im Kontext der europäischen Reformkommunismen der 1960er-Jahre. In: Jahrbuch für Historische Kommunismusforschung 2017. Berlin: Metropol, S. 217–232.
Hackl, Erich: Verlustanzeige. In: Mit der Ziehharmonika. Literatur/Widerstand/Exil, 14. Jahrgang, Nr. 4, Dezember 1997.
Krejsa MacManus, Susanne/Fiala, Christian/Pire, Tara: Riskant, lukrativ – ärztliche Abtreibungen 1945 – 1974. CliniCum 6/18, 20.6.2018.

Bildquellenverzeichnis

Alle Fotos stammen aus dem Privatarchiv von Elizabeth Toni Spira und wurden uns von der Familie für dieses Buch zur Veröffentlichung überlassen, außer:

Seite 12: Courtesy Studio Semotan © Elfie Semotan
Seite 15 oben: Margit Münster
Seite 20: teleobjektiv © ORF/ Kristian Bissuti
Seite 93 Plakat oben: SPÖ Junge Generation und SOS Mitmensch
Seite 120: teleobjektiv: Langbein und Gatterer © ORF, 1979
Seite 122: teleobjektiv: Die Last der Grenze © ORF, 1974
Seite 125: teleobjektiv: Das Leben und die Lüge © ORF, 1975
Seite 128: teleobjektiv: Ich möchte so gern da sein – ich möchte so gern fort © ORF, 1983
Seite 141: Werner Lengemann, Bildreporter Kassel
Seite 160: Alltagsgeschichten: Am Stammtisch – Ein Heimatfilm © ORF, 1988
Seite 164: Alltagsgeschichten: Spiel nicht mit den Gassenkindern – Kindheit in der Kaiserzeit © ORF, 1985
Seite 171: Alltagsgeschichten: Das Leben hinter Klostermauern © ORF, 1992
Seite 178: Alltagsgeschichten: Das Glück ist ein Vogerl © ORF, 1995
Seite 179: Peter Kurz © ORF
Seite 181: Alltagsgeschichten: Das kleine Glück im Schrebergarten © ORF, 1992
Seite 184: Alltagsgeschichten: Beim Heurigen © ORF, 1995
Seite 187: Präsentation „15 Jahre Liebesg'schichten und Heiratssachen" © ORF/Hubert Mican, 2011
Seite 189: Liebesg'schichten und Heiratssachen: Staffel 18, Folge 176 © ORF/Wega Film, 2014
Seite 190: Liebesg'schichten und Heiratssachen: Staffel 2, Folge 14 © ORF/Cosmos Factory, 1998
Seite 194: Liebesg'schichten und Heiratssachen: Staffel 20, Folge 199 © ORF/Wega Film, 2016
Seite 195: Liebesg'schichten und Heiratssachen: Staffel 18, Folge 173 © ORF/Wega Film, 2014
Seite 199: Gruppenbild anl. der Präsentation der 18. Staffel © ORF/Milenko Badzic, 2014
Seite 201: Katharina Gossow
Seite 207: Willkommen Österreich, im Bild: Elizabeth T. Spira. ORF eins, Di 13.06.2017, 22.00 Uhr. © ORF/Günther Pichlkostner

Biografien im Falter Verlag

Harald Walser
Ein Engel in der Hölle von Auschwitz
Das Leben der Krankenschwester Maria Stromberger
Mit einem Vorwort von Heinz Fischer
Wien 2021, 256 Seiten, € 24,90
ISBN 9783854397021

Johann Skocek
Mister Austria
Das Leben des Klubsekretärs Norbert Lopper –
Fußballer, KZ-Häftling, Weltbürger
Wien 2014, 224 Seiten, € 24,90
ISBN 9783854395256

Helene Maimann
Über Kreisky
Gespräche aus Distanz und Nähe
Mit einem Vorwort von Franz Vranitzky und
einem Epilog von Armin Thurnher
Wien 2011, 280 Seiten, € 29,90
ISBN 9783854394556